No.14

中国汽车产业发展报告

（2021）

ANNUAL REPORT ON AUTOMOTIVE INDUSTRY IN CHINA
(2021)

加快推动高质量发展
助力构建新发展格局

国务院发展研究中心产业经济研究部
中 国 汽 车 工 程 学 会
大 众 汽 车 集 团 （中 国）

2021

中国发展出版社
CHINA DEVELOPMENT PRESS

图书在版编目（CIP）数据

中国汽车产业发展报告 . 2021 / 国务院发展研究中心产业经济研究部，中国汽车工程学会，大众汽车集团（中国）主编 . —北京：中国发展出版社，2021.12

ISBN 978-7-5177-1207-7

Ⅰ . ①中… Ⅱ . ①国… ②中… ③大… Ⅲ . ①汽车工业－经济发展－研究报告－中国－2021 Ⅳ . ① F426.471

中国版本图书馆 CIP 数据核字 (2021) 第 272321 号

书　　名：中国汽车产业发展报告（2021）
著作责任者：国务院发展研究中心产业经济研究部，中国汽车工程学会，
　　　　　　大众汽车集团（中国）
出版发行：中国发展出版社
联系地址：北京经济技术开发区荣华中路 22 号亦城财富中心 1 号楼 8 层（100176）
标准书号：ISBN 978-7-5177-1207-7
经　销　者：各地新华书店
印　刷　者：北京盛通印刷股份有限公司
开　　本：710mm×1000mm　1/16
印　　张：19.25
字　　数：285 千字
版　　次：2021 年 12 月第 1 版
印　　次：2021 年 12 月第 1 次印刷
定　　价：128.00 元

联系电话：（010）68990625　68990692
购书热线：（010）68990682　68990686
网络订购：http://zgfzcbs.tmall.com
网购电话：（010）68990639　88333349
本社网址：http://www.develpress.com
电子邮件：174912863@qq.com

编委会名单

序

在新发展格局下
加快推动我国汽车产业高质量发展

加快构建以国内大循环为主体、国内国际双循环相互促进的新发展格局，是“国之大者”。2020 年 4 月 10 日，习近平总书记在中央财经委员会第七次会议上发表重要讲话，提出构建新发展格局[1]。2020 年 10 月，党的十九届五中全会审议通过的《中共中央关于制定国民经济和社会发展第十四个五年规划和二〇三五年远景目标的建议》，对加快构建新发展格局作出全面部署。2021 年 11 月，党的十九届六中全会审议通过的《中共中央关于党的百年奋斗重大成就和历史经验的决议》，明确了加快构建新发展格局的重大历史意义和现实指导意义。加快构建新发展格局立意高远、内涵丰富，是指导我国经济发展的新战略，对做好经济工作、推动高质量发展提出了很多与时俱进的新要求。

汽车行业是我国国民经济发展的重要支柱产业，加快发展智能新能源汽车对培育创新源泉和增长动能、助力实现“双碳”目标有着重大积极意义。当前，我国新能源汽车正转向大规模进入家庭的关键阶段，新能源汽车与可再生能源融合发展取得明显进展，智能网联发展基础不断夯实，“换道超车”建成汽车强国并实现更大范围、更多领域协同效益的条件越发具备。要实现这个目标，关键还是从全局高度深刻认识、准确把握构建新发展格局的要求，以此为方向指引积极作为、抓紧推动。

1　习近平：“国家中长期经济社会发展战略若干重大问题”，《求是》2020 年第 21 期。

基于上述考虑，《中国汽车产业发展报告（2021）》选择了“加快推动高质量发展　助力构建新发展格局”这个研究主题。经过研究，本书主要提出了以下观点和认识。

一是基于多维度比较，梳理分析了我国汽车产业技术自立自强的基本状况，提出了未来还需重点突破的领域。总的来看，我国纯电动汽车技术处于国际先进水平，智能网联汽车技术水平显著提高，替代燃料和轻量化节能技术应用比例稳步提升。但面向未来竞争，我国基础软件、车规级芯片和基础材料的短板仍很明显，整车控制、电动底盘、动力电池、动力系统等的核心控制器件还有差距，环境感知、智能决策、控制执行等技术也需加快突破。能否在关键核心技术上实现自立自强，对我国汽车产业高质量发展至关重要。

二是瞄准智能新能源汽车发展方向，在清晰界定概念的基础上构建了一个包含 4 个一级指标、23 个二级指标的评价模型，系统分析比较了中、美、德、日四个国家的汽车产业链现代化水平。从总体结果看，德、日两国基本上并驾齐驱处于领先位置，美国紧随其后，我国次之；我国与美国差距不大，但与德、日两国仍有明显差距。我国汽车产业在供应链效率和控制力方面表现最好，仅次于日本，位居第 2 位；在产业链配套水平方面落后于日、德，但领先美国；在产业基础能力和价值创造能力方面则仍有较大差距。这为我国汽车产业补短板、强基础、锻长板提供了方向指引参考。

三是从国内国际双循环相互促进的角度，分析了新形势下加快建设国内统一汽车市场、推动我国汽车产业高水平“走出去”需要着力解决的重大问题。一方面，超大规模国内市场的独特优势是我国连续 10 多年成为全球汽车产销第一大国并且率先推动新能源汽车产业实现规模化发展的关键依托，进一步筑牢和发挥好这个优势，需要顺应技术和产业发展趋势，在市场准入管理、破除地方保护等方面加大工作力度。另一方面，我国汽车产业“走出去”近年来有很多新亮点，新能源整车出口比例占全部整车出口比例已超过20%，动力电池、驱动电机等关键零部件海外市场拓展良好，以“单车智能＋网联赋能”中国方案为代表的智能新能源汽车发展模式和标准体系的全球影响力显著提高。

四是深入梳理了区域合作新机制中与汽车产业有关的核心条款及要求，提出了我国汽车产业凭借参与融入来塑造国际竞争合作新优势的思路。融入区域合作新机制，能推动我国与国际高水平经贸规则全面接轨，促进制度型开放。这有利于推动我国汽车产业深化管理体制改革，激发国内市场主体活力和创造力，同时有利于优化内外部资源配置，构建起自主安全、灵活高效、互利共赢的要素安全供应体系，最终更好统筹发展和安全。为此，要坚持以我为主、积极参与、协同引领，推动汽车产业全方位、宽领域、高水平地融入这些区域合作新机制，谋划区域汽车产业一体化发展新的蓝图。

五是针对重大问题，提出了一些政策建议。主要包括：加快构建吸引多主体参与、实现多要素汇聚、促进多模式探索的产业创新体系，更好发挥新型研发机构作用，推动涌现更多高质量创新成果，显著提高汽车产业的产业基础能力和产业链现代化水平；按照“放管服”改革思路，适当放宽以研发创新和新营销模式为主的新进入企业委托现有整车生产企业代工的规则限制；加快汽车产业数据资源的确权工作，建立数据资源资产化和数据流通交换体系，在保障社会效益、消费者权益和企业利益之间找到更好的平衡；探索实施出口积分制度并与“双积分”制度有效衔接，在重要对外平台开办中国品牌汽车专场活动，设立汽车产业境外投资促进机构；更积极参与制定国际标准法规，推动我国具备先发优势的智能新能源汽车标准体系进一步提高国际辐射力；充分发挥协会、学会等行业组织作用，打造区域合作新机制中政府、企业之外的第三极推动力。

此外，本书还重点从汽车产业发展面临的宏观经济环境变化、法规标准体系建设进展、汽车市场整体及结构性发展态势、新能源汽车及智能网联领域的技术和产业发展状况等方面系统总结了2020—2021年我国汽车产业发展的基本情况，同时还分类整理了相关的重大政策、事件和大量基础数据，相信能够为读者朋友们全面了解我国汽车产业发展脉络和现状提供有益参考。

本书是业内多位专家共同智慧的结晶。国务院发展研究中心产业经济研究部的王金照、石耀东、宋紫峰、周毅，中国汽车工程学会的付于武、张进华、侯福深、郑亚莉、陈敏、杨耀坤、雷韧、林艳、王冠，大众汽车（中国）投资有限公司的刘云峰、孙忱、倪康等为本书撰写付出了辛勤努力。中国发展出版社的张长令，中国汽车技术研究中心有限公司的黄永和、刘艳，华东师范大学的叶芳林，广州汽车集团股份有限公司汽车工程研究院的成军浩参与了部分章节撰写，商务部国际贸易经济合作研究院庞超然、中国人民大学博士生孙凤飞做了大量基础性工作，中国发展出版社王忠宏、梁仰椿等领导同志也为本书出版提供了大力支持。在此一并表示感谢。希望这一连续出版了14年的成果，能够继续为相关政府和企事业部门提供决策参考，为推动我国汽车产业高质量发展作出贡献。

隆国强

国务院发展研究中心党组成员、副主任、研究员

2021年11月17日

摘要

《中国汽车产业发展报告（2021）》是关于中国汽车产业发展的研究性年度报告，2008 年首次出版，本书为第 14 册。本书是众多行业专家、企业高层顾问共同撰写的全面论述中国汽车产业发展的权威性著作。本年度报告的主题是“加快推动高质量发展　助力构建新发展格局”，全书包括总报告、主题研究、发展综述、附录等主要内容。

近年来，特别是新冠肺炎疫情发生以后，全球汽车产业发展表现出诸多新的趋势性特征。一是增长轨迹重构。新冠肺炎疫情给全球汽车产业带来史无前例的重创，同比下降程度前所未有，全球汽车产销量预计到 2022 年前后才能恢复至 2018 年水平，未来几年的市场竞争将更为激烈。二是产品结构重构。电动汽车、无人驾驶等在新冠肺炎疫情前已取得较好的商业化进展，而新冠肺炎疫情中数字技术应用的超常规增长，以及多个国家推行的绿色新政，又为电动化、智能化转型注入了强大动力，产品结构重构之势不可阻挡。三是产业布局重构。每当发生极端重大事件后，产业链安全可控问题总会成为各方关注的焦点。新冠肺炎疫情加强了产业分工布局的安全逻辑，汽车产业链全球化布局的动力进一步被减弱，有可能出现碎片化、周边化、本地化发展特征。四是汽车社会重构。“后疫情时代”人们工作和生活方式的快速调整，以及新技术、新产品的普及，为汽车社会的构建指引了新方向。五是竞争格局重构。内外联通的大规模国内市场，将成为重大战略性资源；基础设施建设的推进及融合，将成为关键前提条件；政府规制方向和力度的选择，将成为重要影响因素。

作为兼具现实重要性和长远战略性的重点行业，我国汽车产业当前已进入发展变革关键期，需要顺应技术和产业发展趋势，加快补短板、强基础、锻长板，不断提高产业发展水平和国际竞争力，实现自身更高质量发展，助力构建新发展格局。立足于此，本年度报告以“加快推动高质量发展 助力构建新发展格局”为主题开展研究，判断我国汽车产业当前面临的新形势，并从国内大循环、国内国际双循环相互促进两个角度，对我国汽车产业科技创新体系、产业链和市场体系发展的现状与问题，股比开放、新区域合作变化给我国汽车产业带来的机遇和挑战，我国汽车产业“走出去”取得的成果和下一步发展等内容进行全面梳理和系统分析，提出推动汽车产业高质量发展的新思路和新举措。

本年度报告主题研究共分为三部分。第一部分“推动中国汽车产业高质量发展，助力构建新发展格局”，深刻阐明了加快构建新发展格局的重大意义，精准把握了构建新发展格局对汽车产业发展提出的一系列新目标、新要求，指出已进入变革发展关键期的汽车产业应充分依托超大规模国内市场优势和国际市场竞争经验，通过科技自立自强、供给侧改革、高水平对外开放等举措，率先助力构建新发展格局。第二部分“国内大循环，加快自立自强提升国际竞争力”，通过分析汽车产业技术发展动向和趋势，梳理总结我国汽车产业创新体系建设的成果和不足，围绕新科技革命发展格局下汽车与交通、信息等行业技术交叉融合发展的新局面，借鉴国外创新体系先进经验，提出新形势下我国创新体系建设的建议；开展对汽车产业链现代化水平的研究，对汽车产业链现代化进行了科学定义，设计了汽车产业链现代化评价指标和模型体系，通过数据对比分析，对当前我国汽车产业链现代化水平进行系统评估和建议；研究分析我国汽车产业市场体系建设面临的新形势、存在问题和建设进展，并就我国未来汽车产业高水平市场建设提出了针对性的政策建议。第三部分“双循环相互促进，扩大开放合作带来高质量发展”，深入研判了股比限制放开后的我国汽车产业发展格局，系统梳理了《区域全面经济伙伴关系协定》（RCEP）、《全面与进步跨太平洋伙伴关系协定》（CPTPP）等新区域合作框架下的汽车产业海外发展新机遇，并基于对“走出去”发展战略正式提出以来汽车产业外贸发展经验教训的梳理总结，结合主要汽车国家“走出去”发展经验，提出了新形势下我国汽车产业“走出去”的新发展战略。

纵观全书，《中国汽车产业发展报告（2021）》指明了当前我国构建新发展格局的重要意义，提出了构建新发展格局对汽车产业发展的新要求，从专业角度对当前我国汽车产业发展情况进行全面、客观的评估和判断，并提出构建新发展格局过程中推动我国汽车产业高质量发展的思路和对策建议。本书对汽车产业监管部门、研究机构、国际组织和相关企业具有重要的参考价值和借鉴意义。

Abstract

The ANNUAL REPORT ON AUTOMOTIVE INDUSTRY IN CHINA is an annual research report on the development of China's automotive industry. It was first published in 2008, and this is the 14th book. It is an authoritative work on the overall development of China's automotive industry, written by many industry experts and senior consultants of enterprises. The theme of this annual report is "Powering High-quality Development and A New Development Pattern." The book include the General Report, Theme Research, Development Overview, and Appendixes.

In recent years, especially after the COVID-19 outbreak, the development trends of the global automotive industry have shown many new features. First, the reconstruction of the growth path. The pandemic delivered an unprecedented blow to the global automotive industry, causing an unprecedented year-on-year decline. Global automotive production and sales are not expected to return to 2018 levels until around 2022, and market competition will become much fiercer in the coming years. Second, the reconstruction of the product structure. Before the pandemic, good progress had already been made in the commercialization of electric vehicles and autonomous driving. The extraordinary growth in the application of digital technology during the pandemic and the new green policies introduced by many countries have injected strong impetus into electrification and intelligent transformation, which leads to the irresistible reconstruction of the product structure. Third, the reconstruction of the industrial layout. Every time a severe event takes place, the safety and controllability of the industry chain are always a top concern of all parties. The pandemic highlighted the safety logic of the industrial division and layout and further weakened the impetus behind the global layout of the automotive industry chain, which may become fragmented, peripheral, and localized in the near future. Fourth, the reconstruction of the automotive society. The rapid adjustment of people's work and lifestyles in the post-pandemic era and the popularity of new technologies and products have guided the construction of the automotive society in a new direction. Fifth, the construction of the competition pattern. A large domestic market that is connected internally and externally will become a strategic resource; the promotion and integration of infrastructure construction will be a key precondition; and the choice of the direction and intensity of government regulations will become an important influence factor.

As a key industry with both realistic significance and long-term strategic importance, China's automotive industry has entered a critical period of development and reform. It needs to adapt to the technology and industry development trends, accelerate its efforts to make up for shortcomings, reinforce foundations, and harness strengths, and constantly raise its level of industrial development and international competitiveness so as to achieve its higher-quality development and power a new development pattern. On such a basis, this annual report has carried out a study themed "Powering High-quality Development and A New Development Pattern" to identify the new developments in China's automotive industry. From the two perspectives: domestic circulation and domestic-international dual circulation, it comprehensively summarizes and systematically analyzes the current situation and problems concerning the development of the technological innovation system, industry chain, and market system of China's automotive industry, the opportunities and challenges brought by the lifted limitations on the ratio of foreign shareholding and changes in new regional cooperation, and the outcomes of "going global" and further development of the industry. In addition, it puts forward new ideas and measures for promoting the high-quality development of the automotive industry.

The theme research of this annual report is divided into 3 parts. Part I - Powering High-quality Development of China's Automotive Industry and A New Development Pattern, thoroughly illustrates the significance of fostering a new development pattern, and offers accurate insights into the new objectives and requirements of building a new pattern for the automotive industry. This Part also proposes that the automotive industry, which has entered a critical period of reform and development, should take the lead in fostering a new development pattern by leveraging the advantages of the super-large domestic market and the competition experience in the international market, and taking measures such as independent sci-tech development, supply-side reform and high-level opening-up. Part II - Domestic Circulation Enhances Independence and International Competitiveness, summarizes the achievements and shortcomings of innovation system construction in China's automotive industry by analyzing the technological developments and trends in the industry, and puts forward suggestions for the construction of China's innovation system in the new situation, based on the development pattern of the new technology revolution, and the new situation where technologies merge across the fields of automobile, transportation, and information, and with reference to the advanced experience of foreign innovation systems. This Part contains a study on the modernization level of the automotive industry chain, based on a scientifically-defined "modernization", as well as well-established assessment indicators and model. Then, it systematically assesses and puts forward suggestions for the modernization level of China's automotive industry chain through comparative data analysis. Furthermore, it analyzes the new situation, existing problems, and construction progress regarding the market system construction of the industry, and proposes targeted policy suggestions for the high-level market construction of the industry in the future. Part III - Dual Circulation Expands Opening-up and Cooperation and Leads to High-quality Development, makes an in-depth analysis of the development pattern of China's automotive industry after the country lifted limitations on the ratio of foreign shareholding, and systematically summarizes the new overseas development opportunities for the industry under new regional cooperation frameworks such as RCEP and CPTPP. Moreover, based on a review and summary of the experience and lessons of the foreign trade development of the automotive industry since the "going global" development strategy was introduced, as well as the development experience of world-leading automobile countries in "going global", this Part puts forward a new "going global" development strategy for China's automotive industry in the new situation.

On the whole, the ANNUAL REPORT ON AUTOMOTIVE INDUSTRY IN CHINA 2021 articulates the significance of China's construction of a new development pattern, proposes new requirements for the development of the automotive industry, and offers a comprehensive and objective assessment and analysis of the current development of China's automotive industry from a professional perspective. In addition, it puts forwards ideas and countermeasures for promoting the high-quality development of the industry in the process of building a new development pattern. This report is expected to serve as reference for regulatory authorities, research institutions, international organizations, and relevant enterprises in the automotive industry.

目录

Ⅰ 总报告

Ⅱ 主题研究 加快推动高质量发展 助力构建新发展格局

III 产业综述

Ⅳ　附录

Contents

I General Report

II Theme Research: Powering High-quality Development and A New Development Pattern

III Development Overview

IV Appendixes

I

总报告

第一章 我国汽车产业要在新发展格局构建中率先作为

根据后续各章节内容整理，宋紫峰[1]执笔

加快构建以国内大循环为主体、国内国际双循环相互促进的新发展格局，是进入新阶段后推动我国经济高质量发展的战略抉择，是面对新环境时统筹发展和安全的战略抉择，也是基于新条件下塑造我国国际经济合作和竞争新优势的战略抉择，对经济发展全方位、全过程都提出了很多新要求。作为兼具现实重要性和长远战略性的重点行业，我国汽车产业当前已进入发展变革关键期，未来需要顺应技术和产业发展潮流，加快补短板、强基础、锻长板，不断提高产业发展水平和国际竞争力，实现自身更高质量发展，助力构建新发展格局。这是我国汽车产业应该肩负起来的历史责任。

一、健全完善适应汽车产业发展新要求的创新体系，打好关键核心技术攻坚战，夯实产业自立自强根基

当前，在全球数字化、绿色化转型加速的大背景下，汽车产业电动化、

1 宋紫峰，国务院发展研究中心产业经济研究部研究室主任、研究员，主要研究方向为产业政策、数字化转型、汽车产业发展、行为和实验经济学。

智能化、网联化、共享化发展持续加速。纯电动汽车正大规模进入家庭，燃料电池汽车已开展规模化示范应用。随着人工智能、5G、大数据等先进技术集中赋能，智能电动汽车移动式能量单元、移动数据终端和物联网移动节点的功能定位越发明显，并推动城市交通、能源、建筑系统的协同发展。智能共享出行正在重构未来汽车产业新生态，汽车产业新的发展图景正在逐渐展开。为抢占全球汽车产业发展新的制高点，欧、美、日、韩近期都进一步加大了推动力度。

近年来，我国汽车产业创新体系建设取得扎实进展。企业创新主体地位不断显现，基础研究投入持续大幅增长，科研人员研究自主权持续扩大，通过创设多个国家和地方技术创新中心进而建立起从基础研究到产业化应用的转化通道，行业内外融通创新特征更为明显，整合利用全球创新资源的能力也在不断增强。随着行业整体创新活力和效率的提升，我国汽车产业技术创新也取得了不少重大突破。新能源汽车整体技术水平处于国际先进地位，纯电动汽车技术进入国际第一梯队，动力电池技术水平和产业规模名列世界前茅；智能网联汽车技术水平显著提升，环境感知、智能决策、控制执行等技术取得明显突破，高精度地图、高精度定位、V2X[1] 通信技术等跻身国际领先行列，云平台与大数据、信息安全等技术和测试评价也在积极推进；部分核心节能技术取得实质性进展，替代燃料和轻量化节能技术应用比例稳步提升，推动国内乘用车（含新能源汽车）平均油耗在“十三五”时期从 6.5 升 / 百公里下降到 5.61 升 / 百公里。但与此同时，我国汽车产业创新体系整体效能仍有待提升，关键核心技术掌握不够的问题仍然突出。比如，整车控制、电动底盘、动力电池、动力系统等的核心控制器件与国际水平仍存在较大差距，基础软件、车规级芯片和基础材料的短板比较明显，部分节能技术对外依存度较高。

创新是引领发展的第一动力，核心技术突破是建设汽车强国的“根”

1 V2X 是 vehicle to everything 的缩写，是指车对外界的信息交换。

与“魂”。要实现汽车产业可持续创新发展，必须构建起吸引多主体参与、实现多要素汇聚、促进多模式探索的行之有效的创新体系，不断推动高质量创新成果涌现。为此，一方面，需要发挥好国内汽车产业战略研究机构的作用，加强对全球汽车产业的战略跟踪和研究，系统梳理我国汽车产业技术存在的短板弱项和长板优势，提早开展技术研究等各方面布局，紧抓和引领全球汽车产业发展趋势。另一方面，要通过建设完善新型创新机构，拓宽基础研究投入渠道、引导企业加大投入，切实提高产业联盟组织和运行效率，在国内汽车专业优势高校开设新能源汽车工程和智能车辆工程专业、培养产业创新人才，优化技术创新服务体系等方式，加快完善创新体系建设，提升产业创新能力与创新效率，为汽车产业高质量发展提供坚实基础。

二 瞄准智能电动汽车发展方向，以系统评估为重要基础和起点，持续提高我国汽车产业链现代化水平

新冠肺炎疫情的全球大流行，给汽车产业这个全球化大生产的典型行业带来了严重冲击，其中尤为重要的一个方面是汽车产业链供应链不稳、不安全问题。从疫情暴发初期的生产、物流、销售受阻或中断，到延续至今的车规级芯片短缺、上游原材料价格快速上涨等，无不持续凸显着这个问题的严重性，也使产业分工的安全逻辑阶段性压倒了经济逻辑。在这种情况下，主要国家普遍针对本国产业链供应链的关键领域和环节，在评估现状的基础上制定战略和政策，意图巩固和提升产业链韧性和供应链弹性。我国虽已建立起较为健全的汽车产业链供应链，形成以汽车整车、整机和总成制造企业为龙头，以及与之配套的上游和下游企业、相关服务业和管理机构等构成的链条关联体系，但“缺芯”、备份能力弱等关键短板也暴露得很明显。

要提升汽车产业链现代化水平，首先需要进行系统评估。在综合各方面认识的基础上，我们研究认为，汽车产业链现代化是通过持续提高产业基础能力、产业链配套水平、供应链效率和控制力、价值创造能力，形成具有更强创新力、更高附加值、更安全可靠的汽车产业链供应链的过程。其中，产业基础能力的高级化是产业链现代化的核心，产业链配套水平的完善是产业链现代化的前提，供应链的安全自主性是产业链现代化的基础，高端价值创造能力是产业链现代化的最终目标。

瞄准智能电动汽车发展方向，我们构建了一个包含 4 个一级指标、23 个二级指标（其中包含 8 个核心二级指标）的评价模型，并在定量分析和专家访谈的基础上，系统分析比较了中、美、德、日四个国家的产业链现代化水平。从总体结果看，德、日两国基本上并驾齐驱，处于领先位置，美国紧随其后，我国次之；我国与美国差距不大，但与德、日两国仍有明显差距。

从一级指标看，我国在供应链效率和控制力方面表现较好，位居第 2 位，而产业基础能力和价值创造能力与领先国家仍有较大差距；从核心二级指标看，我国基础设施水平位居各国之首，供应链完整度位居第 2 位，但在产学研用合作能力、产业基础水平、法规标准体系水平、零部件制造技术水平等方面与领先国家仍有较大差距。

三 破除体制机制障碍，加快建设国内统一大市场，激发汽车产业市场主体活力和创造力

我国能够连续 10 多年成为全球汽车产销第一大国，还能够在全球主要经济体中率先推动新能源汽车产业实现规模化发展，一个关键的依托是我国具备超大规模国内市场的独特优势。进一步筑牢和发挥好这个优势，

对我国汽车产业高质量发展有着决定性影响。

在全面深化改革大背景下，我国国内统一大市场建设取得了显著进展，但至少在汽车产业领域还存在一些短板问题。主要体现在三个方面：一是汽车产业市场准入管理面临新挑战。对汽车产业这种具有明显外部性影响的行业，准入管理是必需的，但同时也需要更为精细化。比如，随着智能网联汽车发展加速，自动驾驶系统应用场景复杂，高度依赖人工智能技术，如何保障场景覆盖及提高算法的可解释性？而且，汽车产品的内涵和外延都在发生明显变化，这需要相关行业部门加强准入的监管协同。同时，一批行业外企业集中进入汽车产业，这些企业普遍面临着获取生产制造资质和融资能力的问题，这也是迫切需要合理予以解决的。二是地方保护现象仍然不同程度存在。一些城市出台的促进新能源汽车推广应用政策还明显存在对本地企业和产品的偏向性，对本地生产及税收的追求，使跨区域企业兼并重组面临障碍，也在一定程度上加重了新能源汽车阶段性产能过剩问题。三是二手车交易、汽车报废、汽车流通等环节，各地的政策规定仍不统一甚至存在相悖之处，这都不利于构建全国统一的一体化汽车市场，使国内市场面临被割裂的风险。

要加快建立平等准入、公平竞争的市场环境，建设全国统一的汽车市场，从而进一步释放各类市场主体的活力和创造力，需要有效破除体制机制障碍，按照“放管服”改革思路适当放宽以研发创新和新营销模式为主的新进入企业委托现有整车生产企业代工的规则限制，给予动力电池企业更多自主经营权，推进车企注销便利化，简化车企兼并重组审核流程，营造一个适度宽松、运行有序的柔性管理政策环境，给市场主体留出更多自主决策空间。加快汽车产业数据资源的确权工作，建立数据资源资产化和数据流通交换体系，在保障社会效益、消费者权益和企业利益之间找到更好平衡。深化以信息披露为核心的股票发行注册制改革，上市通道要适应我国技术创新发展壮大的需求，同时完善退市标准，简化退市程序，畅通多元化退市渠道，保障各类市场主体平等使用金融等要素资源。进一步清理废除妨碍全国统一汽车市场和公平竞争的存量政策，通过体制机制改革等多种方式有效打破地方保护。

四 顺应全球化发展新趋势，在区域合作新机制下塑造我国汽车产业国际竞争合作新优势

区域经济一体化是经济全球化发展的重要趋势，对包括汽车产业在内的各类产业发展都已产生了重要影响。通过分析《区域全面经济伙伴关系协定》（RCEP）、《全面与进步跨太平洋伙伴关系协定》（CPTPP）、《中欧全面投资协定》（CAI）等区域合作新机制的基本内容特别是与汽车产业相关的核心条款，我们发现了一些共性特点，主要包括：很多国家都寄望于通过深度参与区域合作机制来应对外部冲击与市场波动、确保自身产业安全与经济利益；国家间、企业间的竞争正越来越体现为主要区域合作体系相互之间的竞争，这在亚太地区尤为明显；区域合作新机制覆盖面不断扩大，除货物贸易、市场准入、国民待遇、投资便利化、原产地规则、海关程序、技术标准、争端解决机制等传统领域外，还普遍涵盖了服务贸易、知识产权、环境与劳工标准、数字贸易等新兴领域；博弈复杂性也在提高，达成新机制面临不少挑战；等等。

这些区域合作新机制给我国汽车产业发展带来了新机遇和新挑战。新机遇主要包括：有利于我国汽车产业更近距离地对标学习领先国家，并实现内外部资源优化配置，尽快转向主要依靠质量、技术、服务和体现绿色特征的高质量发展道路；推动我国汽车产业与国际高水平经贸规则全面接轨，特别是在市场准入、关税减让、取消外资股比限制措施和非关税措施、知识产权保护、实施原产地规则、简化优化通关流程和口岸监管等方面促

进制度型开放；提升我国汽车产业的产业链供应链乃至数据链水平，在区域合作新机制下构建起自主安全、灵活高效、互利共赢的覆盖各类生产要素的安全供应体系；等等。新挑战则主要包括：现行产业政策体系需要尽快调整，以适应投资自由化便利化水平更高、开放度更高的新要求；本土企业将同时面对日、韩、德等国的跨国汽车公司以及东南亚等国的新兴汽车企业的双面夹击；在华投资存在替代性竞争甚至转移的风险；等等。总的来看，加入这些区域合作新机制，对我国汽车产业发展而言，长期利大于弊，机遇大于挑战，合作大于竞争，共赢大于零和。

在区域合作新机制中塑造我国汽车产业国际竞争合作新优势，要从构建高水平开放型经济新体制以及新发展格局的战略高度出发，坚持以我为主、积极融入、协同引领，推动汽车产业全方位、宽领域、高水平地融入区域贸易投资自由化便利化进程，推进区域内汽车产业全要素、全链条的耦合和共振，谋划区域汽车产业一体化发展蓝图。具体而言，用好用足现有贸易投资自由化便利化政策，在区域经济合作框架下实现更大范围内的优化配置资源。利用市场与投资保护缓冲期和过渡期，瞄准国内汽车产业“卡脖子”技术短板问题，力争有所突破。积极参与国际标准法规的制修订与协调，推动我国具备先发优势的新能源汽车和智能网联汽车标准尽快“走出去”。在全面履行区域自由贸易与投资协定框架下的货物贸易、服务贸易和投资领域开放等方面各项承诺的基础上，强化与协定成员方的当地汽车厂商（包括当地中小企业）之间的紧密战略合作伙伴关系。充分发挥协会、学会等行业组织的作用，在区域内汽车产业重点合作国家和地区设立服务型分支机构，打造各协定成员方政府和企业之外的第三极推动力。建立国家级汽车产业安全审查和市场运行监测、监管与预警机制。探索与欧盟、美国和拉美地区等大规模成熟市场建立高水平的贸易与投资自由化便利化制度安排。

五 把握当下良好机遇，从政府管理、行业组织、企业发展等多方面发力，推动我国汽车产业“走出去”行稳致远

我国汽车产业“走出去”步伐在加入 WTO 后的二十年来持续加快，近年来还表现出很多新特征。出口结构不断优化，市场版图持续扩大。整车出口结构出现重大改变，乘用车出口占整车出口的比例由 2001 年的 13.8% 提高到了 2020 年的 74.4%，新能源汽车整车出口占全部整车出口的比例目前已超过 20%。零部件作为汽车产品出口的重要部分，也开始向高附加值方向发展，特别是动力电池、驱动电机等新能源汽车关键零部件的增长势头良好。“一带一路”沿线国家和地区已成为我国汽车产品的主要目的地，2021 年前 8 个月，出口到“一带一路”沿线 18 个主要国家和地区的汽车产品金额已占全部汽车产品出口金额的 52.5%。同时，出口市场还稳步拓展至欧美发达国家，欧洲目前已成为继亚洲之后的第二大出口目的地。

内外合作不断深化，“出海”方式日益多元。一方面，我国汽车企业走向海外市场的方式已由单一的产品出口，逐渐拓展至海外建厂、合资合作、海外并购及建设海外研发基地等，头部自主企业普遍实现向本地化研发、测试、生产、物流、营销、售后的一体化配套方向发展，同时积极布局汽车金融、融资租赁、二手车、出行服务等领域。另一方面，外资企业与国内企业的合资合作逐渐由“法规驱动”转为“技术驱动”，即由以往寻找合作伙伴以满足建厂相关股比要求从而开拓我国本土市场，逐渐发展为通过与我国电动化、智能化领域领先企业合作来促进其自身的发展转型和国际市场拓展。

支撑体系持续完善，标准引领进展明显。一方面，随着我国整体国力的跃升，汽车产业“走出去”支撑工作也取得了很多突破性进展，在贸易争端防范解决、海外发展资金支持、贸易壁垒对策研究等领域已逐渐形成

较强的服务保障能力，一个国际化的服务保障体系正在加速构建形成。另一方面，我国已全面参与国际标准化组织道路车辆技术委员会、国际电工委员会电动道路车辆和电动工业卡车技术委员会等的国际标准化活动，在智能网联汽车领域逐渐形成“单车智能 + 网联赋能”的中国方案。凭借领先的实践和深度参与相关国际标准的制定，我国汽车产业特别是新能源汽车标准体系的全球话语权和影响力显著提高。

但相比主要汽车强国，我国汽车产业在“走出去”和国际化发展方面还存在很多短板弱项。比如，我国整车出口量占国内产量比例只有 3.9%，与德国的 70.4%、日本的 46.3% 和美国的 20% 左右差距很大；整车出口单价约为 1.45 万美元 / 辆，与德、美、日、韩四国 2.83 万美元 / 辆的均价仍有不小差距；海外本土化经营普遍处于起步阶段，散件组装（KD）工厂组装生产仍是目前的主要模式，汽车企业对海外营销网络建设运营参与度普遍较低，海外工厂对全球销量的支撑不足，面向海外的品牌建设推广工作力度不够；我国汽车产业缺乏由行业组织带动的规模化的汽车产业海外发展联盟；等等。

充分把握当下的良好机遇，实行更高水平的对外开放，推动技术、产品、服务、标准、模式等更好地“走出去”，是我国汽车产业实现高质量发展的必然选择。为此，要更好发挥政府作用，包括完善优化《境外投资管理办法》等政策、探索实施出口积分制度并与“双积分”制度有效衔接、研究制定对标国际的汽车出口产品质量管理标准、在中国国际进口博览会等重要对外平台开办中国品牌汽车专场活动、设立汽车产业境外投资促进机构、完善应对贸易摩擦和境外投资等重大事项预警协调机制等。还要更好发挥行业组织作用，包括牵头构建政府指导、企业参与、研究机构支撑的汽车产业海外发展联盟，积极参与国际标准制定工作，推动标准规范国际互认，提升支撑服务水平等。同时，鼓励引导国内企业科学规划国际化发展战略，强化企业品牌建设，持续提高企业核心竞争力，以行稳致远地走好国际化发展道路。

II

主题研究

加快推动高质量发展
助力构建新发展格局

第二章

推动中国汽车产业高质量发展，助力构建新发展格局

宋紫峰[1]

摘要：构建新发展格局明确了我国经济现代化的路径选择，对做好经济工作、推动高质量发展提出了很多与时俱进的新要求。汽车产业是兼具现实重要性和长远战略性的行业，一个强大的汽车产业是推动高质量发展、创造高品质生活的关键支撑。我国汽车产业需要按照加快构建新发展格局的要求，顺应技术和产业发展潮流，尽快补短板、强基础、锻长板，不断提高产业发展水平和国际竞争力。

关键词：新发展格局　重要意义　关键要求　汽车产业发展

2020年4月10日，习近平总书记在中央财经委员会第七次会议上发表重要讲话，提出要构建以国内大循环为主体、国内国际双循环相互促进的新发展格局[2]。党的十九届五中全会审议通过的《中共中央关于制定国民经济和社会发展第十四个五年规划和二〇三五年远景目标的建议》对加快构建新发展格局作出全面部署。加快构建新发展格局是一项关系我国

1　宋紫峰，国务院发展研究中心产业经济研究部研究室主任、研究员，主要研究方向为产业政策、数字化转型、汽车产业发展、行为和实验经济学。

2　习近平："国家中长期经济社会发展战略若干重大问题"，《求是》2020年第21期。

发展全局的重大战略任务，也是推动我国汽车产业高质量发展的方向指引，需要从全局高度深刻认识、准确把握和积极推进。

一 深刻认识加快构建新发展格局的重大意义

习近平总书记指出，进入新发展阶段明确了我国发展的历史方位，贯彻新发展理念明确了我国现代化建设的指导原则，构建新发展格局明确了我国经济现代化的路径选择[1]。这就要求我们，一定要站在统筹中华民族伟大复兴战略全局和世界百年未有之大变局的高度，深刻认识加快构建新发展格局的重大意义。

（一）这是进入新阶段后，推动我国经济高质量发展的战略抉择

党的十八大以来，以习近平同志为核心的党中央对我国经济发展阶段性特征的认识不断深化，2013 年提出我国经济发展正处于增长速度换挡期、结构调整阵痛期和前期刺激政策消化期“三期叠加”阶段，2014 年提出我国经济发展进入新常态等重大判断。党的十九大明确提出，我国经济已由高速增长阶段转向高质量发展阶段，正处在转变发展方式、优化经济结构、转换增长动力的攻关期。党的十九届五中全会进一步提出，“十四五”时期经济社会发展要以推动高质量发展为主题，必须把发展质量问题摆在更为突出的位置，着力提升发展质量和效益。

我国进入高质量发展阶段后，继续发展具有多方面优势和条件，但同时我国发展不平衡不充分问题仍然突出。其中与经济高质量发展直接密切相关的包括：全面深化改革取得历史性伟大成就，各领域基础性制度框架

1 习近平：“把握新发展阶段，贯彻新发展理念，构建新发展格局”，《求是》2021 年第 9 期。

基本确立，许多领域实现历史性变革、系统性重塑、整体性重构，但重点领域关键环节改革任务依然艰巨。创新能力显著提高，中国在“2021 年全球创新指数排名”中位居第 12 位，是前 30 名中唯一的发展中经济体，深圳—香港—广州和北京也成为全球排名第 2 位和第 3 位的科学技术集群，但创新能力仍不适应高质量发展要求，特别是在基础研究水平、关键核心技术等方面与世界科技创新强国相比有明显差距[1]。现代农业发展取得长足进步，粮食生产实现“十七连丰”，14 亿中国人的饭碗牢牢端在我们自己手中，但农业基础还不稳固，还需要重点从农产品结构、抗风险能力、农业现代化水平上发力。城乡区域协调发展呈现良好势头，新型城镇化取得重大历史性成就，乡村振兴战略全面实施，京津冀、长三角、粤港澳大湾区等高质量发展动力源的引领作用不断凸显，但城乡区域发展和收入分配差距仍然较大。美丽中国建设迈出坚实步伐，污染防治攻坚战阶段性目标任务高质量完成，但我国生态环境保护结构性、根源性、趋势性压力尚未根本缓解，生态环保任重而道远。

现阶段，要切实解决这些发展不平衡不充分问题，不断提升发展质量和效益，就必须立足技术条件、需求结构、空间格局等因素的发展变化，全方位、各领域畅通国内大循环，同时更好利用国际国内两个市场、两种资源，实现国内国际双循环相互促进。

（二）这是面对新环境时，统筹发展和安全的战略抉择

科学分析研判一个较长时期内的发展环境变化，并提出有针对性的发展战略，是抓住机遇、应对挑战、趋利避害、稳步发展的基本前提。当今世界，百年未有之大变局正加速演进，今后一个时期，我们将面对更多逆风逆水的外部环境，必须做好应对一系列新风险挑战的准备。

1　世界知识产权组织：“Global Innovation Index 2021: Tracking Innovation through the COVID-19 Crisis”，2021 年 9 月。

近年来，特别是新冠肺炎疫情全球大流行发生以来，我国发展面临的国际环境日趋复杂，不稳定不确定性明显增加，经济全球化遭遇逆流，世界进入动荡变革期，单边主义、保护主义、霸权主义对世界和平与发展构成威胁。全球产业链供应链的发展演变趋势就是一个典型例证。自国际金融危机爆发以来，全球化就陷入了低潮期，再加上数字技术应用对劳动力的替代，重要产业本地化布局的倾向已在增强。新冠肺炎疫情的发生，使得全球化深化与回潮的天平进一步向后者倾斜。一些主要经济体由于内部政治经济压力陡然增大等原因，开始强调不断泛化的“经济主权”概念，更加强调产业分工的国家安全和意识形态逻辑，对产业链供应链安全可控的重视阶段性地压倒了对经济效率的追求，个别经济体还意图进一步实现产业链供应链的“去中国化”。可以说，全球产业链供应链碎片化、本地化、周边化布局倾向是自“冷战”结束以来最强的。尽管全球化仍是大势所趋，但当下这种阶段性变化很可能会持续一段时间并产生重大影响，这使我们必须统筹发展和安全，以在一个更加不确定性的环境中实现更为安全的发展。

以国内大循环为主体，就能够用国内市场的稳定性对冲外部市场的不确定性，从而增强我国发展的主动性、可持续性和韧性，实现以我为主的发展。国内国际双循环相互促进，就能够顺应以及引领全球化发展正确的历史潮流，同世界各国实现更高水平的互利共赢，也推动我国自身更好发展。

（三）这是基于新条件下，塑造我国国际经济合作和竞争新优势的战略抉择

改革开放 40 多年来，我国深度参与国际产业分工，通过建设经济特区、吸引外商投资、开展加工贸易、改革外贸体制等举措，形成了市场和资源“两头在外”的发展模式，迅速成为“世界工厂”，带动了国内经济的高速增长。随着发展条件的累积变化，我国要素成本低、环境容量大、外需贡献多等

传统优势逐渐减弱，与此同时，超大规模国内市场的新优势开始显现。

超大规模国内市场优势是有着坚实发展基础的。从需求侧看，2020 年我国国内生产总值超过 100 万亿元人民币，人均国内生产总值突破 1 万美元，目前已经形成拥有 14 亿人口、4 亿多中等收入群体的全球最大和最有潜力的消费市场。从供给侧看，我国拥有全球最完整的产业体系和上中下游产业链；技能劳动者总量已经超过 2 亿人，其中高技能人才超过 5000 万人；建立起了完善的基础设施网络，高速铁路营业里程、高速公路通车里程、城市轨道交通运营里程、港口万吨级及以上泊位数、电力装机、电网规模、4G 网络规模等均居世界首位。纵观全球，市场已经成为最宝贵的资源，哪个国家拥有了超大规模国内市场，这个国家就具备了难以比拟的综合竞争优势。

以国内大循环为主体，就是要充分发挥超大规模国内市场优势，推动各类新技术、新产品、新业态创新发展，在事关未来的全球重要产业竞争新赛道中赢得先机，为形成国际合作和竞争新优势奠定坚实基础。国内国际双循环相互促进，就能更好地利用两个市场、两种资源，在更为广阔的空间中巩固和增强新优势。

二　准确把握加快构建新发展格局的关键要求

加快构建新发展格局立意高远、内涵丰富，是指导我国经济发展的新战略，也对做好经济工作、推动高质量发展提出了很多与时俱进的新要求，其中，建设超大规模国内市场、实现科技自立自强、深化供给侧结构性改革、实行高水平对外开放是重中之重。

（一）建设超大规模国内市场

依托国内市场，实现以国内大循环为主体，既是大型发达经济体经济发展的一般规律和基本特征，也是在全球需求不足、储蓄过剩的大背景下牢牢把握市场这个最稀缺资源的必然选择。

经过长期发展和积累，我国超大规模国内市场的优势已经开始显现，具备了世所罕见的“经济超大规模性”特征。经济超大规模性，是一个经济体依托超大规模的人口、国土空间、经济体量和统一市场所形成的叠加耦合效应，在运行效率、产业构成、空间格局、动态演化、全球影响等方面所展现出的特性。我国经济超大规模性具体表现为规模经济效应超大、范围经济效应超大、空间集聚效应超大、创新学习效应超大、发展外溢效应超大等特征，从而使我国在生产率持续提高、建立完整的产业体系、进行高水平创新创业创造、孕育世界级都市圈和城市群以及在全球范围配置资源等方面具备了比较优势。应该看到，从这几个维度来看，全球具有经济超大规模性的国家凤毛麟角。具备经济超大规模性，一个国家的经济社会发展循环就有了更为坚实的基础。总的来看，我国能够凭借经济超大规模性的优势实现更充分的规模经济、范围经济、网络经济效应，既有利于增强发展韧性和扩大回旋余地，也有利于缓释风险和对冲外部压力，还对以市场容量催生重大科技创新成果有着积极作用。

要充分发挥国内市场资源优势，持续建设超大规模国内市场，还需要解决好当下存在的一系列突出问题，主要包括：解决收入差距较大问题，推动形成“橄榄形”收入分配结构，促进中等收入人群不断扩大；落实好人口战略调整相关政策，加强社会保障托底，整体上提高全社会的边际消费倾向；切实提高国内产品和服务质量，充分发挥国内市场对国内产业发展提质增效的支撑作用；破除影响全国统一大市场建设的体制机制障碍，真正形成国内大循环而不是各地封闭的“小循环”；等等。总之，建设超大规模国内市场是加快构建新发展格局的关键之一，必须坚持扩大内需这个战略基点，使生产、分配、流通、消费更多依托国内市场，形成国民经济良性循环。

（二）实现科技自立自强

世界近现代发展史一再表明，唯有持续引领创新，才能抓住工业革命历史机遇，在补短板、强基础、锻长板中增强发展主动权，最终实现综合国力跃升。

没有科技的自立自强，经济社会运行就会面临一些“断点”，无法实现高水平循环。我国虽然拥有全球最完整的工业体系，但由于后发劣势等多方面原因，这个体系还存在缺陷，一些关键原材料、装备、软件系统等高度依赖外部循环的支撑。随着国际环境深刻复杂变化，科技自立自强程度不足、产业链供应链“不强”“不稳”“不安全”的问题迅速浮现。根据《科技日报》的梳理，当前我国至少在光刻机、芯片、操作系统、航空发动机短舱、触觉传感器等35项关键核心材料、技术、零部件、软件系统上遭遇“卡脖子”问题（见表2-1）。

表2-1 《科技日报》“卡脖子”领域系列报道内容

序号	内容	序号	内容
1	光刻机	11	高压柱塞泵
2	芯片	12	航空设计软件
3	操作系统	13	光刻胶
4	航空发动机短舱	14	高压共轨系统
5	触觉传感器	15	投射式电镜
6	真空蒸馏机	16	掘进机主轴承
7	手机射频器件	17	微球
8	iCLIP 技术	18	水下连接器
9	重型燃气轮机	19	燃料电池关键材料
10	激光雷达	20	高端焊接电源

续表

序号	内容	序号	内容
21	适航标准	29	锂电池隔膜
22	高端电容电阻	30	医学影像设备元器件
23	核心工业软件	31	超精密抛光工艺
24	ITO 靶材	32	环氧树脂
25	核心算法	33	高强度不锈钢
26	航空钢材	34	数据库管理系统
27	铣刀	35	扫描电镜
28	高端轴承钢		

资料来源：整理自《科技日报》，2019 年 4 月 19 日—2019 年 7 月 3 日。

另据工业和信息化部披露，对全国 30 多家大型企业 130 多种关键基础材料调研结果显示，32% 的关键材料在我国仍为空白，52% 依赖进口，绝大多数计算机和服务器通用处理器 95% 的高端专用芯片、70% 以上智能终端处理器以及绝大多数存储芯片依赖进口；在装备制造领域，高档数控机床、高档装备仪器、运载火箭、大飞机、航空发动机、汽车等关键件精加工生产线上逾 95% 制造及检测设备依赖进口[1]。自新冠肺炎疫情发生以来，由于内外联系畅通受到了很多客观限制，使得这种状况进一步凸显，对生产生活造成了广泛负面影响。

要尽快实现科技自立自强，就必须进一步聚焦产业链供应链的关键短板，统筹科技资源和市场优势，充分发挥社会主义市场条件下关键核心技术攻关新型举国体制的作用，尽快补足关键短板；健全基础研究前沿投入支持机制，加快形成以政府投入为主、社会投入多元化的机制，扩大基础研究资金来源，探索前沿性原创性科学问题发现和提出机制，稳定支持基础学科、冷门学科研究，持续夯实基础支撑；加快科技成果产业化、市场化应用，充分发挥企业的主体作用，建立多类型、高水平的科技成果转化中介服务机构，持续锻造战略性长板；等等。总之，科技自立自强是加快构建

1 资料来源："工信部：130 多种关键材料 32% 在中国空白 52% 靠进口"，2018 年 7 月 15 日，http://news.sina.com.cn/c/2018-07-15/doc-ihfkffak0526628.shtml。

新发展格局的前提和基础，必须尽快取得实质性重大突破。

（三）深化供给侧结构性改革

只有坚持以供给侧结构性改革为主线，才能不断提升供给体系对国内需求的适配性，使国内市场成为最终需求的主要来源，形成需求牵引供给、供给创造需求的更高水平动态平衡。

坚持深化供给侧结构性改革这条主线，同时加强需求侧管理，是解决我国经济发展深层次结构性矛盾和问题、更好满足人民日益增长美好生活需要的关键举措。供给侧管理和需求侧管理都是宏观经济调控的基本手段，通常需要配合使用，并且在不同经济环境下会有所侧重。对当下及今后一个时期的我国而言，经济发展在供给侧和需求侧都面临问题，但主要集中在供给侧，关键是供给体系变革跟不上需求结构变化。比如，国内消费者对食品、旅游、医疗、教育等的需求呈现持续高端化趋势，但国内高端供给明显不足；一些行业出现了较为严重的产能过剩问题，但同时支撑这些行业高质量发展的关键技术、装备等却高度对外依赖；在绿色化转型提速的大背景下，关键原材料、技术、标准、人才等的支撑还有明显弱项；等等。总的来看，我国经济运行和发展面临的问题根源是存在重大结构性失衡，这降低了要素资源配置效率，阻碍了产业结构的优化升级，影响了创新能力、竞争力和综合实力的提升。

构建新发展格局的关键在于经济循环的畅通无阻，现阶段畅通经济循环最主要的任务是供给侧有效畅通。我国供给侧结构性改革近年来已取得了重大成效，但相比时代要求仍然不够。今后一个时期，还要继续按照“巩固、增强、提升、畅通”八字方针的要求，完成“三去一降一补”重要任务，推动产能过剩行业加快出清，降低各类要素和营商成本，尽快补足关键短板；加快建设统一开放、竞争有序的现代市场体系，显著提高金融服务实体经济的能力和水平；增强各类市场主体活力，促进正向激励和优胜劣汰，不断推陈出新发展更多优质企业，促进大、中、小、微型各类企业融通发展；提升产业基础能力和产业链现代化水平，面向未来全球产业竞争新赛道，推动战略性新兴产业加速成长，培育更多世界级产业集群。总之，唯有深化供给侧结构性改革，才能实现生产、分配、流通、消费各环节有机衔接，推动形成螺旋式上升发展过程，在更高水平动态平衡中实现高质量发展。

（四）实行高水平对外开放

新发展格局不是封闭的国内循环，而是开放的国内国际双循环。畅通国际循环，是提升国内大循环效率和水平、改善我国生产要素质量和配置水平的需要。只有通过参与国际市场竞争，才能检验和增强我国出口产品和服务的竞争力，进而增强我国在全球产业链供应链创新链中的影响力。

以进出口总额占 GDP 比重来衡量，改革开放 40 多年来，外循环的作用先是快速提升，然后又快速下降直至趋稳。发展水平较低时，参与国际经济合作的程度也较低，外循环作用较小，1978 年我国进出口总额占 GDP 比重不足 10%；经济快速发展时期通常伴随着凭借自身突出优势快速融入全球产业分工体系的过程，外循环作用显著提升，2006 年我国进出口总额占 GDP 比重超过 64%，达到了历史最高点；经济增长趋稳通常意味着外贸持续高速增长的基础和条件都已发生了重大变化，外循环作用也有所下降，自 2016 年以来，我国进出口总额占 GDP 比重基本保持在 1/3 弱的水平。外循环在我国经济发展中地位的演进脉络符合大国经济的一般特征，是带有规律性的。如图 2-1 所示。

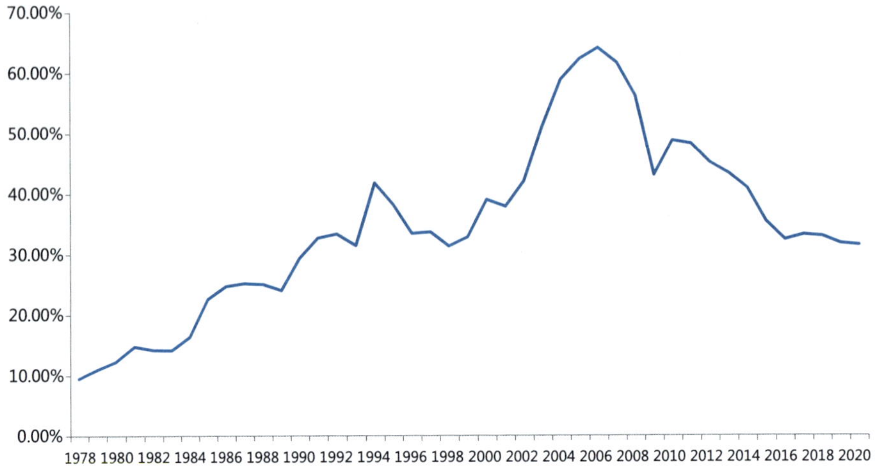

图 2-1 我国进出口总额占 GDP 比重（1978—2020 年）

资料来源：Wind 数据；作者计算。

外循环地位的相对下降并不意味着外循环不再重要，从历史经验教训和我国发展实际看，外循环都非常重要，而且从绝对量上看，外循环仍在稳步提高，只是我国参与外循环的方式以及外循环的价值体现发生了显著变化。一方面，经过长期积累，我国资金、技术、数据等要素已经从极度匮乏转向了相对富集，但同时劳动力丰富、环境容量大等传统比较优势逐渐减弱，生产要素相对优势的转折性变化意味着我国参与国际竞争合作的比较优势已经发生了改变，“大进大出、两头在外”的模式难以为继，出口产品和服务类别必然变化，“走出去”的重点和方式也必然变化。另一方面，我国企业在关键核心技术、高端人才培养、经营管理水平等方面与国际先进水平相比还有差距，有些领域差距仍然较大，吸引外资既有拉动投资生产的“硬”需求，更重要的是通过学习借鉴提升“软”实力。总的来看，尽管整体环境发生了重大变化，但对世界而言，全球化发展仍是大势所趋；对我国而言，对外开放的大门不会关闭，只会越开越大。

更好联通国内市场和国际市场、更好利用国际国内两种资源，实现国内国际双循环相互促进，就必须实行高水平对外开放，建设更高水平开放型经济新体制。为此，要顺应外部环境和我国要素资源禀赋条件变化，加快转变外贸发展方式，增强对外贸易综合竞争力；要完善外资准入前国民待遇加负面清单管理制度，有序扩大服务业对外开放，依法保护外资企业合法权益，持续优化营商环境，吸引更多高水平外资；赋予自贸试验区更大改革自主权，稳步推进海南自由贸易港建设，发挥好进口博览会等重要展会平台作用，持续打造对外开放新高地；等等。总之，高水平对外开放，是我国加强同世界经济的紧密联系、提高对国际商品和要素资源吸引力的必然选择，也有利于开拓合作共赢新局面。

三 汽车产业要率先助力构建新发展格局

汽车产业是我国国民经济支柱性行业，一个强大的汽车产业是推动高质量发展、创造高品质生活的关键支撑。我国汽车产业需要顺应技术和产业发展潮流，尽快补短板、强基础、锻长板，不断提高产业发展水平和国际竞争力，助力新发展格局的构建。

（一）我国汽车产业已进入变革发展关键期

近年来，特别是新冠肺炎疫情发生以后，全球汽车产业发展表现出很多新的趋势性特征。一是增长轨迹重构。新冠肺炎疫情给全球汽车产业带来史无前例的重创，同比下降程度前所未有。全球汽车产销量预计到 2022 年前后才能恢复至 2018 年水平，未来几年的市场竞争将更为激烈。二是产品结构重构。电动汽车、无人驾驶等在新冠肺炎疫情前已取得较好的商业化进展。新冠肺炎疫情中数字技术应用的超常规增长，以及多个国家推行的绿色新政，又为电动化、智能化转型注入了强大动力，即使汽车产销量恢复到新冠肺炎疫情前水平，在结构上也会发生重大变化。三是产业布局重构。每当发生极端重大事件后，产业链安全可控问题总会成为各方关注的焦点。新冠肺炎疫情凸显了产业分工布局的安全逻辑，汽车产业链全球化布局的动力进一步被减弱，有可能出现碎片化、周边化、本地化发展特征。四是汽车社会重构。“后疫情时代”人们工作和生活方式的快速调整，以及新技术、新产品的普及，为汽车社会的构建指引了新方向。五是竞争格局重构。内外联通的大规模国内市场，将成为重大战略性资源；基础设施建设的推进及融合，将成为关键前提条件；政府规制方向和力度的选择，将成为重要影响因素。

我国是引领全球汽车产业发展变革的关键力量之一。在市场规模方面，我国已经连续多年成为全球最大的汽车产销地。未来随着居民收入水平的持续提高，我国汽车的整体市场规模及消费产品结构都仍有较大提升空间，这既有助于抵御外部市场波动风险，提高产业根植性，也为新技术、新产品、新模式的创新发展提供了良好机遇，能够形成良好的正向循环。在创新发展方面，我国电动汽车产销量近年来保持全球领先地位，无人驾驶、换电模式、氢燃料电池汽车、网约车等新兴领域的发展也十分迅速。特别需要说明的是，2020 年我国动力蓄电池装机量达到 62.85GWh，连续多年位居全球首位；在全球装机量前 10 位企业中，我国企业由 2011 年的 1 家增加到 2020 年的 6 家，其中宁德时代连续 4 年位居榜首；磷酸铁锂和三元材料动力蓄电池的单体能量密度、循环寿命、量产成本等关键指标都处于国际先进水平，产业链供应链能力也比较强[1]。我国企业主导关键零部件的供应，这在国内汽车产业近 70 年发展史上前所未有。在开放发展方面，专用车、新能源汽车、商用车外资股比限制已经取消，2022 年还将取消乘用车外资股比及合资家数的限制，整个行业即将完全对外开放。以国内市场为重要依托，北京车展、上海车展及世界新能源汽车大会等国内外交流合作平台

1 资料来源：中国汽车动力电池产业创新联盟。

的水平和国际影响力持续提高。与此同时，一些国家和地区越来越充分认识到我国发展新能源汽车的显著成效，希望能够成体系地学习借鉴，这也为我国汽车产业“走出去”提供了新的机遇。总的来看，我国汽车产业已进入变革发展关键期，也具备真正实现高质量发展的基础和条件。

（二）构建新发展格局对汽车产业发展提出了新要求

构建新发展格局是我国经济现代化的路径选择，对经济发展全方位、全过程都提出了新的要求。这些要求同样适用于汽车产业。目前，汽车产业国内统一市场建设仍有短板弱项，跨区域企业兼并重组面临障碍，各种形式的地方保护问题依然不同程度存在，这使国内大市场面临被割裂的风险，进而影响超大规模国内市场作用的发挥，这是迫切需要解决的问题。新冠肺炎疫情发生以来，由于国际贸易受到冲击甚至局部中断，我国国内汽车生产随之受限，这的确是一个全球性问题，但也反映出我国汽车产业在一些关键技术、零部件上严重对外依赖的状况。2020 年底以来出现的汽车芯片短缺问题持续升温，交货周期持续增加、价格迅速大幅上涨，也凸显了“卡脖子”问题的严重性。在汽车产业的新兴领域，尽管情况会更为乐观，但科技自立自强程度不够的问题仍然存在。与此同时，国内汽车企业产品相对集中在中低端市场，难以有效满足消费升级需求的情况长期存在，近期一些地区新能源汽车产能利用率过低的问题也开始出现，这都反映出供给侧结构性改革仍然有待深化。此外，在全面开放后国内汽车企业能否经受住更为激烈的市场竞争，在国际环境发生复杂深刻变化的大背景下国内汽车企业在“走出去”方面能有哪些重大突破，这些都是我国汽车产业发展面临的问题。

（三）汽车产业要率先助力构建新发展格局

汽车产业是为数不多的、兼具现实重要性和长远战略性的行业。在全球都在寻找增长动能转换机会时，汽车产业成为各方极为关注的焦点之一，主要国家和企业都在电动汽车、无人驾驶等新兴领域下了重注，整个竞争态势日趋白热化。面对技术变革催生的产业竞争新赛道，我国汽车产业依托超大规模国内市场等显著优势，目前已经取得了良好发展成效，在激烈的国际竞争中赢得了有利位置。但与此同时，前进道路上还面临不少挑战，既要有效解决基础研究较弱、企业规模偏小等汽车产业发展中长期存在的一些老问题，同时还要与时俱进通过体制机制创新把自身优势充分发挥出来，并且真正解决制约产业锻长板的一些新问题。总的来看，我国迈向汽车强国之路的征程中，机遇和挑战并存，机遇明显大于挑战。作为国民经济的支柱性行业，我国汽车产业自身的高质量发展将对经济社会发展诸多方面产生积极影响，也对加快构建新发展格局具有重要的推动作用，这是我国汽车产业应该肩负起来的历史责任。

参考文献

[1] 本书编写组：《〈中共中央关于制定国民经济和社会发展第十四个五年规划和二〇三五年远景目标的建议〉辅导读本》，人民出版社，2020年11月.

[2] 国务院发展研究中心课题组："充分发挥'超大规模性'优势 推动我国经济实现从'超大'到'超强'的转变",《管理世界》2020年第1期.

[3] 江小涓、孟丽君："内循环为主、外循环赋能与更高水平双循环——国际经验与中国实践",《管理世界》2021年第1期.

[4] 康奈尔大学、欧洲工商管理学院和世界知识产权组织：《2020年全球创新指数：谁为创新出资？》2020年12月，中文版.

[5] 马建堂、赵昌文："更加自觉地用新发展格局理论指导新发展阶段经济工作",《管理世界》，2020年第11期.

[6] 宋紫峰："后疫情时代全球汽车产业面临五大重构",《国务院发展研究中心调查研究报告》2020年11月.

[7] 宋紫峰、王金照、张长令、郑亚莉、王鹏飞、史聪灵："把动力蓄电池长板锻造得更长更牢固——新赛道：战略性产业锻长板之二",《国务院发展研究中心调查研究报告特刊》，2021年8月.

[8] 习近平："国家中长期经济社会发展战略若干重大问题",《求是》2020年第21期.

[9] 习近平："把握新发展阶段，贯彻新发展理念，构建新发展格局",《求是》2021年第9期.

[10] 中共中央宣传部：《习近平新时代中国特色社会主义思想学习问答》，学习出版社、人民出版社，2021年2月.

第三章
国内大循环，加快自立自强提升国际竞争力

郑亚莉　陈敏　张长令　周毅　叶芳林　成军浩[1]

摘要：作为国民经济的支柱性行业，我国汽车产业自身的高质量发展，将对经济社会发展诸多方面产生积极影响，也对加快构建新发展格局具有重要的推动作用。本章详细梳理了我国汽车产业在科技创新体系建设、产业链现代化发展和市场体系建设方面取得的成果和存在的问题，明确我国汽车产业在全球汽车产业中的地位，同时分析当前所面临的机遇和挑战，提出相应的应对措施。以国内大循环为主体，充分发挥超大规模国内市场优势，用国内市场的稳定性对冲外部市场的不确定性，推动各类新技术、新产品、新业态创新发展，增强我国汽车产业发展的主动性、可持续性和

1　郑亚莉，中国汽车工程学会、国际汽车工程科技创新战略研究院战略规划部副部长，主要研究方向为汽车产业战略规划、技术与政策、跨行业和跨领域发展趋势。
陈敏，中国汽车工程学会、国际汽车工程科技创新战略研究院战略规划部研究员，主要研究方向为汽车产业链、汽车产业技术与政策。
张长令，北京亿维智源信息咨询中心总经理、高级工程师，研究方向为新兴产业演化、未来产业发展、氢能及燃料电池汽车、动力电池及新能源汽车等。
周毅，国务院发展研究中心产业经济研究部研究室主任、副研究员，研究方向主要为产业经济、宏观经济。
叶芳林，博士、华东师范大学助理教授，主要研究方向为产业经济学。
成军浩，广州汽车集团股份有限公司汽车工程研究院战略研究责任工程师，主要研究方向为汽车技术发展战略研究。

韧性，实现高质量发展。

关键词：汽车科技 产业链现代化 市场体系 高质量发展

一 新发展格局构建过程中，实现汽车科技自立自强

我国汽车产业经历了从无到有、由小到大的发展过程，目前已成为全球最大的汽车市场，正处于由汽车大国向汽车强国转型的发展关键阶段。纵观全球各汽车强国，依靠汽车产业技术的不断更新，始终占据技术制高点，我国要实现汽车强国的目标，也需要加快技术创新，实现汽车产业技术自立自强。

（一）全球汽车产业技术变革趋势与最新动向

1. 技术趋势

全球汽车产业正在加快向“电动化、智能化、网联化和共享化”转型，传统企业和造车新势力各取所长，开展技术布局，全球产业技术水平不断提升，产业生态发生重大变革。

（1）能源多元化支撑电动汽车及相关产业清洁低碳

电动汽车进入市场化提速的重要时期。当前，新能源汽车成为全球汽车产业实现“碳中和”的共同选择和一致行动。全球主要发达国家相继提出 2050 年实现“碳中和”的发展愿景，对降低汽车碳排放的目标要求更加严苛，多个国家已提出汽车“禁燃”时间表并加速推进电动化发展。2020 年，全球新能源汽车销量达到 324 万辆。其中，中国新能源汽车销量达 136.7 万辆，占比 42%，同比增长 10.9%；欧洲新能源汽车销量达 139.5 万辆，同比增长 137%。

国内外主要汽车企业纷纷加速电动化转型，以“碳中和”牵引产业可持续高质量发展。大众、丰田、宝马、通用等传统汽车巨头全面发力电动化转型，并纷纷提出“碳中和”的目标，从产业链各个环节系统推进清洁低碳，牵引产业高质量发展。2021 年 4 月，大众汽车集团宣布在 2050 年之前实现“碳中和”，并发布“Go to Zero”实现“碳中和”的整体性计划，从能源、生产、供应链等多方面入手，减少二氧化碳的排放，重点包括加速车型阵容的电动化（产销与车型规划等）、减少供应链和生产过程中的碳排放（低碳可持续零部件等）、支持可再生能源的投资（风力与太阳能发电等绿色电能）、对动力电池的二次利用与回收四大方面措施。其中，在加速车型阵容电动化方面，通过实施 ACCELERATE 战略加快电动化步伐，计划到 2030 年将电动车销量占其总销量的比重从 35% 提升至 55%；在欧洲市场，这一占比将至少达到 70%，每年交付 100 万辆电动汽车；在北美和中国市场，占比将超过 50%；从 2020 年开始，大众汽车集团每年将至少推出一款全新电动车型。为完成 2050 年实现“碳中和”的目标，大众汽车集团将在这一领域投资 140 亿欧元。

全球燃料电池汽车关键技术取得突破，已开展规模化示范应用，为实现低碳清洁的车用能源拓宽途径。伴随着全球能源结构转型和汽车产业变革的浪潮，日本、韩国、欧洲、美国等主要发达经济体纷纷将氢能作为能源技术革命的重要方向和未来能源战略的重要组成部分，并把氢能与燃料电池汽车发展上升到国家战略，制定了发展路线图，出台了购车补贴、税费减免、加氢站建设补贴、研发支持等政策。截至 2020 年，全球范围内燃料电池汽车累计销量超过 3 万辆，加氢站数量超过 450 座，产业化进程有所加快。当前，全球主要国家的氢燃料电池汽车技术已基本突破关键技术瓶颈，尤其是乘用车技术趋于成熟。丰田、本田、现代、奔驰等汽车企业已发布乘用车量产车型，关键材料、部件初步具备批量生产与供应能力，整车动力性能、续航里程、寿命和环境适应性等接近传统燃油车水平。车用氢燃料电池系统功率超过 100 千瓦，系统寿命超过 5600 小时，平均每百公里氢耗约为 1.2 千克，多采用 70 兆帕储氢瓶。

（2）新能源汽车成为人工智能、大数据、云计算等新技术的最佳应用载体

新能源汽车为人工智能、大数据、云计算提供了良好的应用平台。与传统能源汽车更多涉及机械化相比，基于全新平台的新能源汽车的能源系统、动力系统、控制与执行系统等在电气化方面实现了巨大跨越，同时，整车具备构建全新电子电气架构的硬件基础，能够更好地实现数字化，而且车辆本身能够对车辆内外环境实现全面细致的数字化感知，从而为人工智能、大数据、云计算等提供了良好的应用平台，由此而形成的新能源智能网联汽车数据吞吐能力、运算速度、构建云端连接环境等，都远高于传统汽车，且在响应速度、冗余拓展、功率承载、智能化功能拓展等各方面都有着传统车无法比拟的优势。

大数据、云计算等正逐步成为新能源汽车产业安全健康发展的核心保障之一。当前，我国在全球率先建立的新能源汽车国家监测与管理大数据平台，构建起了新能源汽车车联网国家、地方和企业三级监测与管理体系，通过该平台，能够实现安全报警处理监督，事故数据库建立，运行风险预警等。在整车运行风险预警方面，通过建立基于熵值的故障预警、基于角度方差的故障预警模型，构建预警体系，搭建运行安全风险预警方案，进而实现风险准确预警，异常单体精准定位，确保安全问题的可发现、可预判、可处置。此外，基于汽车内外围大数据，能够为新能源汽车产业链上、下游用户提供覆盖产品研发、市场营销、售后服务等的一系列大数据产品与服务，并且能够进一步延伸，为“新基建”领域赋能。

人工智能技术在自动驾驶汽车上的应用不断取得进展。虽然高级别自动驾驶仍面临多元传感融合机理复杂、最优路径决策难度大、控制算法低

效高成本等问题，但神经网络、深度强化学习等依然在实时感知、决策、规划和控制方面得到深化应用，并取得了进一步研究进展，推动高级别自动驾驶功能与性能不断得到改善。特斯拉凭借自身软硬一体化能力，率先推出高速自主导航驾驶，最新 FSD Beta 版软件新增了城市街道自动辅助驾驶、交通信号灯识别等功能。高通发布 Snapdragon Ride 可拓展计算平台，其技术方案覆盖异构系统级 SoC 芯片、深度学习加速器及算法堆栈，具备模块化、可拓展、被动 / 风冷散热等特点，算力范围 30 ~ 700TOPS，支持 L1 ~ L5 自动驾驶。

（3）汽车成为移动数据终端和物联网移动节点

蜂窝车联网（C-V2X）推进效果显著，推动车路协同型自动驾驶加快落地。在单车智能型自动驾驶面临诸多长尾问题尚无法解决的背景下，车路协同型自动驾驶技术路线已逐步成为业界共识。2019 年，欧盟发布基于数字化基础设施支撑的网联式协同自动驾驶路线图（ISAD）。2020 年，美国密歇根州联合谷歌旗下公司按商业化运营模式建设美国第一条网联自动驾驶走廊。此外，整车企业如奥迪公司等也开始加快在产品上布局车联网（V2X）车路协同相关功能，业界共识不断凝聚。

网联化带动智能汽车与智能交通、智慧城市一体化发展的雏形逐步显现。英国沿伯明翰和伦敦之间的 M40 走廊建设网联与自动驾驶汽车先进技术集群，同时，将基于英国现有的部分网联与自动驾驶汽车测试中心，在英国汽车产业核心区域集中建设测试设施集群。德国和法国在两国之间的一段跨境公路上测试自动驾驶汽车，测试路段长约 70 公里，从德国西部萨尔兰州的梅尔齐希（Merzig）延伸至法国东部的梅斯（Metz），通过自动驾驶测试示范牵引智能交通、智慧城市一体化融合发展的雏形正逐步显现。

（4）智能共享出行正在重构未来汽车产业新生态

共享汽车实行定制化已进入落地实施阶段。随着共享出行理念的逐步深入和市场渗透率的进一步提升，如何通过技术和车辆筑牢安全保障、提升出行体验、优化车辆成本成为各出行企业竞争的重要方向，越来越多的车企围绕“定制化共享汽车”展开布局。不同于传统的由面向私人使用车辆转做共享出行车辆，定制化共享汽车从产品定义、功能搭载、制造等方面对车型都提出了新的要求，从而在确保安全的前提下，达到成本与体验的平衡。尤其是在产品定义、功能搭载方面，定制化共享汽车将所有权与使用权彻底分离，同时突出共享出行场景下的车辆特征与功能，通过摒弃与核心服务内容无关的功能与配置，以降低车辆成本和维护成本，通过车辆全新设计、定制总成与零部件等，提升司机与乘客双方的体验感，同时紧密结合电动化、智能化和网联化，对共享化进行赋能。丰田、戴姆勒、宝马等国际整车企业均在定制化共享汽车方面展开了探索与实践。

智能共享出行示范运营商业化探索成效显著。Robotaxi 作为自动驾驶商业化最可能较早落地的关键方向之一，在提供全新乘坐体验、提升交通安全性和运转效率等方面具有巨大潜力，将在重塑汽车产业格局、构建智慧交通与智慧城市方面发挥重要作用。当前，随着关键技术突破和产业环境完善，Robotaxi 已从技术研发和公开道路测试，稳步推进到开放道路测试和示范及规模化运营，并与研发形成有效闭环。其中，低速无人快递业务已在部分区域上岗运行，点对点无人接驳业务持续开展试点运行，封闭园区的自动驾驶接驳已开始规模化部署，区域商业化探索成效显著。在科技公司方面，2018 年，谷歌旗下 Waymo 正式商业化运营。2019 年 10 月，Waymo 完全无人驾驶出租车已经在美国亚利桑那州菲尼克斯的部分地区上路，通过 Waymo One App 叫车，每周提供约 1000 ~ 2000 次乘车服务。在整车企业方面，大众汽车集团利用自动驾驶技术企业 Argo AI（大众和福特的合资企业）开发的技术，基于 ID.BUZZ 纯电动多用途汽车（MPV）的高度自动化版本开展测试，计划未来基于该车型提供自动驾驶出租车与拼车服务。在中国境内，大众汽车集团 2020 年 9 月在合肥推出首批自动驾驶测试车，可在限制区域内为当地居民提供预约出行服务。戴姆勒和博世 2017 年开始联手开发自动驾驶汽车，2018 年开启自动驾驶出租车路试，计划 2022 年投放海外市场。在出行企业方面，来福车（Lyft）、优步（Uber）等也在纷纷加大力量，开展 Robotaxi 的探索。

2. 最新动向

（1）欧盟以加速和引导数字化和绿色转型为核心，旨在提升欧洲科技创新的竞争优势和全球领先地位

在总体科技战略方面，研发框架计划是欧盟实施创新驱动发展的重要举措，在提升欧盟科技创新实力、集聚世界一流科技人才和增强产业竞争力中发挥了重要作用。欧盟在总结第八个研发框架计划“地平线 2020”（Horizon 2020）的基础上，于 2021 年 1 月 1 日启动实施第九个研发框架计划——“地平线欧洲”（Horizon Europe）（2021—2027 年），该计划总预算 955 亿欧元，以加速和引导数字化和绿色转型为核心，旨在提升欧洲科技创新的竞争优势和全球领先地位。2021 年 3 月，“地平线欧洲”第一个四年战略计划（2021—2024 年）获得通过，包括四大战略方向，其中两大战略为：通过领导关键的数字、赋能和新兴技术、行业和价值链发展，推动开放战略自主；使欧洲成为第一个数字化、循环、气候中立和可持续的经济体。该四年战略计划涉及六大集群，其中，“数字化、工业和空间”集群重点布局数字化技术、先进材料、人工智能和机器人技术、下一代互联网、高级计算和大数据等；“气候、能源和出行”集群重点布局能源动力、清洁交通、智能出行、能源系统和电网、交通行业竞争力等。

在交通方面，加速向清洁化和数字化转型。在能源动力方面，支持研发高性能可持续的电池技术，保持欧盟具有竞争力和可持续的电池价值链；提高氢能和燃料电池技术的效率、成本、性能、安全性、可持续性和环境足迹，支持达成占据全球领先地位的氢能产业以及具备竞争力、安全、可

持续的氢能供应链；支持在能源和交通领域实现气候中立的高潜力的新兴和突破性技术。在清洁化交通方面，通过所有交通方式的清洁化解决方案，实现交通的气候中立和环境友好，支撑实现到2050年温室气体净零排放和大幅减少空气污染物的政策目标，同时提高欧盟在交通领域的全球竞争力。在道路交通方面，研发与创新需面向零排放交通的转型，确保欧洲在相关的创新、产品和服务方面保持世界领先地位。在数字化与智能交通方面，基于数字化技术和先进的卫星导航等以用户为中心的技术和服务，推动从以供应为基础转变为打造安全、无缝、智能、包容、有韧性、气候中立和可持续的出行系统，并保持欧洲在交通行业的全球领导力。

（2）美国科技战略进一步聚焦大数据和人工智能等前沿技术领域，并提出振兴电动汽车产业，实现对中国的赶超

在总体科技战略方面，美国加大经费投入开展基础技术研究。近年来，美国进一步聚焦大数据和人工智能等前沿技术领域，先后发布《联邦大数据研发战略计划》《国家人工智能研究和发展战略计划》《为人工智能的未来做好准备》《美国机器智能国家战略报告》等，促进数字化转型。2020年10月，美国发布《关键和新兴技术国家战略》，旨在强化和保护美国在人工智能、先进计算、先进工程材料、先进制造、通信和网络技术、人机交互、半导体和微电子等尖端科技领域的竞争优势。近期，美国国会参议院商业、科学和运输委员会表决通过《无尽前沿法案》（*Endless Frontier Act*），为美国当前最重要的科技立法活动，旨在保持美国长期的科技优势地位。该法案批准在5年内拨款1100多亿美元用于推进人工智能与机器学习、机器人，自动化和先进制造、先进通信技术等十大关键领域的基础和先进技术研究，以应对来自中国日益严重的竞争压力。

在新能源汽车方面，美国能源部和交通部分别主导新能源汽车与智能网联汽车的科技创新战略，将加快振兴电动汽车产业，实现对中国的赶超。

对于新能源汽车，联邦政府层面一方面通过制定宏观规划引导产业中远期发展，另一方面借助国家级研发计划和专项资金支持技术研发。2017 年，美国能源部发布电动汽车发展 2025 路线图规划，支持电动汽车在大众市场普及，预期 2025 年、2040 年纯电动汽车在汽车市场占比分别达到 10%、35%。美国能源部作为主管部门，1974 年就开始对先进汽车相关技术进行资助研究，并从 1990 年起实施自由合作汽车研究（Freedom CAR）计划、新一代汽车合作伙伴（PNGV）计划、先进能源计划等多项国家级研发计划。当前正在实施的先进技术汽车制造（AVTM）计划，对先进内燃机、动力电池、先进电驱动、氢能与燃料电池、轻量化、替代燃料等相关领域的创新与研发予以支持。2020 年 7 月，美国能源部宣布拨款 1.39 亿美元支持 55 个与先进车辆技术相关的项目。对于智能网联汽车，美国自 1992 年出台《智能车—高速路系统战略计划》以来，已发布多项与智能网联汽车技术相关的发展创新战略。2018 年，美国交通部发布《准备迎接未来交通：自动驾驶汽车 3.0》，2020 年 1 月发布《确保美国自动驾驶领先地位：自动驾驶汽车 4.0》战略（以下简称《自动驾驶汽车 4.0》），以保持对智能网联汽车发展的持续引领。《自动驾驶汽车 4.0》由美国白宫和交通部共同发起，整合了 38 个联邦部门、独立机构、委员会及总统行政办公室，通过上述部门共同提供工作指导，确保美国自动驾驶汽车在全球的领先地位。《自动驾驶汽车 4.0》从保护用户与群体、促进市场高效运行、政府统筹协调三个层面明确了自动驾驶技术的十大原则，并提出了创新要素的基础保障、车联网等相关技术支持与人才保障。同时，《自动驾驶汽车 4.0》战略强调了联邦政府在自动驾驶汽车领域的主导地位。

（3）日本制定技术创新计划和数字化转型举措，加快建设超智能与氢能社会

在总体科技战略方面，加速推动向智能社会转型。科技创新基本计划是日本政府依据《科技基本法》制订的科技振兴计划，2021 年 1 月，日本

政府完成了第六期科技创新基本计划草案的拟定，为 2021—2025 年的科技创新政策定下了方针。该计划也被称为日本科技创新“六五计划”，将第五期计划中提出的建设“超智能社会”即“社会 5.0”的目标具体化，以提升日本科技创新能力，在欧美与中国引领信息技术发展浪潮的现状下，为日本在新一轮科技革命与产业变革中谋求一席之地。第六期科技创新基本计划提出了实现“社会 5.0”目标的三大支柱：实现数字化社会变革、强化研究能力和培养人才。在数字化社会变革方面，注重以数字技术推动产业“数字化转型”，建设脱碳社会，加强 5G、超级计算机、量子技术等重点领域的研发。为推进“社会 5.0”建设目标，日本政府计划投入 30 万亿日元（约合人民币 1.8 万亿元）的研发预算，比第五期科技创新基本计划多出 4 万亿日元。

在新能源、智能网联汽车方面，日本政府致力于建立全球领先的氢能交通体系与产业竞争力，并加快在智能网联汽车领域的追赶。对于新能源汽车，日本政府将氢能和燃料电池技术作为能源技术革命的重要方向和未来能源战略的重要组成部分。2017 年 12 月发布《氢能基本战略》，提出到 2030 年每年能够供应 30 万吨氢气，氢能价格下降至每立方米 30 日元，全国拥有 900 个氢气加气站和 80 万辆氢动力汽车，家庭用燃料电池累计达到 530 万台，氢能发电实现商业化，到 2050 年建成氢能社会。2018 年 8 月，日本经济产业省发布汽车新时代战略委员会完成的中期报告，提出日本在 2030 年实现新能源汽车销量战略目标，即混合动力电动汽车占总销量的 30% ~ 40%，电动车及插电式混合动力汽车占 20% ~ 30%，燃料电池电动汽车占比约为 3%，清洁柴油汽车占比为 5% ~ 10%。长期目标（到 2050 年）是实现单车温室气体排放量减少 80%，其中乘用车排放量减少 90%，电动车减少 100%，并实现大规模互联及自动驾驶。为了实现该战略目标，报告提出促进开放创新（下一代电动技术、内燃机、中小供应商的技术基础三方面）、通过国际合作解决全球问题以及建立电动汽车行业生态系统三大行动计划及举措。2019年3月，日本更新《氢能与燃料电池战略路线图》，明确到2030年日本氢能发展技术性能和成本目标等；2019年9月，日本经济产业省出台《氢能与燃料电池技术开发战略》，优先支持燃料电池、氢能供应链、电解水产氢等10个重点研发项目。在节能汽车、纯电动与插电式混合动力汽车方面，其《插电式和混合动力汽车指导方针》提出，到2050年，日本汽车厂商在全球销售的乘用车将全部实现电动化。对于智能网联汽车，日本政府利用政策与路线图积极引导自动驾驶发展。2015年，日本经济产业省与国土交通省组建了自动驾驶研究工作组，研究制定日本自动驾驶技术路线图，讨论自动驾驶测试验证方式，推动相关国际标准协调工作。该工作组从2017年起每年发布一版《日本自动驾驶政策方针》，2020年5月发布了《日本自动驾驶政策方针4.0》，提出了自动驾驶商用推进计划及技术测试验证的要求。在《2017官民ITS构想及线路图》中，日本明确了自动驾驶技术的推进时间表：2020年左右实现高速公路L3级别的自动驾驶、L2级别的卡车编队自动驾驶，以及特定区域L4级别的自动驾驶；到2025年实现高速公路L4级别的自动驾驶。

（二）我国汽车产业的技术创新取得突破

1. 我国在新能源、智能网联、节能的关键环节和基础能力方面已取得一定优势

（1）新能源汽车整体技术处于国际先进水平

新能源汽车产业链包括上游的动力电池和驱动电机等关键零部件、中游的汽车制造及下游的终端用户和充电服务等主要环节。近年来，我国新能源汽车产业发展日益提速，产业规模迅速提升，上、中、下游重点环节均有骨干龙头企业加速出现，关键材料和制造设备等薄弱环节得到了一定填补。同时，在互联网技术作用下，新能源汽车产业链更趋开放，新兴造

车势力和社会资本加速进入，多元化主体共同作用，推动新能源汽车产业发展。总体来看，中国新能源汽车产业正不断走向成熟和完善，全产业链实现初步贯通，产业带动和关联效应不断增强。

纯电动汽车技术达到国际领先水平。我国纯电动汽车进入全新平台开发新阶段，逐步实现部件协同化、整车轻量化、整车架构高效化。通过代际升级，整车能耗、续航里程、智能化应用等综合性能实现全面进步，产品竞争力显著提高。从具体性能指标来看，2020 年，400 公里以上续航里程的纯电动乘用车产量占比超过 60%，平均续航里程达到 382 公里，典型 A 级纯电动乘用车百公里能耗为 11 ～ 13 千瓦时（法规工况），典型高性能 B 级纯电动汽车百公里能耗为 16 ～ 17 千瓦时（法规工况），已达到国际领先水平。

插电式混合动力汽车技术加速发展。我国插电式混合动力汽车能耗水平提前达标。2020 年，续航里程 50 ～ 80 公里的插电式混合动力乘用车 B 状态燃料消耗量有 51% 分布在百公里 5.5 ～ 6.5 升。插电式混合动力乘用车在紧凑型及以上私人乘用车领域已批量应用，私人用车与单位用车比达到 4:1。插电式混合动力汽车关键技术取得突破。目前多采用分体及简单集成，持续功率密度为 0.8 ～ 1 千瓦 / 千克，系统最高效率达到 92%，已实现以矢量控制转矩为核心的整车控制技术突破。通过对电池电芯、模组、电池管理系统、整车等各层级进行优化设计，整车安全性得到明显提升，NVH[1] 性能也得到较好的改善。

氢燃料电池汽车加快进入示范导入期。燃料电池客车技术进步显著，百公里氢耗从 7 千克降低至 6 千克以下，在续航里程、0~50km/h 加速时间、最高车速、冷启动温度等方面与国际水平基本持平，而在寿命和整车成本方面，与国际水平仍有较大差距。与国外相比，我国商用车采用电—电混

1 NVH 是噪声（Noise）、振动（Vibration）、声振粗糙度（Harshness）的英文缩写，是衡量汽车制造质量的综合性指标。

合技术路线，在续航里程及整车成本方面有明显优势，但耐久性等性能指标与国外差距较大。与商用车相比，我国燃料电池乘用车技术研发和产业化进展缓慢。

（2）“三电”技术[1]水平加速赶超国际先进水平

目前，我国动力电池与日、韩等国相比，在能量密度、循环寿命等方面技术水平基本持平，产品经济性具有竞争力，但在先进高端材料开发和应用、高端制造装备、质量控制水平及能力等方面与国外动力电池先进企业相比仍存在一定差距。

我国驱动电机的功率密度、系统集成度、电机最高效率和转速、绕组制造工艺、冷却散热技术等方面持续进步，与国外先进水平同步发展，多个企业已推出自主开发的车用沟槽栅场终止型 IGBT 芯片、双面冷却 IGBT 模块和高功率密度电机控制器，总体技术水平迅速追赶国际先进水平。

在机电耦合方面，自主品牌车企根据各自的技术积累和优势，推出了不同类型的机电耦合装置。主要采用的构型为双电机 DHT 混合动力系统，已量产或预量产的产品包括比亚迪 DM-i 混合动力、长城柠檬 DHT 混合动力、广汽绿擎混合动力 GMC 第二代、吉利 GHS 第二代混合动力、奇瑞鲲鹏 DHT 混合动力、东风马赫 DHT 混合动力等；同时长安蓝鲸 IDD 混合动力平台采用单电机架构，上汽 EDU 第二代混合动力平台采用 P2.5 单电机架构。

在充电网络方面，我国充电网络初步满足新能源汽车发展需要，智能有序充电、大功率充电、换电技术得到不同程度应用，无线充电技术、车网互动（V2G）等前瞻充电技术进入示范测试阶段。

在车用燃料电池系统方面，功率密度、最高效率等多项技术指标与国

1 “三电”技术指电池技术、电机技术和电控技术。

际先进技术水平同步，燃料电池系统的电堆、压缩机、DC/DC 变换器、氢气循环装置、控制系统和传感器等关键零部件均已实现了国产化，特别是国产化电堆，技术水平已有大幅度提升，正逐渐接近国际先进水平，商用车电堆单堆功率从原来的 30~50 千瓦提高到 80 千瓦以上，电堆体积功率密度也超过了 2.0 千瓦 / 升。

（3）智能网联汽车技术水平显著提升

当前，我国智能网联汽车在技术层面基本已实现突破，进入示范测试阶段，并在信息交互技术及相关基础支撑技术方面与国际领先水平保持同步。

在智能网联汽车整车产品技术层面，车辆智能化水平进一步提升。国内众多车企纷纷发布了智能网联汽车发展计划，2018 年自主品牌部分自动驾驶（PA）级自动驾驶汽车开始陆续量产，目前已经得到大量应用。高级别自动驾驶车辆在园区、机场、矿山、码头、停车场等封闭、半封闭场景已经开始得到示范应用。在网联化方面，我国 C-V2X 快速发展，产业生态体系健全。2021 年，广汽、北汽、上汽、比亚迪车型已搭载华为 MH5000 模组，一汽红旗、长安福特、吉利、长城、蔚来等车企也已推出搭载 C-V2X 技术的量产车型。

在环境感知技术方面，车用激光雷达、视觉传感器和毫米波雷达等传感器及基于传感器的感知技术水平取得突破。车载多线束激光雷达、应用于智能驾驶功能的车载视觉芯片已实现量产，车载 24GHz 和 77GHz 毫米波雷达核心的射频收发芯片和雷达波形控制芯片已实现自主研制，车载多传感器融合环境感知、算法感知的精度和可靠性有一定提升。

在智能决策技术方面，我国在智能决策策略与模型的开发及测试仿真平台和计算平台构建等方面取得突破。我国已构建了面向可控场景的智能决策模型，具备比较典型的基于规则模型和 AI 算法的智能决策技术能力，并完成了相关测试仿真平台构建。同时，我国已经推出多款自主研发的自动驾驶计算平台，代表性产品有华为的移动数据中心 MDC（Mobile Data Center）和地平线的 Matrix 平台等。我国自动驾驶计算平台从无到有，实现了技术突破，与国际相比，我国在测试与验证方面缺乏有效的大规模测试验证方法，在一定程度上阻碍了决策技术的进步。

在控制执行技术方面，车辆动力学控制策略、关键执行机构开发等方面取得突破。自动紧急制动（AEB）、自适应巡航（ACC）、车道保持辅助（LKA）等纵 / 横向驾驶辅助控制算法已完成软件开发、实车测试验证，并已实现量产应用。面向停车场、封闭场景的车辆集成控制算法的软件开发与实车测试等关键环节取得一定突破。满足智能驾驶辅助功能需求的关键执行机构、转向、制动等已完成开发、测试验证，并已实现量产应用。总的来讲，我国在控制执行技术量产化方面已取得突破，但与国际相比，我国在车辆智能化系统集成与应用方面仍然存在不足，自主车企需要在国外领先零部件供应商协助下实现系统的集成应用。

在高精度地图方面，高级驾驶辅助系统地图（ADAS Map）、高精度地图（HAD Map）采集范围和地图制作与国际先进水平保持一致。我国主要图商高德和四维图新已基本完成全国高速公路的高精度地图采集和搭建，并实现高精度地图的商业化落地。但与国际相比，我国在经济型量产车高精度地图的动态更新技术方面尚与 Mobileye、博世等国际公司存在一定差距。

在高精度定位方面，基于北斗卫星通信的实时动态（RTK）差分定位技术与国际先进水平保持一致。我国在全球导航卫星系统（GNSS）协同定位方面取得积极进展，具体体现在高精度定位服务可实现在开阔道路上的亚米级定位，在 GNSS+ 惯导融合技术基础上，增加视觉定位及地图数据的融合，实现多维数据多场景判断，可以达到亚米级定位标准，满足低级别自动驾驶需求。我国在高精度定位技术、高精度定位自动驾驶应用方面实现了提升，与国际相比，在基于视觉等经济型传感器实现高精度定位技术的研究方面还有较大差距，国内相关技术尚处于实验室研发阶段。

在 V2X 通信技术方面，我国在技术标准、V2X 底层通信模块、测试示范等领域与国际领先水平保持一致。目前，已完成 LTE-V2X 相关技术标准的制定和实施；自主通信芯片、模组等底层通信模块已经实现小批量供货，开展了城市级车联网示范应用，同时实现了跨通信模组、跨终端、跨整车的互联互通，验证了我国 V2X 标准协议栈的有效性。另外，我国在 LTE-V2X 相关技术标准完善性、V2X 底层通信模块量产化及测试示范能力与规模等方面都实现了提升，与国际相比，我国实现了 V2X 通信标准的国际引领，以华为、大唐为代表的通信企业在 V2X 底层通信模块技术方面达到国际领先。

在云平台与大数据技术方面，架构及标准化、平台关键技术方面取得积极进展。我国已经初步建立三层分级平台架构、形成信息交互标准，各方角色分工基本明确，具有实时信息融合与共享、计算、应用编排、数据分析和信息安全等基础服务机制，为智能网联汽车及其用户、监管部门等提供车辆运行、道路基础设施、交通环境、交通管理等实时动态数据，并开展了大规模网联应用实时协同计算环境的大数据云控基础平台关键技术研究，取得积极进展，与国际相比，我国提出的大数据云控基础平台架构具有先进性。

在信息安全方面，各标准组织在汽车信息安全领域发力和布局，共同促进我国智能网联汽车信息安全标准体系的建设。与国际相比，我国在信息安全防护体系建立方面还需要进一步加强。欧洲借助在功能安全体系方面的前瞻布局，依托主机厂和收购信息安全公司的核心零部件企业联合研发汽车信息安全技术架构和防护体系，并逐渐形成国际标准 ISO 21434 等，我国在该领域一直处于跟随状态，并逐渐缩小差距。在安全漏洞检测与漏洞库检测方面，信息安全公司与行业机构通力合作，针对主流车辆进行了深入且长期的安全检测，并建立了行业漏洞库，处于国际先进水平。

在技术标准方面，我国已经发布《国家车联网产业标准体系建设指南》系列文件，建立国家标准、行业标准、团体标准协同配套的新型标准体系，围绕操作系统、计算平台、网联技术、汽车芯片、信息安全、数字证书等方面开展系统标准化研究，与国际标准化进程基本同步。

在测试评价方面，低等级和高等级智能网联汽车整车与系统测试技术实现突破。我国在部分自动驾驶（PA）级及以下智能网联汽车整车与系统测试方面已基本形成完善的测试方法，在有条件自动驾驶（CA）级及以上智能网联汽车虚拟仿真、场地测试等测试技术方面取得一定进展，并积极推进中国典型驾驶场景数据库建设。

在示范推广方面，正在组织开展从封闭测试到开放道路的测试示范。2018年4月，工业和信息化部、公安部、交通运输部联合发布《智能网联汽车道路测试管理规范（试行）》，同年8月，智能网联汽车产业创新联盟、全国汽标委智能网联汽车分技术委员会联合发布《智能网联汽车自动驾驶功能测试规程（试行）》，指导智能网联汽车道路测试的开展。截至2021年9月，工业和信息化部、公安部、交通运输部等部门已先后支持建设了16家国家级智能网联汽车测试示范区、4个国家级车联网先导区，全国各地开放智能网联汽车公共测试道路里程超过3900公里，共计发放840余张道路测试牌照，测试里程超过1000万公里。

（4）汽车节能技术持续提升

当前我国乘用车节能技术主要围绕动力总成系统（包括发动机、变速器、电机及电池等）、轻量化、低摩擦（包括低内阻、低风阻、低滚阻）、电子电器这四大类别开展。

新车平均油耗保持下降。在油耗控制方面，随着我国油耗排放法规的不断完善，乘用车新车平均油耗逐年下降。根据工业和信息化部发布的2020年乘用车企业平均燃料消耗量与新能源汽车积分执行情况年度报告，国内乘用车平均油耗由2016年的6.5L/100km（含新能源汽车）下降至5.61L/100km（含新能源汽车）。同时，未来乘用车节能与油耗控制依然面临严峻压力。首先，受新能源汽车核算优惠影响，2015年之后我国乘用车平均油耗未能反映传统能源乘用车油耗的实际降幅，依据国家部委发布的2016—2020年度《中国乘用车企业平均燃料消耗量与新能源汽车积分核算情况表》，将新能源汽车燃油消耗量按0计，参考新能源汽车核算系数，可计算得到2016—2020年传统能源乘用车新车平均油耗分别为6.88L/100km、6.77L/100km、6.62L/100km、6.46L/100km和6.33L/100km，与乘用车（含新能源汽车）平均油耗的对比如图3-1所示。其次，由于消费升级及国内消费者对SUV等中大型乘用车的偏好，乘用车整车装备质量不降反增，车辆小型化推行效果欠佳，紧凑型及以下车型销量占比不及55%。在混合动力技术方面，国内企业对于混合动力车型是“整车+发动机+机电耦合装置+电机+电池+多能源”管理，进行系统优化和升级，以实现整体油耗的改善，技术领先企业的混合动力车型油耗与同级别日系车型相当。

部分核心节能技术取得实质性进展。在发动机方面，国内骨干车企在新研发的增压直喷机型上，已大量应用高压缩比（12～13）+米勒循环+变排量附件+低摩擦技术等先进节能技术，多家重点车企通过节能技术组合实现发动机热效率突破40%，最高超过43%，初步实现了对国际领先水平的追赶。在变速器方面，我国自动变速器呈爆发式增长，乘用车多档化发展迅速。自主品牌整车企业以双离合自动变速器（DCT）为主，多个车企先后实现7DCT变速器量产。一级供应商主要布局自动变速器（AT）、无级变速器（CVT），6AT、CVT等已经实现规模化量产，8AT已推出系列化产品。与国外领先水平相比，我国自主变速器依然面临着提升效率与可靠性等多方面挑战。在低阻力技术方面，国内轮胎企业的设计、工艺及生产技术仍处于跟随阶段，以生产为主，自主研发能力薄弱。在车身设计方面，个别车型实现超低风阻，蔚来 ET7 和智己 L7 的风阻系数达到 0.21，排名全球前三，但国内乘用车风阻系数仍处于平均 0.37 ~ 0.38 的较低水平。

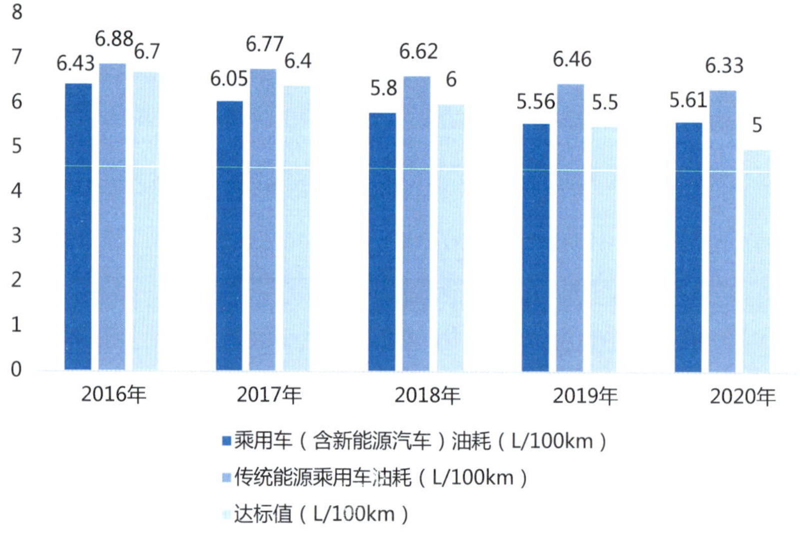

图 3-1 2016—2020 年国内乘用车油耗变化情况

资料来源：根据相应年份工业和信息化部《中国乘用车企业平均燃料消耗量与新能源汽车积分核算情况表》核算。

替代燃料和轻量化的节能技术应用比例逐渐提升。在替代燃料技术方面，我国天然气汽车产量由 2016 年的 4.5 万辆增长到 2020 年的 14.3 万辆，在汽车产量中的占比为 0.57%，相关车企推出了天然气专用发动机，采用单一冷却液水温传感器（ECT）控制，排放达到国六标准，热效率进一步提升。在汽车轻量化方面，公告车型数据显示，受到我国产品结构中运动型多用途汽车（SUV）等车型占比大幅提高和整车配置增加等因素的影响，乘用车平均整车装备质量降幅努力争取实现减重 10%。

2. 我国汽车产业仍存在较多短板弱项

（1）我国汽车产业基础能力还有待进一步提升

整车控制、电动底盘、动力电池、动力系统等的核心控制器件与国际水平相比仍存在较大差距。国外新能源汽车底盘与动力系统和动力电池的一体化及平台化趋势明显，我国多个自主车企推出了全新纯电专用平台，但与特斯拉 Model3、大众 MEB 等的专用平台仍存在差距。同时，整车控制器、底盘控制系统、动力电池、动力系统、车载充电机 / 大功率充电机等所用芯片仍需大量进口。绝缘栅双极型晶体管（IGBT）是电机控制器的核心器件，也是电机控制器中最重要的、价值最高的元器件，对于 IGBT 所用功率芯片，比亚迪、斯柯达和中车电气等企业已实现自主研发，其中比亚迪已经实现 100% 使用自产 IGBT 芯片。以碳化硅为代表的第三代半导体技术将进一步提高电机控制器效率和功率密度，已在特斯拉 Model3、比亚迪汉等车型上应用，但国产单晶衬底的材料质量和价格缺乏竞争力，目前国内厂商技术水平与国外大厂存在一定差距，国内各厂商采用的半导体设备中关键设备大部分为进口。

基础软件、车规级芯片和基础材料等短板威胁产业安全。当前，我国基础软件、元器件和高端试验仪器、装备等共性技术积累不够，对产业支撑严重不足。汽车研发用 CAD、CAE、CAM 等计算机设计与模拟软件，以及车规级计算芯片（CPU、GPU、DSP）、车规级功率半导体 SiC 和 GaN 器件、IGBT 芯片、高精度传感器等基础元器件严重依赖国外进口。同时，我国在汽车相关领域的关键基础材料方面存在短板，部分关键基础材料仍在探索研究中，产业化进程需要进一步加快。例如，动力电池关键材料技术总体上仍落后于国外先进水平，部分高端材料还依赖进口。驱动电机用低重稀土 / 无稀土永磁体的开发、高品质电工钢、非晶合金铁芯、新型电超导与热超导材料、耐高温耐电晕绝缘材料、车规级大电流密度功率半导体材料等与国外差距明显。

部分节能技术对外依存度较高。以发动机为例，许多发动机核心技术仍掌握在国外供应商手中，国产化程度略低，如汽油机的高压缸内直喷（GDI）、先进涡轮增压器、可变节门升程、废气再循环（EGR）、稀薄燃烧、可变压缩比、电控技术、排放后处理等技术，使得开展发动机节能新技术研究将承受巨额的开发费用和面临较长的开发周期。

（2）坚持“以融合创新为重点，突破关键核心技术”是我国汽车产业自立自强的根本出路

“到 2035 年基本建成现代化强国”的战略目标从经济社会、能源环境、美好生活和科学技术等多个维度对我国汽车产业技术自立自强发展提出了战略需求。《新能源汽车产业发展规划（2021—2035 年）》指明了我国未来汽车的发展方向，坚持“以融合创新为重点”，不断“突破关键核心技术”，着力解决产业发展遇到的重大问题和难题，进一步推动建立我国自立自强的汽车产业体系。

掌握核心技术，铸就汽车强国底气。当前，我国在节能汽车、新能源汽车、智能网联汽车核心零部件方面均不同程度存在短板技术，尤其是在车载芯片、操作系统、汽车材料等方面存在“卡脖子”技术，这对我国汽车行业来说存在产业安全乃至经济安全方面的重大风险。因此，围绕核心技术和关键瓶颈技术加强攻关，加大基础研究和产业应用技术供给，培育和巩固产业竞争力，实现核心技术自立自强势在必行。

唯有创新才能赢得未来科技的制高点。以智能汽车为例，智能网联汽车已成为国际智能汽车、交通科技前沿和颠覆性技术创新的制高点。美国、欧洲、日本等汽车产业领先国家已基本形成了国家战略引导、跨部门协同合作机制，创造了有利于智能网联汽车市场和技术发展的政策法规环境。

我国智能网联汽车已经从概念原理、技术原型阶段逐步迈入产业化创新应用新阶段，国内主要汽车企业已经开始在量产车型上装配 DA、PA 级辅助驾驶系统产品。具备 PA、CA 级自动驾驶能力的智能网联汽车正陆续投放市场，示范应用方兴未艾，技术架构及路线逐步清晰。全球对未来汽车科技制高点的竞争日趋激烈，要求我们抢抓机遇，而新能源汽车、智能网联汽车等战略新兴领域，正成为各国汽车产业竞争的焦点。为了使我国在新能源汽车、智能化汽车方面继续与国际先进水平保持同步或领先，只有在技术发展与产业探索实践的综合推动下，始终保持持续创新的活力和机制，特别是前沿和颠覆性技术的创新，努力为汽车产业创新提供积极助力，才能在激烈的国际化竞争中立于不败之地。

“汽车 + 跨界”融合发展才能更好地满足我国消费需求升级。随着人民生活水平不断提高，“安全、高效、便捷、经济、绿色”出行成为人们消费需求升级的主要方向。在新一轮科技革命和产业变革的背景下，学科交叉创新、系统集成创新、跨界融合创新成为产业常态，跨界融合成为必选项。推动“汽车 + 跨界”融合，一是要推动汽车与能源的融合发展，加强汽车与电网的双向能量互动，促进新能源汽车与可再生能源融合发展；二是要推动汽车与交通的融合发展，促进一体化智慧出行服务发展，构建智能绿色物流运输体系；三是要推动汽车与信息通信技术融合发展，加强互联互通和信息交互，推进以数据为纽带的“人—车—路—云”高效协同，打造信息安全保障体系。通过推动“汽车 + 跨界”融合发展，逐步构建有中国特色的智能汽车、智能交通、智慧城市深度融合发展新型产业体系和产业生态系统。

（三）我国汽车产业技术创新体系建设进步明显，对产业技术水平的提升形成了有力支撑

1. 国际创新体系变革趋势

（1）政府部门加强在技术创新体系中的主导作用，设计目标明确的战略规划和工作计划，设立专门的技术管理机构推动关键领域技术突破，并加大对基础研究和人才培养的投资

在全球经济增长乏力、国家间竞争加剧的格局下，科技实力是国家最核心竞争力的观念已成为各国共识。为加快提升科技实力，抢先获得技术先发优势，各国政府均加强对科技创新的支持力度，从资金支持、基础研究、协同创新、人才培养等多方面给予支持措施。

1）美国将立法提升对技术创新的资金支持，并支持地方层面和制造业领域的创新能力提升

2021 年 4 月 21 日，美国第 117 届国会参议院推出新版本的《无尽前沿法案》（*Endless Frontier Act*），从国家战略层面推动美国科技发展及关键产业研发和保护。《无尽前沿法案》主要涉及四个立法目标：第一，5 年内对关键领域的基础研究、商业化、教育和培训投资 1000 亿美元，由国家科学基金会新设立的技术和创新理事会（以下简称 DTI）负责实施；第二，创设 10 ~ 15 个区域技术中心，推动区域创新协调发展；第三，针对经济安全、科学、研究、创新、制造和就业建立一个战略报告体系；第四，设立供应链韧性和危机应对计划的项目，改善供应链安全。

DTI 的职能和工作机制将效仿美国国防部高级研究计划局（以下简称 DARPA），DARPA 自 1958 年成立以来为推动美国科技创新做出了巨大贡献，欧、日、俄等经济体纷纷效仿 DARPA 模式建立自己的技术创新管理机构。DARPA 是美国国防部长领导下的一个独立组织，与军队各系统明

确分开。DARPA 内部不设研究实验室，主要通过给予企业、大学、非营利组织和研究机构一系列合同来执行其创新计划。DARPA 的定位是资助基础研究和应用研究，并且研究要有创造性、非常规性、变革性和通用性。

在组织架构方面，DARPA 由 1 个局长办公室和多个技术办公室组成扁平化管理模式。局长负责与国防部沟通、寻找项目资金以及中长期战略规划的工作；技术办公室主管负责招聘项目经理、调拨资金、搜寻前沿高新技术项目以及连接不同领域的创新思想、资源和人才；项目经理则是 DARPA 的创新核心，不仅负责了解美国目前与未来所面临的挑战，还负责识别有助于应对挑战的高新技术，并确保高新技术通过迭代创新移交到需求部门。扁平化的架构提高了 DARPA 运转的效率，另外，项目经理的任期一般为 4 年，使组织能够保持动态的变化，可以避免机构因长期固化性造成组织记忆僵化从而导致认识新事物的能力受到限制，使 DARPA 始终能够洞见高新技术最前沿。

在资助项目管理方面，DARPA 采用项目经理负责制，项目经理可自行发起项目和管理预算，具体研究方向可以通过自己研究提出，也可以通过广泛的调研或对社会公开征集获得。在整个项目管理过程中，项目经理具有很强的自主性，技术选择、项目组织、项目协调、项目执行、项目经费管理、技术产业化等多个方面都依赖于项目经理的判断与决策。因此，DARPA 在筛选项目经理时会设置较高的门槛，并通过科技创新绩效的方式来灵活调整项目经理收入，激发项目经理的创新热情。

在资助项目遴选方面，遴选方法包括：依托各种研讨交流活动，聚集全美甚至世界顶尖的科学家和工程师，举办技术发展高端论坛，采用“头脑风暴”方法选定科技发展项目；通过举办工业日、开放日、提议日和发布业务公告等活动，全方位寻找独特新颖的科技创新思想。项目确定后，由项目经理牵头组建团队，通过技术办公室发布招标公告，向全美甚至全世界公示相关信息。DARPA 还鼓励非共识项目，从技术创意到立项阶段均不采用同行评议，他们认为同行评议无法筛选出真正具有独特创意的技术，而是积极对非共识项目进行资助，鼓励项目经理将研发任务与个人兴趣高度结合，激发项目经理的个人责任感和使命感，充分发挥项目经理的主观积极性。

在成果转化方面，DARPA 建立了围绕创新链的全周期成果转化机制。面对路径不确定、结果非共识的高新技术项目，DARPA 推行围绕创新链的“全周期”成果转化机制。从项目筹划阶段开始就将每个环节的技术转化纳入进去，将转化要求贯穿始终。首先对具有应用需求目标的基础性研究进行先期资助，再与初创企业签署技术开发合作协议，对基础研究成果进行应用性技术开发，然后经由 DARPA 将技术转移给相关需求机构，由需求机构通过招标方式进行原型机试生产，待原型机成熟后，经由政府采购率先将产品提供给相关需求机构使用，并尝试引入私人资本支持，逐渐推向广大市场。

2）法国增加科技创新资金投入，扩大从事技术创新的研究人员规模

2020 年 11 月，法国国民议会审议通过了《2021—2030 研究计划法案》，以期提振本国科学研究事业，捍卫国家科技主权及世界科技强国地位。从研发投入来看，法国政府将在未来十年内以逐年递增的方式向公共研发领域增加 250 亿欧元的财政预算，以确保 2030 年实现 3% 的研发经费投入强度目标。同时将扩大科研人员规模，在维持现有人员编制的基础上，允许国立科研机构和高等院校逐年扩编，主要用于招聘技术型人才（博士、博士后和工程师）和研究型“初级教授”等。此外，法国通过专项项目的方式促进跨领域创新机构形成多学科创新联合体，共同开展关键技术的创新，法国政府委托国家科研署以项目招标的形式出资，在全法境内组建了 10 家“融合”研究所开展跨学科研究。

（2）开放式创新方式为汽车产业的创新体系注入新活力

在当前国际竞争加速和加剧的新时代背景下，封闭式的自主创新已不能适应创新实践的需要，而开放式创新成为大势所趋。在汽车行业，自动驾驶汽车、电动汽车和共享出行迫使企业适应新的发展格局。通过推出新产品和服务，企业正努力在竞争激烈、成本敏感的行业保持竞争性。为此，企业正在改变创新战略，通过寻求新思路、新解决方案和加快采用新技术知识，在汽车行业引入开放式创新方式。例如，汽车制造商组织创意竞赛，吸收广大群众的创新想法，创造新概念车。世界上第一辆众包汽车是小型菲亚特 Mio，共有 17000 名参与者，设计和制造仅用了 6 个月。大众集团在中国也凭借其“人民汽车项目”设计制造开放式创新车。汽车供应商也加入了这一趋势。博世集团设立了“开放博世奖”，该奖项旨在寻找初创公司来加速产品开发。安托林公司等其他全球领导者将工程众包作为战略工具，共同创造汽车内饰的未来，同时吸引全球新的工程人才。

（3）随着汽车智能网联化的发展，软件、人工智能等将主导汽车产业的创新

智能汽车时代正加速到来，“软件定义汽车”正成为行业潮流，国际各大车企和关键零部件供应商均在加快向智能汽车方向转型，在创新人才的配置上也更偏向于软件和人工智能等方面。

2019 年 6 月 18 日，大众集团宣布在公司内部成立汽车软件部门，标志着大众集团开始由传统车企向软件企业转型，汽车软件部门工作人员由最初的 5000 人，在成立半年后增加到 1 万人。

2018 年 3 月，丰田集团成立丰田研究院高级开发公司（以下简称 TRI-AD），主要为丰田提供全集成、高品质的自动驾驶软件。在过去的两年里，TRI-AD 负责开发丰田内部使用的驾驶辅助和自动驾驶技术。目前 TRI-AD 共有软件工程师 1000 人，虽然相对其他传统车企而言软件人员

数量较少，但在未来的应届毕业生招聘中，软件人才将占到40% ~ 50%。

博世集团现在全球共有研发人员7万多人，其中有3万多人从事软件相关的开发和研究，占比超过40%，这个比例未来可能会更高。

2. 创新体系建设改革取得阶段性成果

（1）新型举国体制的创新模式在新形势下逐步体现出制度优势，通过以企业为牵头方承担政府支持项目的方式引导企业成为创新主体

为推动新能源汽车的跨越式发展，由国家科技部主导的“十一五”时期至“十三五”时期新能源汽车国家重点研发计划，通过设立研究专项的方式，集聚国内创新能力最强的企业、高校和研究机构共同完成研究专项。通过三轮新能源汽车的研究专项推动，我国新能源汽车技术总体已达到国际先进水平，动力电池等领域引领国际技术发展。到“十三五”时期末，我国研发出比能量达302.5Wh/kg的软包锂离子电池单体，实现了量产和装车配套，开发出比能量大于210Wh/kg的高比能锂离子电池系统。在电机驱动与电力电子方面，开发的控制器功率密度达到37.1kW/L；完成了功率密度大于5kW/kg的高密度高效率电机的技术创新，建成了智能数字电机生产线，并完成了批量生产与装车应用。开展了372辆SAE 3级自动驾驶电动汽车在开放测试区内的测试工作，以及64辆SAE 4级自动驾驶电动汽车在封闭测试区内常态化的测试工作。

另外，“十三五”时期国家重点研发计划中的“新能源汽车”重点专项，共计立项65个项目，企业法人牵头承担46项，大专院校和科研院所共牵头承担12项，法人团体牵头2项，其他类5项，体现了新能源汽车战略性新兴产业中企业的技术创新主体地位。

（2）传统车企、造车新势力相互合作协同进行技术创新

传统汽车行业主体奋发图强，建立更具创新意识的组织机制，以整车

企业为主的传统企业通过风投、孵化、合作等形式开展技术创新。2020年12月，由上汽集团、张江高科、阿里巴巴集团联合打造的智己汽车科技有限公司，采用了全新的股权结构，并遵循市场化原则，在体制机制上进行创新探索，全球首创“核心员工持股平台ESOP+用户权益平台CSOP”，从股权结构上构建起核心员工与用户的“双轮驱动”，全面推动用户型企业的创新建设。广汽集团通过旗下的广汽研究院、广汽资本等，实现研发和投资双结合，重点在新能源、自动驾驶、智能网联等领域进行投融资布局和孵化重要项目，广汽资本通过发掘及培育市场领先技术、整合新能源及科技出行领域供应链，投资补充原产业技术短板。2020年下半年，广汽资本集中投资了国内固态电池领先企业清陶发展、动力电池企业中航锂电、人工智能芯片企业地平线、汽车电子系统科技服务商经纬恒润等多个在智能新能源投资领域的知名项目，广汽集团投资、孵化的创新企业的技术反过来又为技术提升提供了良好的支撑。此外，广汽埃安与华为、科大讯飞、地平线等科技企业合作，共同开发自动驾驶汽车的软硬件系统。在合作创新具体方向上，广汽与华为正在共同开发L4级自动驾驶汽车；2020年下半年广汽集团与科大讯飞共同成立了汽车智能化数字座舱整体解决方案提供商星河智联，星河智联自主研发的新一代智能操作系统G-OS将应用于广汽智能汽车；广汽集团还投资了人工智能芯片提供商地平线，双方将联合开发车载AI芯片并应用于广汽的车辆。

国外企业加大在国内的创新投入。随着国内创新体系建设的不断完善，创新资源极大丰富，中国开始引领新能源和智能网联汽车的创新发展，为紧跟汽车产业技术发展新机遇，国际企业逐步在国内建立创新资源，开展技术创新工作，并通过投资、孵化的形式扩大技术创新的渠道。2021年5月20日，宝马与阿里巴巴共同创立的“阿里云创新中心—宝马初创车库联合创新基地”在上海金桥经济技术开发区正式启动运营。该基地为初创企业提供富有创意的联合办公空间，对接早期风险基金，提供专业知识支持，将在三年时间里为至少 300 家中国初创公司提供来自阿里的云服务，并通过“宝马初创车库”对接宝马专家和业务部门。目前，已有 20 余家中国优秀的初创公司入驻联合创新基地，他们的技术涵盖数字化、电动化、可持续发展等战略创新领域。“宝马初创车库”的主要职能是寻找高潜力的初创公司，将其解决方案与宝马业务部门的需求相匹配，目标是成为一个帮助初创公司进入汽车市场、帮助宝马各业务板块接触前沿科技的桥梁门户。SK Innovation 于 2021 年在中国举办的“新能源智能汽车及交通出行产业生态大赛”面向高校、科研院所、创业团队、中小企业等，针对高比能电池安全预警技术、剩余使用寿命预测技术、“后端即服务”（BaaS）商业模式创新等主题开展技术创新和商业模式创新比赛，以挖掘在中国产生的创新技术。

互联网行业等跨界企业进入汽车产业，为汽车产业创新体系注入新活力。随着汽车产业向智能网联化转型，为互联网和通信等相关行业介入汽车产业带来契机，百度、华为等国内大型互联网企业均加大了在智能网联汽车研发方面的投入，百度、华为等科技企业在智能网联汽车关键零部件方面的创新带动我国智能网联汽车取得优势。除大企业外，初创企业也开始在智能网联汽车方面生根发芽。以蔚来、小鹏、理想为代表的造车新势力企业，在研发投入占比方面远高于传统车企。2020 年，蔚来、小鹏和理想的研发营收比均超过 10%，其中小鹏达到 29.5%，而比亚迪、长城和长安等领先传统车企的研发营收比在 5% 左右。除研发投入占比高外，造车新势力企业的技术创新以满足用户需求为准则、市场化为导向，因此消费者接受度更高，技术能够不断迭代更新，提升了技术创新落地的效率。为了及时掌握用户对技术创新的需求，蔚来和小鹏等企业均建立了用户社群，从企业高层到一线工作人员均在社群中对用户的需求进行反馈，企业高层的重视使得用户的需求能够更有效地传达到技术开发部门，进而提升了技术创新效率。

（3）有效利用全球创新资源，探索创新体系的双循环模式

标准“走出去”为创新成果走向国际奠定基础。为促进我国汽车标准“走出去”，全国汽车标准化技术委员会主要从以下四方面开展工作：一是在国际汽车标准法规制修订平台牵头制定国际标准法规，承办和参加 ISO/SAE 国际标准工作组会议，深度了解并参与国际信息安全标准的制定。二是推动其他国家在制定自身标准法规时直接采用中国标准。2019 年 12 月，欧盟将中国国家标准《燃料电池电动汽车安全要求》列为联合国法规的 5 个等同替代标准法规之一，是中国汽车标准首次被采用并写入欧盟汽车法规中，达到与欧、美、日法规及 ISO 国际标准等同的领先地位。另外，智利在其新制定的电动大客车应满足的结构和安全技术要求法规中，直接采用了我国相关的电动车辆标准；以色列则采用我国汽车行业标准 QC/T 839—2010 制定其自身国家标准 IS 6289“超级电容电动大客车顶部电源系统”。三是推动其他国家在其标准法规体系中引用中国标准。多年来，我国汽车行业通过在各种国际汽车标准法规舞台以及与不同国家多双边交流合作中，不断地对我国汽车标准体系及相关项目进行宣传和推广，使得各国开始逐渐认识和了解我国的汽车标准体系。随着认识和了解的不断加深，已开始有国家逐步认可我国汽车标准的完善性，甚至部分标准在国际上所处的先进性。截至目前，已有国家在其汽车整车市场准入管理（型式认证批准）的框架性技术法规中，直接引入我国的汽车标准项目，使其成为车辆整车达标、获得认证批准并进入市场的一个选项。如厄瓜多尔在其汽车安全框架性技术法规 RTE INEN 034 中，就将我国的国标（GB）引入其整车获得认证批准需要满足的各个单项法规项目清单中，使我国 GB 标准成为与厄瓜多尔自身技术法规,以及联合国法规、美国汽车技术法规（FMVSS）、日本汽车标准（JIS）、澳大利亚汽车技术法规（ADR）、韩国汽车技术法规（KMVSS）、巴西汽车技术法规（CONTRAN 法规、INMETRO 法规、ABNT 标准）等国际先进知名标准、法规对等的法规选项。只要汽车产品

在各个单项法规项目上，满足所采用的我国 GB 标准，即等同于满足上述国际先进知名标准法规，可直接获得相应项目的认证批准。四是通过在当地设立汽车标准法规研究中心，开展标准宣传影响工作，主动影响和引领其他国家和地区标准法规制修订走向。2018 年 4 月 16 日，由中国汽车技术研究中心有限公司（以下简称“中汽中心”）和上汽通用五菱汽车股份有限公司（SGMW）联合发起的中国东盟汽车标准法规研究中心在印度尼西亚雅加达正式成立，中汽中心将在东盟国家宣传我国的汽车标准法规，进而直接影响这些市场标准法规的制修订和发展，实现标准“走出去”。2021 年 6 月 21 日，中汽中心牵头在瑞士日内瓦成立中国汽车标准国际化中心，将进一步推动中国汽车标准国际化进程。

企业积极在国外建立创新中心，有效利用国外先进创新资源。上海汽车集团在上海、美国加州硅谷、以色列特拉维夫设立创新中心，开展前瞻技术研究，形成了一支 8000 人左右的自主开发技术队伍，重点在新能源三电系统、纯电专属架构、智能网联等核心技术领域进行攻关。另外，海外创新中心的另一个职能是配合资本管理公司一起对投资项目进行投资前的技术方向和先进性的研判，并集成整合当地高校、研发机构、创业公司的资源开展创新研究。长安汽车集团在全球多个国家布局研发中心，在美国底特律建立的美国研发中心专攻汽车底盘和自动驾驶技术。底盘技术主要包括底盘性能开发、底盘工程化设计、底盘技术研究及底盘制造工艺研究等。在自动驾驶方面，已经具备自动驾驶系统需求、传感融合、目标认知、路径规划、决策控制、仿真测试、人机交互等领域的设计和开发能力。此外，长安汽车集团在意大利都灵的研发中心主攻汽车外形设计、在日本横滨的研发中心主攻汽车内饰和模型、在英国诺丁汉的研发中心主攻发动机和变速器。

（4）注重原始创新，基础研究投入大幅增长，并放宽对基础研究的考核

基础研究投入逐步加强。当前，新一轮科技革命和产业变革正在蓬勃

兴起，基础研究领域的科学突破加速涌现，为增强源头创新能力，我国逐步加强在基础研究领域的投入。2018年1月，国务院印发《关于全面加强基础科学研究的若干意见》，明确了新时期全面加强基础研究的指导思想、基本原则、发展目标和具体举措，体现了党中央、国务院对基础研究的高度重视。2020年4月，科技部办公厅等六部门印发《新形势下加强基础研究若干重点举措》的通知，提出优化基础研究总体布局、激发创新主体活力、深化项目管理改革、营造有利于基础研究发展的创新环境、完善支持机制等10项重要举措。

近十年来，我国基础研究投入占研发经费投入比重在5%左右，为提高基础研究投入，十三届全国人大四次会议通过的《中华人民共和国国民经济和社会发展第十四个五年规划和2035年远景目标纲要》，提出我国将制定实施基础研究十年行动方案，重点布局一批基础学科研究中心，基础研究经费投入占研发经费投入比重提高到8%以上。在地方层面，2020年8月发布的《深圳经济特区科技创新条例》规定，市政府投入基础研究和应用基础研究的资金应当不低于市级科技研发资金的30%。

调整基础研究考核制度，激发创新活力。2019年8月，科技部等六部门印发《关于扩大高校和科研院所科研相关自主权的若干意见》的通知，提出主管部门减少对高校和科研机构的干预、简化科研项目管理流程、赋予创新领军人才更大科研自主权等意见，推动扩大高校和科研院所科研领域自主权，全面增强基础研究的创新活力。在深圳，由于科技成果决策的不确定因素较多，决策风险较高，高等院校、科研机构领导人员在决策时往往瞻前顾后，容易错失发展良机。为了解决高等院校、科研机构科技成果决策的后顾之忧，《深圳经济特区科技创新条例》建立了科技成果决策尽职免责机制，规定“高等院校、科研机构有关负责人履行勤勉尽职义务，严格执行决策、公示等管理制度，没有牟取非法利益或者恶意串通的，可以免予追究其在科技成果定价、自主决定资产评估以及职务科技成果赋权中的决策失误责任”。

（5）有效衔接基础研究和技术产业化取得成效

成立技术创新中心，开展应用技术研发，建立从基础研究向技术产业化的转移渠道。为了打破基础研究成果仅存在于论文、专利里的格局，打通技术从科研机构和高校到产业化的通道，在各级政府指导下，我国建立多个国家和地方汽车产业技术创新中心，为联通高校、科研机构和企业建立了沟通渠道，另外，技术创新中心大多自建实验室开展应用开发、技术集成、中试验证等工程化技术开发，并且对行业“卡脖子”技术开展关键共性技术突破研究，在技术产业化方面设立创新创业孵化器，给予创业团队资金支持，使技术能够最终推向市场。

以智能网联汽车为例，智能网联汽车涉及汽车、通信、人工智能、芯片等多领域，单靠一个领域难以取得技术突破性进展，为推动各领域协同开展智能网联汽车技术创新，在工业和信息化部指导下，2018 年，中国汽车工程学会、中国汽车工业协会等共同发起筹建了国家智能网联汽车创新中心，创新中心由整车、零部件、科技企业及行业机构共同投资成立。为进一步汇集跨行业创新力量，创新中心牵头成立了中国智能网联汽车产业创新联盟，联盟成员单位涵盖汽车、电子、通信、交通等行业的 536 家单位，联盟的成立为创新中心开展跨领域协同创新奠定了组织基础。此外，为开展应用技术开发和行业关键共性技术突破，创新中心建立了整车无线通信实验室、整车 OTA 屏蔽室和传感器标定实验室等 15 个实验室，并通过金融支持技术市场化，通过基金管理公司市场化运作，参与行业优质创新技术的投资，推动智能网联汽车技术创新和技术市场化。经过近 3 年的发展，在关键共性技术攻关方面，场景库双基平台、复杂系统参考架构 2.0、车辆安全漏洞预警与分析平台等项目取得显著进展。在创新技术商业化实践方面，成立平台公司国汽智控，面向中国标准智能网联汽车计算基础平台，开展车控操作系统和异构分布硬件平台的技术研究、产品开发和产业化推广。

高校积极探索技术产业化。为了推动基础研究成果转化，清华大学在苏州成立苏州汽车研究院（以下简称“汽研院”），汽研院有三项工作目标：一是建立应用技术研发平台，负责技术承接，完成技术的二次开发；二是建立测试验证平台，服务于技术的工程转化；三是成立创投基金，集聚创新资源，通过技术的资本化来推动技术的产业化。经过多年发展，汽研院形成以清华汽研院进行技术孵化、孵化器进行企业孵化、产业园进行产业孵化的“三级孵化”体系。汽研院以市场应用为导向，累积转化了无人驾驶汽车、疲劳预警系统等50多个具有引领性和示范效应的科技成果，培育了混合动力系统、全景泊车系统等多个关键技术产品。累计孵化企业超150家，其中准上市企业3家、苏州市独角兽企业1家、规模以上企业21家、高新技术企业40家。

搭建国家级高校技术成果推广线上平台，提高基础研究成果转化效率。我国经济已由高速增长阶段转向高质量发展阶段，行业对自主创新技术的需求尤为迫切，为了打破基础研究技术成果在高校内部空转的局面，使基础研究能够与市场更有效地衔接，需要建立国家级高校创新成果推广和转化平台。2020年1月18日，在教育部科技司、财务司的指导下，由中国高校创投研究院开发运营的中国高校科技成果转化云平台——“科转云”正式上线。“科转云”汇聚了高校成果、金融资本和企业需求，平台汇集了全国“双一流”高校的科技成果资源，利用科技成果评估体系，向市场呈现多领域、多维度、高质量的中国高校科技成果动态市场库。“科转云”平台的建立，为高校和科研机构提供了技术成果的宣传渠道，还为企业提供了发布技术需求的渠道，使企业了解高校和科研机构的最新成果，也使高校和科研机构掌握市场对技术的最新需求。此外，为促进技术转化，平台还邀请投资机构入驻，为技术转化提供资金支持。目前，在中国高校科技成果转化联盟的支持下，平台初期已沉淀来自全国头部高校的千名专家、万条科技成果数据；已有包括前海母基金、清科集团、星河集团、万科集团、新疆交建等百家头部金融机构、上市企业入驻。

3. 创新体系仍存在的不足

（1）基础研究的资金投入占比相比发达国家仍有差距

根据《2019年全国科技经费投入统计公报》的数据，2019年，我国基础研究经费为1335.6亿元，比上年增长22.5%，增速比上年提高10.7个百分点；占研发经费的比重为6.03%，比上年提高0.49个百分点。美、日、英、法、韩等发达国家的基础研究经费占研发经费的比重为12%~23%，我国基础研究经费投入占比不到头部发达国家的一半。从我国对基础研究的长期规划来看，在《中华人民共和国国民经济和社会发展第十四个五年规划和2035年远景目标纲要》中，提出我国基础研究经费投入占研发经费投入比重提高到8%以上，但相比发达国家仍有较大差距。在更强调自主创新的新发展格局下，仅依靠政府投入不能满足新时期对基础研究投入的需求，还需要企业、资本市场对基础研究加大投入。

《2019年全国科技经费投入统计公报》的数据显示，高等学校、政府属研究机构和企业的基础研究经费分别为722.2亿元、510.3亿元和50.8亿元，其中，高等学校和政府属研究机构对全社会基础研究经费增长的贡献率分别为54.0%和35.6%。可以看出，企业对基础研究经费的投入较低，仅占总基础研究经费的4%，而发达国家企业的基础研究经费投入达到20%，我国企业对基础研究经费的投入与发达国家有较大差距。

（2）产业联盟有效组织产学研协同创新的机制有待提升

产业联盟目前的作用更多体现在信息分享，而在组织联盟内企业协同创新方面的价值未发挥出来。技术合作、资源共享、技术转移、人员交流是联盟构建的主要任务。在现阶段，联盟牵头单位对于联盟的发展至关重要。但是，少数联盟牵头单位对于联盟特点和产业技术创新的理解仍不充分，在实践中不能充分发挥联盟的功能；部分联盟工作与协会工作混同，技术创新组织工作薄弱，难以发挥应有作用。由于对联盟作用认识存在局限，联盟牵头单位难以发挥在组织协调方面的作用，少数联盟由于人事关系更迭而导致组织工作松懈，使联盟未来发展出现较多的不确定性。

区域联盟之间未有效衔接，跨区域的协同创新机制待解。区域联盟的地域性较强，跨区域性较弱。大多数由地方政府以及地方企业集团推动建立的地方性联盟，地域性特征明显，与其他地域联盟的横向交互关系很弱。地域性联盟为主的产业联盟虽然在调配整合地区研发资源上具有优势，但是其所伴随的地方保护主义与封闭主义局限了产业联盟的知识流动、拓展与交流，抑制了联合研发效应，并使各地企业形成区域性的对立局势，不利于企业在全国范围构建广泛市场。

（3）面向未来的人才培养体系未完善，需加强基础人才的培育

国内高校在汽车方向的专业设置主要为车辆工程专业，我国目前有120多所高校开设了车辆工程专业，专业课大多以汽车构造、汽车理论、汽车设计、发动机原理、汽车制造工艺和汽车试验学等必修课为主，以汽车优化设计、汽车行业质量管理和汽车噪声与振动等课程作为选修课程。如清华大学车辆与运载学院现设1个本科生专业——车辆工程，包含3个专业方向：汽车底盘、汽车发动机、汽车车型与车身设计，未在本科教育阶段设置针对新能源汽车和智能汽车方向人才培养的专业。

《教育部关于公布2018年度普通高等学校本科专业备案和审批结果的通知》（教高函〔2019〕7号）公告的新增审批本科专业名单显示，我国高校首次开设新能源汽车工程专业（专业代码：080216T）和智能车辆工程专业（专业代码：080214T）。截至目前，通过教育部备案和审批开设新能源汽车工程专业的高校共有26所，并且26所高校主要为高职类院校，国

内顶级高校以及能够培养创新人才的高水平院校均未开设新能源汽车工程专业，造成我国新能源汽车产业创新人才体系不完整。而开设智能车辆工程的高校仅有 8 所，其中高水平院校仅有哈尔滨工业大学和合肥工业大学，每年能够为产业提供的人才数量有限。

根据教育部、人力资源和社会保障部、工业和信息化部联合印发的《制造业人才发展规划指南》预测，2020 年，我国新能源汽车领域人才需求将达到 85 万人，缺口将有 68 万人。2020 年中国汽车工程学会发布的《智能网联汽车产业人才需求预测报告》中指出，2025 年智能网联汽车技术人才的存量预计仅为 7.2 万人，而当年该领域的人才净缺口最高为 3.7 万人。亟须国内高校开设新能源汽车工程和智能车辆工程专业，大力培养产业创新人才。

（4）以企业为主体、市场为导向、产学研深度融合的创新体系趋于完善，仍缺少汽车产业顶层设计和系统化的战略研究能力

当前，信息、能源、材料、人工智能等技术不断出现突破性进展，并与汽车产业加快融合，带来了汽车产品形态和生产方式的深度变革，我国汽车产业的长期发展亟须做好顶层设计和战略规划。

国际上，由美国三大汽车公司（通用、福特、克莱斯勒）共同发起并成立美国汽车研发理事会，为汽车创新战略方向的确定和重大项目的立项提供建议，加强美国汽车企业间的技术合作，同时也是汽车企业与政府、研究机构、大学及能源企业之间研发沟通的重要平台。在欧洲，于 1994 年成立的欧洲汽车研发理事会，一方面加强研发创新的战略方向研究，另一方面建立与欧洲委员会及成员国的沟通，协调设立高效的研发项目，通过合作研发创新增强欧洲汽车企业的竞争力。欧洲汽车研发理事会主要研究领域为非竞争性技术研发，通过确定汽车研发的主要挑战，与欧洲主要利益相关方沟通，包括供应商、学术界、研究机构等，设立并支持相关的

研发项目。

而我国汽车产业和技术战略咨询研究不足，缺少全面、系统的汽车产业高端战略咨询平台。考虑到汽车系统性强、产业链长、涉及面广、行业管理方面多头管理、体制机制复杂等现状，对于我国而言，缺少一个面向未来汽车强国建设、能够提供创新战略咨询的跨产业、跨学科的高端智库平台。

（5）支持技术转移的科技中介服务体系建设仍有待完善

科技部科技评估中心发布的《中国科技成果转化 2019 年度报告（高等院校与科研院所篇）》显示，在全国 3200 家高校院所中，目前仅有 687 家单位设立了技术转移机构，其中仅有 306 家认为该机构在成果转化中发挥了重要作用。这些机构主要以合同备案、登记、材料受理及专利申请咨询服务为主，在技术价值评估、商业谈判、资本运作及经营管理等方面的服务能力缺乏。另外，专业化技术转移机构普及面不够，现有技术转移机构服务仍存在“规模小、服务少、能力弱”的现象，高水平、专业化技术转移服务人才严重缺乏。技术经纪人的市场化选拔、培训、考核激励等一系列配套机制仍不健全，高素质人员少等问题未能得到解决。

（四）面向未来可持续发展的创新体系建设

1. 总体创新体系建设思路

构建基础研究坚实、重视自主创新、应用生态繁荣、政府支持、战略规划清晰、金融有效加持，使产业构成良性、可持续发展兼顾效率的创新循环体系。产业创新体系的构成如图 3-2 所示。

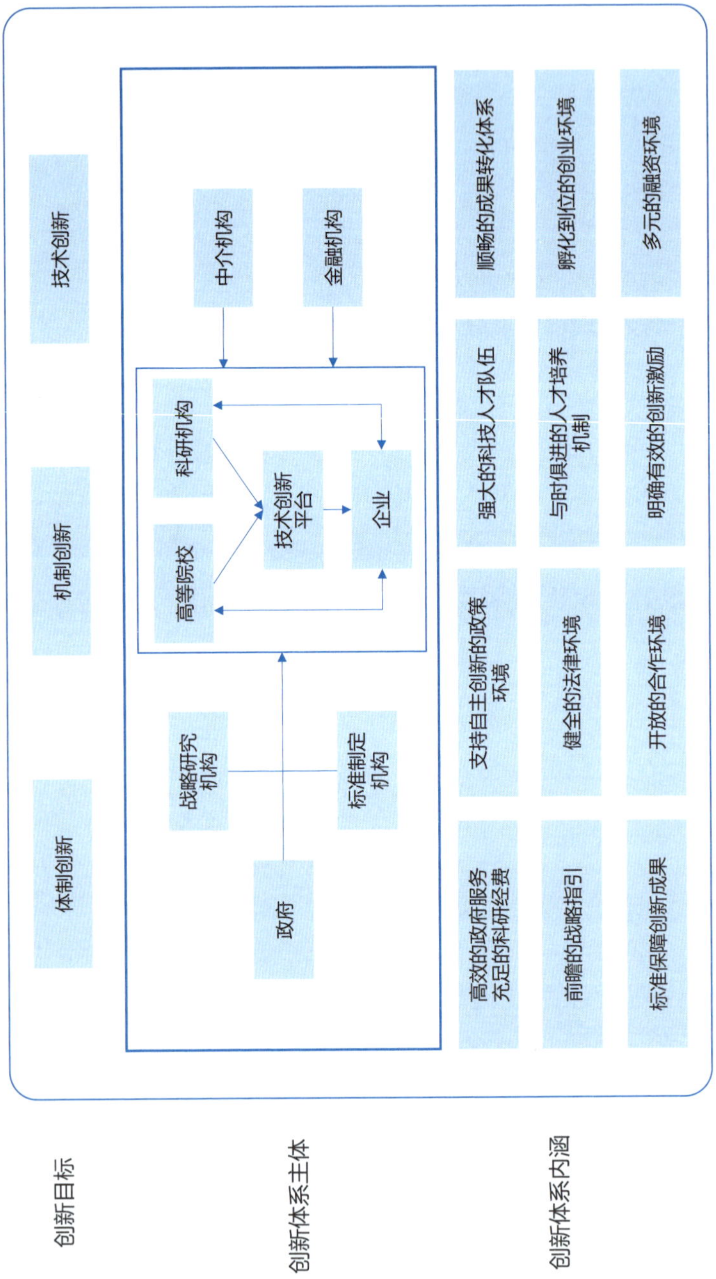

图 3-2 产业创新体系构成图

2. 新形势下汽车产业创新的策略与建议

（1）加强国际汽车产业战略研究与跟踪，紧抓汽车产业发展趋势

新一轮科技革命正加速到来，汽车与能源、交通、通信等行业技术交叉融合，全球汽车产业技术变革日新月异，产业技术发展方向错综复杂，对我国识别汽车产业技术发展趋势提出越来越高的挑战，我国需加快打造国家级汽车产业创新战略咨询智库平台，加强国际汽车产业动向跟踪和战略研究，明确全球各领域技术发展趋势。

（2）发挥战略研究机构的引领作用，开展战略研判与技术布局

为实现我国汽车产业由大到强、强而恒强的目标，需充分发挥战略研究机构在汽车产业创新发展中的引领作用，研判未来国际汽车产业发展趋势，梳理我国汽车产业技术的短板弱项及长板优势，结合我国产业整体实际情况，指明我国汽车产业未来技术发展方向并研究确定技术实施路径，引领汽车产业提早进行技术布局，抢抓技术发展制高点。

（3）完善创新体系建设，提升产业创新能力与创新效率

提高关键领域技术突破效率，建立技术创新管理机构。为了对未来产业发展关键基础技术进行研究支持，建议我国汽车产业科技管理部门成立专门的基础技术创新管理机构（以下简称“管理机构”），由国家拨付财政专项技术支持资金，管理机构负责制订技术创新计划，并根据创新计划设立基础研究专项，委托企业、大学和研究机构承担专项的研究工作；对于研究专项的管理监督，由管理机构安排专人对专项的组织、协调、执行、经费管理、技术产业化等进行监督管理；对于产生的技术成果，由管理机构推动产业化应用。

扩展基础研究投入渠道，引导企业加大基础研究的投入。一方面发挥中央与地方政府、企业和社会等各方面的作用，增加基础研究投入，鼓励有能力的企业自主开展需求导向的应用基础研究，支持企业参与国家基础研究项目，增加企业的基础研究投入和能力。另一方面引导企业加大与高校科研机构的合作，共同开展基础研究及其产业化应用工作。

提升产业联盟组织效率。充分发挥政府的引导作用，提升牵头单位在联盟中的主导作用，制定行之有效的联盟工作制度，完善联盟合作机制，借鉴国外产业技术联盟的组织运行模式，明确联盟成员在管理决策、研究开发、公共联系、知识产权等方面的责任和义务，完善联盟治理结构，提高合作创新的效率和活力，实现联盟的可持续发展。

高校加快设立新能源和智能网联汽车专业，加大人才供给。目前汽车企业均在减少内燃机汽车的开发，转而大力开发新能源汽车，致使对传统汽车车辆工程专业人才的需求减少，而增加了对新能源汽车和智能汽车人才的需求，而从人才供给端来看，高校仍主要培养传统内燃机汽车人才，对新能源汽车和智能汽车人才培育不够，造成人才的供需矛盾。国内汽车专业优势高校应加快开设新能源汽车工程和智能车辆工程专业，大力培养产业创新人才。鉴于目前我国现行的汽车人才培养体系已经无法满足产业发展需要，汽车人才培养体系的创新发展已经到了关键时期，迫切需要培养体系的创新，需要共享和联动。“共享”，应聚焦在构建学科发展新理念、师资队伍建设、教材建设、实训基地建设和对未来人才需求趋势的分析、预判等方面;“联动”，应包括国家、行业与企业、学校的联动，企业与学校、社会培训机构联动，以及企业工程师与学校实训教师双重身份的建立。

优化技术创新服务体系。健全科技成果转移转化服务体系，完善科技成果评估交易与转化绩效奖励机制，搭建政府主导、市场化运作的科技成果交易转化与知识产权综合服务平台，为科技成果交易、产业化提供技术评价、价值评估、成果拍卖、挂牌交易等“一站式”服务；引导设立科技成果转化基金，带动社会资本向科技成果转化与产业化集聚；规范支持科技中介服务机构建设，加快科技大市场、高校院所技术转移机构、社会科技中介服务机构等科技成果转移转化专业服务机构建设。

二 提升汽车产业的产业链现代化水平

2020 年以来，在全球新冠肺炎疫情持续扩散、世界经济形势低迷的背景下，叠加贸易保护、逆全球化等不利因素影响，全球汽车产业链供应链断点、堵点频现，尤其是芯片短缺问题严峻，各国汽车产业链安全风险加剧。由新冠肺炎疫情引起的系列连锁效应，使得各国进一步注重产业链供应链安全问题，更加强调供应链的自主性和可控性。美国、欧盟等国家和地区纷纷针对产业链供应链关键环节，从战略、政策等方面进行系统部署，提升本国产业链韧性和供应链弹性。

受新冠肺炎疫情、国际环境等多重因素影响，特别是全球汽车产业链供应链发生局部断裂,我国汽车产业链供应链局部“梗阻”和关键环节“卡脖子”问题也日益突出。党的十九届五中全会明确提出“推进产业基础高级化、产业链现代化”的要求，强调要“提升产业链供应链现代化水平”，推动我国产业向全球产业链价值链中高端跃升。由此可见，提升我国汽车产业竞争力、实现产业链安全可控迫在眉睫，构建畅通安全的产业链供应链是汽车产业保持健康可持续发展的关键所在。

（一）全球汽车产业链供应链的可持续发展问题进一步受到关注

1. 新冠肺炎疫情的暴发和持续，引发全球汽车产业链供应链问题

近年来全球国际环境日趋复杂，不稳定不确定性明显增加，尤其是2020年以来新冠肺炎疫情的全球大暴发，客观上加剧了逆全球化的风险，也深刻影响汽车产业链供应链的结构平衡，加快推动产业链重构。同时，在此过程中，疫情引起一系列连锁效应，全球汽车产业链供应链问题不断凸显。

（1）芯片短缺造成全球汽车产业停产减产

新冠肺炎疫情的全球大流行，使得全球芯片产业链产能持续遭受考验，而中美贸易摩擦以及芯片主产地相继遭受多种灾害，更是加剧了全球芯片供给不足的紧张状况。与此同时，虽然汽车电动化和智能化的快速发展导致汽车芯片用量大幅提升，但与消费电子领域芯片用量需求相比仍占比较低，且汽车所需芯片产品目前仍主要处于中低端价值链，议价能力偏弱，因此在其他行业需求旺盛时汽车芯片产能需求难以被满足，甚至被切换，从而进一步加重全球汽车芯片短缺的阶段性危机。

受芯片短缺影响，2020年12月以来，美国、德国、日本等国家的汽车企业纷纷停产减产，福特、大众、奥迪、通用、丰田、日产、本田等企业在全球范围放慢生产节奏，我国国内上汽大众、一汽大众、广汽本田、东风日产等企业也相继停产或减产部分车型，个别企业产能一度减少30%～50%。根据美国伯恩斯坦咨询的预计，2021年全球范围内的汽车芯片短缺或将造成200万～450万辆的汽车产量损失，相当于近十年来全球汽车年产量的近5%。

从芯片行业供给趋势来看，车载芯片产能扩张面临明显的技术制约与

市场门槛，由于研发设计难度大、市场规模小、利润回报率低等因素进一步制约了芯片制造企业的生产，因此想要彻底解决汽车“缺芯”问题，还需进一步布局。

（2）原材料涨价导致汽车供应链企业成本不断增加

在新冠肺炎疫情影响下，2020 年上半年全球汽车市场需求大幅下滑，车企供应节奏被打乱，上游材料厂商也相应降低了供应预期。而下半年需求市场的强势复苏超出预期，在产业链传导的“时延”以及新冠肺炎疫情的持续影响下，上游原材料产能供应无法跟上需求变化，导致锂、钴、镍等动力电池原材料及车用钢材、铝材、橡胶等相关原材价格上涨情况持续升温。以中国为例，根据 2021 年 10 月 11 日当日交易数据显示，中国国内钢坯含税出厂价每吨较 2020 年同期上涨 59.4%，铜材每吨较 2020 年同比增长 36.5%，铝材每吨同比涨幅更是达到 61.3%，橡胶期货价格经历多日连续暴涨后从 9 月 22 日到 10 月 11 日短短两周时间每吨涨幅近 13%；另外，动力电池材料环节普遍迎来涨价，正极、负极、电解液、隔膜及铝箔等关键部件制造使用的原材料价格均出现大幅度上涨，以金属钴为例，截至 2021 年 10 月 8 日，其国内价格较 2020 年同期增长近 60%。

原材料价格的不断上涨，导致汽车零部件企业成本不断增加，极大压缩了汽车零部件企业的利润空间，部分企业甚至出现零利润或赔本现象，长此以往将不利于汽车产业链供应链健康可持续发展。

2. 欧美主要国家和地区升级对汽车产业链风险的重视程度

随着汽车产业链供应链风险问题的日益凸显，美国、欧盟等国家和地区针对产业链供应链关键环节，从战略、政策等方面进行系统部署，加快推动本国产业链韧性和供应链弹性的提升。

（1）美国启动多项国家级电动汽车供应链战略

当前，美国电动汽车市场发展滞缓，尤其在动力电池领域存在明显短板，已经被美国政府视为关乎国家安全的重要问题。对此，美国欲通过国家层面的战略部署，加强电动汽车尤其是动力电池产业链的自给自足能力，以改变其在全球电动汽车竞争中的被动局面。2021年，拜登入主白宫后重回《巴黎协定》，积极启动多项国家级电动汽车供应链战略，从产业布局、供应链安全、市场环境等多个方面着手，加快电动汽车关键产业链布局和市场推广，推动电动汽车产业全面发展。

从战略层面制定全面、长期的产业链发展战略。2021年6月，联邦先进电池联盟（FCAB）发布《国家锂电蓝图2021—2030》，明确美国政府对锂电池产业链的长远规划，计划到2030年实现“建立安全的电池材料和技术供应链，支持美国的长期经济竞争力和公平创造就业机会，实现脱碳，促进社会正义，并满足国家安全的要求”的愿景。该规划提出五大目标，涵盖锂电池上游原材料、中游材料加工、电池制造、下游电池回收利用及下一代锂电池研发等方面，全面指导美国政府对国内锂电池产业价值链的投资，提升本国电池产业链竞争力和抗风险能力。

加强汽车关键环节供应链风险评估，提高供应链安全性。2021年6月8日，美国白宫发布《建立弹性供应链，振兴美国制造业，促进基础广泛增长：第14017号行政命令下的百日审查》报告，将大容量电池列入关键产品，并针对其供应链开展系统性审查。报告从动力电池原材料生产、材料提纯和精炼、材料加工和电池制造、电池组和终端产品制造、电池报废和回收五大环节，详细分析当前美国电池产业链供应链现状和存在问题，认为“当前美国严重依赖从国外进口制造先进电池组的原料，使美国面临供应链漏洞，威胁到依赖它们的关键技术和制造它们的劳动力可用性和成本”，并提出从刺激消费、原材料控制、扩大电池产能、人才与创新、全球合作等方面实施相应政策，以激励美国电池供应链的每个环节，降低本国全球供应链的脆弱性。

创造良好市场环境，刺激供应链提升竞争力。2021 年 5 月，美国政府提出《美国就业计划》，计划在新能源汽车领域通过鼓励国产化产业链、购置补贴、建设充电桩及推动专项领域电动化来刺激美国汽车电动化。其中明确将投资 1740 亿美元打造“电动汽车计划”，使汽车制造商能够刺激从原材料到零部件的国内供应链，重组工厂以进行全球竞争，并支持美国本土建立工厂生产电池和电动汽车；同时，规划到 2030 年前建立 50 万个充电桩，并建立完善的全国网络。系列资金支持计划的推出，将加快推动美国电动汽车的普及和市场发展，刺激美国电动汽车产业链提升全球竞争力。

（2）欧盟以“碳中和”为契机，加快汽车产业链供应链转型升级

欧盟一直是应对气候变化的领导者，为实现“碳中和”目标，研究制定了“碳中和”背景下的产业政策，包括发展清洁能源、布局新能源交通等，同时，在全球产业变革及新冠肺炎疫情加速全球产业链重构的背景下，欧盟日益重视汽车产业安全。在此环境下，在欧盟以及欧洲各国政策和新能源汽车技术的推动下，欧洲新能源汽车开始飞速发展，2020 年成为全球第一大新能源汽车销售市场，新能源汽车产业链供应链构建步伐随之加快。

碳减排政策倒逼汽车产业转型升级，加快电动化供应链布局。2019 年，欧盟发布《欧洲绿色协议》，将此前 2030 年在 1990 年基础上减排 40% 的目标提升至 55%，要求交通部门 2050 年排放量较 2020 年减少 90%，明确了推动新能源汽车发展，加快向可持续和智能交通转变。2020 年 5 月，提出欧洲绿色经济复苏计划，提出建立“可持续和智慧的交通体系”，对化石燃料替代、公共充电桩和替代燃料技术设施建设、机动车空气污染物排放标准等进行了一系列部署，加大对清洁能源汽车技术研发、清洁能源汽

车相关产业链的投入，鼓励购买清洁能源汽车。同时，欧盟逐步加严乘用车二氧化碳排放量标准，要求从2021年开始所有销售新车每千米平均二氧化碳排放小于95克，倒逼车企转型升级，加快布局新能源汽车产业链。2021年7月，欧盟委员会向欧盟议会、理事会、欧洲经济和社会委员会及地区委员会提交了“减碳55%”（“Fit for 55”）一揽子立法提案，提案提出了“到2030年可再生能源占欧盟最终能源消耗的40%；2030年新注册燃油车比2021年减少55%；到2035年将不再有新的燃油车注册”。该提案的提出，将进一步加快欧洲汽车产业向清洁能源汽车转变，提升长期竞争力。

加快构建动力电池本土供应链，降低对外依赖度。2017年10月，欧盟委员会在整个欧盟层面联合各成员国、工业界、学术界及欧洲投资银行发起了“欧洲电池联盟”（European Battery Alliance, EBA），联盟之下针对供应链、投融资、贸易和研发等问题设立了系列工作组，并推行了“欧洲电池战略行动计划”等系列措施，目的就是在欧盟境内建立创新、环保和有竞争力的电池产业链，力争摆脱欧盟在电池上对于亚洲的高依赖性，并充分利用电池技术的革新为欧洲带来新的增长和工作机会。此外，欧盟委员会发布了《电池计划2030+》（Battery 2030+），联合欧洲整体解决未来电池研发过程中所面临的各项挑战，开发安全的超高性能电池，减少电池的生命周期碳足迹，并实现电池的回收率达到至少75%、关键的原材料回收率接近100%，为欧洲电池企业乃至全球电池企业的价值链提供新的发展和支持。2020年12月，欧盟委员会提出新的《电池法规》，对欧洲电池产业链实施了更为全面的监管，包括引入碳排放量、原材料供求、可再利用原材料使用比率等具体环保规定。新法规涵盖了电池整个生命周期的各个阶段，将大大减少其排放，有利于推动欧洲电池价值链的循环经济并促进更有效地利用资源，同时有助于释放大规模投资并提高欧洲创新和可持续电池的生产能力，实现竞争性可持续发展。

（二）我国提升汽车产业链现代化水平的重要意义

1. 提升产业链现代化水平是我国产业发展升级的必然选择

受国际政治、经济环境变化加剧等多重因素的影响，特别是在新冠肺炎疫情冲击下，全球产业链供应链发生局部断裂，我国产业链供应链局部“梗阻”和关键环节“卡脖子”问题也日益突出，影响我国国内经济循环。

2020年10月，党的十九届五中全会明确提出“推进产业基础高级化、产业链现代化”的要求，强调要“提升产业链供应链现代化水平”，为我国产业发展和产业升级指明了发展方向。推动我国产业向全球产业链价值链中高端跃升、稳步提升我国产业链现代化水平已成为新时期我国加快发展现代产业体系、推动经济体系优化升级的一项重要任务。打好产业基础高级化、产业链现代化的攻坚战，既是当前积极应对世界经济不确定性及我国经济下行压力加大的正确方针和现实需要，也是长期坚持实施创新驱动发展战略、做大做强实体经济、持续增强经济内生发展动力的客观要求和必然选择。

2. 提升汽车产业链现代化水平迫在眉睫

汽车产业是建设制造强国的重要支撑，是国民经济的重要支柱。经过多年的发展，我国已基本建立起较为健全的汽车产业链供应链，形成以汽车整车、整机和总成制造企业为龙头，以及由与之配套的上游及下游企业、相关服务业和管理机构等构成的链条关联体系，产业基础能力和产业链水平也实现大幅提升。但与欧美等先进汽车大国相比，我国汽车产业链部分关键核心技术缺失、产品附加值较低、产业结构不优、资源环境承载压力大等问题仍然突出，总体处于中低端水平，与高质量发展和建设现代化产业链的要求相比差距较大。

2021年，全球爆发汽车芯片危机，我国车企普遍面临停产减产风险。

虽然本次危机是在新冠肺炎疫情冲击下的全球芯片产能释放受阻、消费电子芯片需求暴涨、汽车行业超预期复苏等短期因素叠加下产生的，但也凸显了我国汽车产业链“弱备份”能力的软肋，应引起行业对供应链安全风险的审视。从发展趋势看,汽车“缺芯”问题或将长期存在,若不提前布局，我国汽车产业链可能随时面临断供困境。因此，提升我国汽车产业竞争力、实现产业链安全可控迫在眉睫，构建畅通安全的产业链供应链是汽车产业保持健康可持续发展的关键所在。

（三）我国汽车产业链现代化水平评价

为更好地了解当前我国汽车产业链水平现状，我们设立了汽车产业链现代化水平评价指标体系，同时，考虑到以电动化、智能化、网联化、共享化为代表的汽车“新四化”已逐渐成为产业未来发展的技术方向，因此选择新能源汽车和智能网联汽车领域作为主要评价范围，并选取美国、德国、日本三个汽车发达国家作为评价参照对象，对我国当前汽车产业链现代化水平进行评估判断。

1. 汽车产业链现代化水平评价体系的构建

（1）汽车产业链现代化的定义和内涵

目前学术界和产业界对汽车产业链现代化尚无明确定义。本书对此进行了初探。我们首先探讨了产业链现代化这一宏观概念，然后结合汽车产业链现代化的主要特征，最终给出了汽车产业链现代化的具体定义和内涵。

1）产业链现代化的定义

目前关于产业链的研究往往涉及供应链和价值链这两个概念。为了明确研究对象，我们首先对产业链、供应链与价值链这三个核心概念进行具体说明。

①产业链、供应链与价值链的定义

产业链（industry chain）是指产业内部及各个产业部门之间基于一定的技术经济逻辑，演化形成的纵向、横向链条式和网络状关联关系、时空布局和分工形态。简言之，产业链就是基于最终产品生产所形成的上、中、下游各环节相关产品供需关系及配套体系。

供应链（supply chain）反映了产业链各环节之间以及围绕各环节核心企业，为满足中间产品及最终制成品生产所形成的原材料、零部件、中间产品和服务传递交换关系。供应链的连接是产业链生成的基础，产业链是多重供应链的综合体。

价值链（value chain）反映了产业链各环节、不同主体之间基于各自生产活动及供应关系形成的价值创造及价值分配关系。价值链是产业链各环节稳固链接的“黏合剂”，产业链是价值实现和增值的载体。

由此可见，产业链、供应链和价值链是三个既相互关联又各有侧重的概念：产业链本质上是竞争力问题；供应链本质上是效率与安全的平衡；价值链本质上是价值创造和利益分配关系。这三个概念从不同的视角审视了一国产业链的强弱。本报告以产业链为主要分析对象，但将供应链、价值链整合到一个统一的评价体系中，并在大体同等的意义上使用。

②产业链现代化的定义

对于产业链现代化，目前亦尚未有统一明确的定义。有专家认为，产业链现代化可以从产业链完备性、供应链完整性、产业基础高级化、价值链高端化四个方面去理解（黄汉权，2020）；也有专家认为，产业链现代化是指在一个国家内部由产品和服务生产各环节所构成的链条能够充分利用当代先进科技成果、生产组织模式和经营管理方法，整体发展水平处于世界领先行列（李晓华，2020）；除此之外，还有专家认为产业链现代化的实质是产业链水平的现代化，包括产业基础能力提升、运行模式优化、产业链控制力增强和治理能力提升等方面的内容（盛朝迅，2019）等。本书对产业链现代化的理解以国务院发展研究中心的定义为基础，认为**产业链现代化是一个体现了全球产业链发展最新趋势和主要特征，在产业基础能力、产业链配套水平、供应链效率和控制力、价值创造能力等综合竞争力方面不断达到世界先进水平的过程**。

2）汽车产业链现代化的定义和特征

《中华人民共和国国民经济和社会发展第十四个五年规划和2035年远景目标纲要》第三篇第八章第二节“提升产业链供应链现代化水平”中提道：“坚持经济性和安全性相结合，补齐短板、锻造长板，分行业做好供应链战略设计和精准施策，形成具有更强创新力、更高附加值、更安全可靠的产业链供应链。”结合产业链现代化的定义和我国汽车产业的优劣势，我们将汽车产业链现代化定义为：**通过持续提高产业基础能力、产业链配套水平、供应链效率和控制力、价值创造能力，形成具有更强创新力、更高附加值、更安全可靠的汽车产业链供应链的过程。**

围绕汽车产业链现代化定义的四个方面，就我国现阶段来看，汽车产业链现代化应具备以下特征。

一是产业基础能力强。产业链的基础关键技术、核心基础零部件（元器件）、关键基础材料、基础工艺、工业基础软件等基础技术水平处于国际领先地位；产业技术基础支撑平台、先进产业基础设施和关键共性技术创新服务体系较为完备；科技创新、人力资源、体制机制、市场潜力等环境要素与产业链深度融合，提供高水平支撑保障。

二是协同配套水平高。产业链上游零部件具备较强配套能力，下游整车产品具有较强竞争实力，上、下游环节配套协同性高，具有较强抗冲击能力。

三是在供应链上具有较强的控制力和影响力。产业链供应链完整程度高，本国头部企业具有较强的产业链垂直整合能力，对产业链供应链的控制力和影响力较强，具有一批产业链关键环节的领先产品和企业。

四是总体处于全球价值链中高端。使产业逐步具有较强的价值创造能力和较高的盈利水平，实现高质量发展，逐步摆脱我国汽车产业目前“大而不强”的现状。

（2）评价指标选择原则

1）科学性、独立性原则

评价指标的选择既要立足于理论，保证指标体系的概念和逻辑结构严谨合理，又要从评价对象的客观实际出发，能够较为准确地反映出汽车产业链现代化水平的具体情况。同时，应尽可能选择具有相对独立性的指标，避免指标间信息的重叠，增加评价的准确性和科学性。

2）典型性、代表性原则

评价指标具有一定的典型性和代表性。应综合考虑汽车产业的经济特性，并与产业链现代化特征紧密相关，遴选出对汽车产业链现代化水平影响最为重大的指标，产业链的现代化水平能够由这些指标较为灵敏地反映出来。指标不宜过多过细，以免过于烦琐，相互重叠；也不能过少过简，避免指标信息遗漏，出现错误、不真实现象。

3）可行性、连续性原则

所选择的指标必须有现实的可达到的收集渠道，便于收集并保持连续性；另外，对于部分对评价有很大影响却难以获取数据的定性指标，应通过科学的分析方法获取，或通过一定技术手段寻找相应替代指标。此外，指标体系要简繁适中，计算、评价方法简便、明确、易于操作。

4）前瞻性、动态性原则

所设计的指标体系不应仅局限于对当前现状的评价，还应具备一定前瞻性，能够充分体现对产业发展潜力的评价；同时，指标体系应具有可扩展性，从适应产业不同发展阶段轨迹考虑，根据其阶段性需求，对指标进行动态调整。

（3）参照对象选择

本书是第一次进行汽车产业链现代化评估，将选取美国、德国、日本三个传统汽车发达国家作为评价参照对象，对我国当前汽车产业链现代化水平进行评估判断。

（4）评价体系思路

围绕着汽车产业链现代化定义的四个维度，本部分的评价思路如图 3-3 所示。

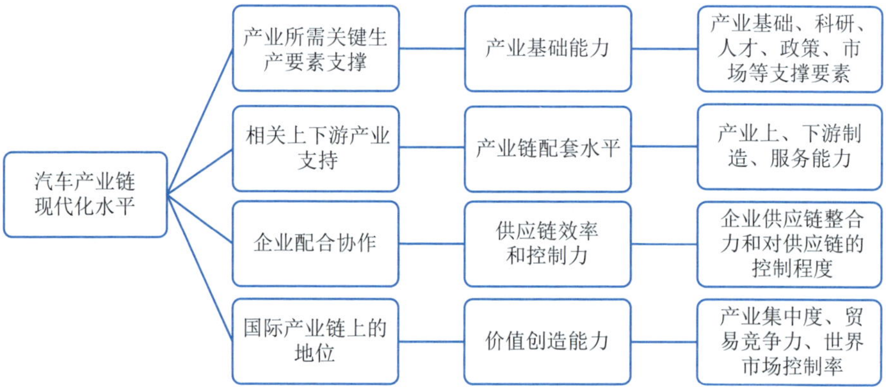

图 3-3　汽车产业链现代化水平具体评价思路

在这四个维度里，产业基础能力是指产业本身的实力，包括产业本身可以为现代化提供的政策、科研、技术、人才、资金、市场等。产业基础能力是决定一个国家汽车产业链现代化水平高低的根本因素，明确反映了该国是否具有产业链现代化的土壤和基本要素。若一个国家在产业基础能力的某项要素上有所缺失，则该要素将成为该国产业链现代化水平进一步提高的核心制约要素。举例来说，我国目前仍在科技创新这一产业基础能力上与汽车发达国家有着较大差距，在很大程度上制约着我国汽车产业链现代化的进一步深入发展。因此，提升我国的产业基础能力，当务之急就是补足科技创新能力这一短板。

产业链配套水平是指产业上、下游的协调配套能力，包括上游核心零部件、软件技术等的供给以及下游整车产品的制造服务能力等。产业链配套水平是一个国家汽车产业链现代化水平高低的重要标志。随着汽车产业走向电动化、智能化、网联化、共享化，一国的汽车配套产业已进一步扩展，延伸到电池制造、激光雷达、信息通信、人工智能、高精度地图、基础设施等诸多新型产业。因此，判断一国汽车产业链配套水平的高低，不仅要评价传统汽车产业链的配套部分，也要评价这些新型产业。随着汽车产业链现代化的进一步发展，新型产业将在产业链配套水平中发挥更为重要的作用。

供应链效率和控制力是以企业为出发点，强调供应链上企业之间的配合协作，以及一国企业在供应链中的话语权。供应链是产业链现代化的基础，所有企业的供应链即组成了产业链。目前，由于新冠肺炎疫情的影响和国际政治态势的日趋复杂，我国供应链的安全性问题得到了广泛关注。因此，提高我国汽车供应链应对外部“断供”的能力，增强供应链韧性，维护供应链的安全性，已成为提高我国汽车产业链现代化水平的必由之路。

价值创造能力是以价值链为出发点，指的是一国的产业链在国际产业链分工中的地位。在全球汽车产业价值链中处于高端地位是我国汽车产业链现代化的最终奋斗目标。我国汽车产业目前仍处于全球价值链的中低端环节，主要聚焦于低端的零部件制造和整车制造，而在产业链的高附加值部分仍有所缺失，远远落后于汽车发达国家。随着资源环境矛盾加剧和外部需求变化，传统增长方式已难以为继，亟须进入价值链的高附加值环节，以获得更大的收益分配。

通过以上四个维度，我们从微观层面到宏观层面对整个汽车产业链的现代化水平进行了全面评价。具体来说，微观层面从企业视角的供应链出发，随后上升到中观的产业基础能力，并将视角扩展到产业上、下游的配套能力，最后推广到产业在全球汽车产业价值链上的地位。就重要程度而言，产业基础能力的高级化是产业链现代化的核心，产业链配套水平的完善是产业链现代化的前提，供应链的安全自主性是产业链现代化的基础，高端价值创造能力是产业链现代化的最终目标。

（5）评价指标选择

结合以上评估思路和汽车产业链现代化的具体特征，本书构建的汽车产业链现代化水平评估模型共包括 4 个一级指标和 23 个二级指标，具体指标如图 3-4 所示。

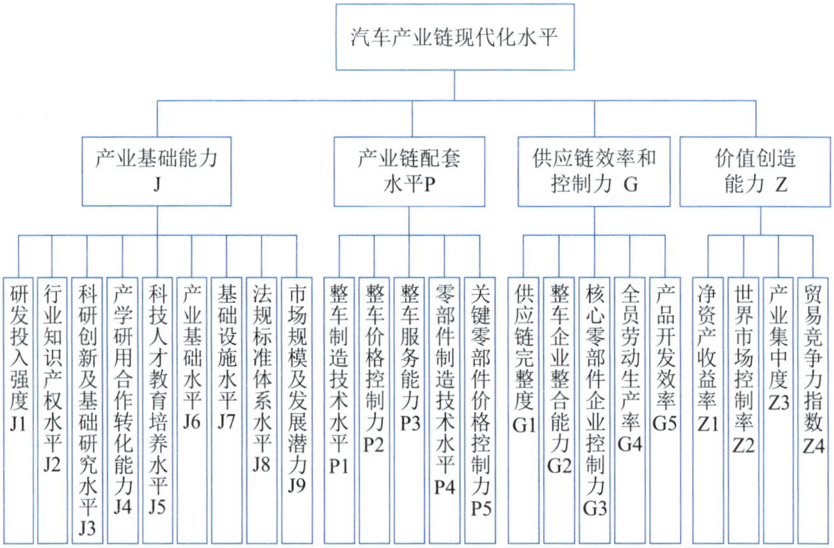

图 3-4　汽车产业链现代化水平评价指标

需要特别指出的是，每个一级指标下的诸多二级指标并不是简单的堆砌，而是明确了我们从何种角度考察该一级指标。具体来说，对于产业基础能力这个一级指标而言，J1 ~ J5 这 5 个二级指标主要是从产业基础中最重要的科技创新的角度来对其进行考察，而 J6 ~ J9 这 4 个二级指标则是从基础工艺、设施、政策法规及市场等其他方面对其进行评价。科技创新、基础工艺、设施、政策法规、市场这 5 个大方面分别对应了现阶段汽车产业链现代化进一步深入发展的 5 个基础产业支撑要素。与此类似，对于产业链配套水平这个一级指标而言，P1 ~ P3 这 3 个二级指标是从产业链下游的整车行业的角度对其进行评估，而 P4 ~ P5 这 2 个二级指标则是从产业链上游的零部件角度对其进行评估。对于供应链效率和控制率这个一级指标，G1、G2 ~ G3、G4 ~ G5 则分别是从供应链完整度、企业对供应链的控制力、供应链效率三个不同角度对供应链水平进行评价。各二级指标的详细说明见表 3-1。

表 3-1 二级指标说明

编号	二级指标	说明
J1	研发投入强度	研发投入总额 / 行业销售收入总额 ×100%
J2	行业知识产权水平	评估在新能源、智能网联汽车及汽车产业发展相关领域的先进技术的专利数量和质量水平
J3	科研创新及基础研究水平	评估在新能源、智能网联汽车及汽车产业发展相关领域的基础研究的创新能力和技术水平
J4	产学研用合作转化能力	评估产业、高校、科研单位等相互配合，形成强大的研究、开发、生产一体化的先进系统并在运行过程中体现综合优势的能力
J5	科技人才教育培养水平	评估科技人才数量和质量能否满足汽车产业及相关先进领域（新能源、智能网联汽车）的人才需求
J6	产业基础水平	评估基础关键技术、核心基础零部件（元器件）、关键基础材料、基础工艺、工业基础软件等基础支撑能力的强弱
J7	基础设施水平	评估 5G、大数据、充电设施等新型基础设施体系服务能力的强弱
J8	法规标准体系水平	评价我国法规标准体系水平以及对国际法规、标准壁垒等的应对能力
J9	市场规模及发展潜力	当前总体市场规模、新能源和智能网联汽车产业规模，以及未来对新能源和智能网联汽车的社会需求量

续表

编号	二级指标	说明
P1	整车制造技术水平	评估新能源、智能网联等先进产业领域整车产业链配套技术水平，包括生产数字化和自动化程度、配套制造水平、产业化技术水平等
P2	整车价格控制力	评估整车产业链配套效率和成本，体现为产品价格竞争力
P3	整车服务能力	评价产品品质、服务响应效率和周期
P4	零部件制造技术水平	评估新能源、智能网联关键零部件产业链配套技术水平，包括生产数字化和自动化程度、配套制造水平、产业化技术水平等
P5	关键零部件价格控制力	评估关键零部件配套效率和成本
G1	供应链完整度	产业链上、中、下游供应链环节的完整性
G2	整车企业整合能力	评估本国头部整车企业对新能源、智能网联汽车上、下游资源和供应链整合的能力
G3	核心零部件企业控制力	评估动力电池、芯片等新能源、智能网联产业核心零部件的头部企业对产业链供应链的控制能力
G4	全员劳动生产率	工业增加值（或总产值）/ 行业全部从业人员平均人数
G5	产品开发效率	面向市场需求进行产品开发的周期和响应速度
Z1	净资产收益率	企业税后利润 / 净资产 ×100%，该指标体现了自有资本获得净收益的能力
Z2	世界市场控制率	评价本国市场在全球市场中的地位，本国市场销量 / 全球市场销量 ×100%
Z3	产业集中度	评价本国产业影响力，产业内大中型企业销售额 / 产业总销售额
Z4	贸易竞争力指数	表示一国进出口贸易的差额占进出口贸易总额的比重，贸易竞争力指数 =(出口额 − 进口额) ÷ (出口额 + 进口额)

（6）评价方法

1）数据收集

从产业的发展趋势来看，以电动化、智能化、网联化、共享化为代表的汽车“新四化”已逐渐成为产业未来发展的技术方向，与此发展相对应的新能源汽车、智能网联汽车等产业已成为产业发展的核心推动力，实现新能源和智能网联汽车产业的高质量发展是提高我国汽车产业链现代化水平的必由之路。因此，本次评价所收集的数据主要以新能源汽车、智能网联汽车两个领域为代表。

本次评价的数据来源分为两类。第一类是由国内外相关研究机构提供的具体产业数据或指标评价，主要来自《中国新能源汽车产业竞争力指数评价》《中国智能网联汽车产业竞争力指数评价》《汽车工业年鉴》等相关研究，这些数据为我们定量分析评价指标提供了客观依据。第二类是专家问卷调查，用来评价无法用实际数据量化的定性指标。本次问卷以线上方式进行，共收到专家反馈 79 份，其中有效反馈 42 份。调查专家范围不仅包括高校、研究机构的专家学者，同时也包括来自整车企业、零部件企业等产业界的诸多专家。因此，本次问卷的调查结果反映了不同领域对我国汽车产业链现代化水平的综合认知，从而使我们的评价结果更为全面、客观。除了扩大调查专家范围以外，本次问卷调查同时采用了专家定向调查方法。我们共邀请到 20 位汽车各产业技术路线图组长、副组长及新能源汽车和智能网联汽车领域主要专家参与了本次问卷调查，最终的评价结果将向这些权威专家倾斜，具体流程详见“结果计算方法”部分内容。

2）权重计算

汽车产业链现代化水平评估方法中的关键步骤是确定每个二级指标在整个评估体系中所占的权重。本次评价的指标权重来源参考目前相关研究机构已经发表的指标权重，如《中国新能源汽车产业竞争力指数评价》《中国智能网联汽车产业竞争力指数评价》等研究均根据其产业的特点计算出了其评价体系内各二级指标的权重。由于新能源汽车和智能网联汽车是汽车产业链现代化最为前沿的两个方向，因此这些研究所提供的指标权重是本评价体系指标权重的重要来源。

对于上述研究无法提供的指标权重，我们采用标准离差法（均方差法）进行权重计算。该方法的核心思想是：某个指标的标准差越大，表明指标值的变异程度越大，所提供的信息量也就越大，因此在综合评价中所起的作用越大，其权重也越大；相反，某个指标的标准差越小，表明指标值的变异程度越小，提供的信息量越小，在综合评价中的权重也就越小。其核心计算步骤为：首先根据专家问卷数据计算出第 j 个二级指标的标准差 σ_j，然后根据权重公式$w_j = \frac{\sigma_j}{\sum_{j=1}^{j=23}\sigma_j}$计算出每个二级指标的权重，每个一级指标下的所有二级指标的权重加总即为该一级指标的权重。根据上述两个权重来源，本研究各指标权重如图 3-5 所示。

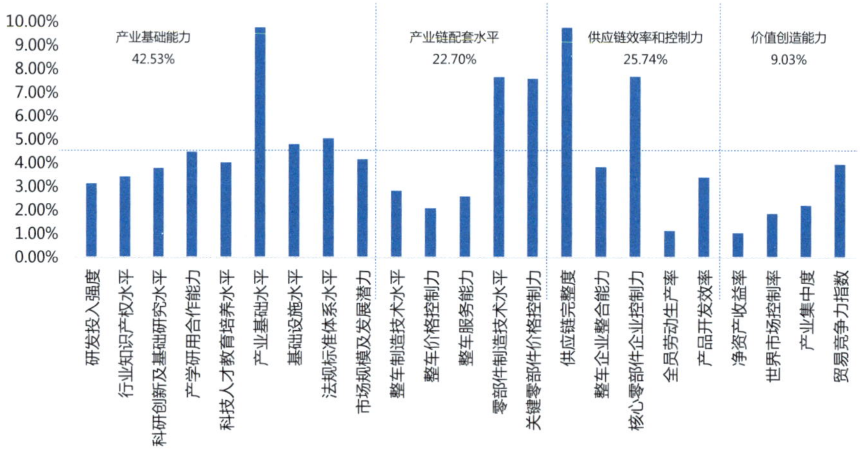

图 3-5　汽车产业链现代化水平一、二级指标权重

图 3-5 显示，在一级指标里，衡量科技创新、政策法规、基础设施、市场规模等现代化生产基本要素的“产业基础能力”在整个评价体系里所占权重超过 42%，充分说明了在产业链现代化的起步阶段，其核心任务是配备现代化生产所需的各项技术资源，夯实产业基础。此外，主要衡量一国企业在产业链中话语权的“供应链效率和控制力”和衡量产业上、下游协调配套能力的“产业链配套水平”也在评价体系中占据着十分重要的地位，反映了一国产业链现代化水平的提高离不开本国企业的壮大和配套产

业的协同发展。由于目前汽车产业链现代化的发展仍处于起步阶段，其对价值链的影响尚不明显,因此“价值创造能力”在评价体系中所占权重最小。需要特别强调的是，一个指标的权重高低并不直接代表该指标的重要程度，而是代表在现阶段该指标对产业链现代化水平进一步发展的制约作用。如上文所示，在汽车产业链现代化初期，制约现代化水平进一步提升的核心要素为是否具备支撑产业链现代化发展的各种技术、资源、环境，而“价值创造能力”则对产业现代化的制约作用尚不显著；随着各国汽车产业链现代化水平的进一步深入及对整个行业布局的改变，我们相信“价值创造能力”将在未来逐步成为制约我国汽车产业链现代化的核心要素。

在二级指标里，我们将所占权重大于 4.5% 的二级指标定义为核心二级指标。核心二级指标有助于我们深入剖析制约汽车产业链现代化水平进一步提高的具体要素。从图 3-5 可以看出，目前评估体系中共有“产学研用合作能力”“产业基础水平”“基础设施水平”“法规标准体系水平”“零部件制造技术水平”“关键零部件价格控制力”“供应链完整度”“核心零部件企业控制力”8 个核心二级指标。在所有的核心二级指标中，“产业基础水平”“供应链完整度”“核心零部件企业控制力”所占权重最高。这充分说明了目前汽车产业链现代化过程仍然处于起步阶段，首要任务是夯实产业基础，完善产业链，增强企业对核心零部件的控制权。

3）结果计算方法

经过数据收集和权重计算后，我们对最终评估结果进行计算。对于直接使用产业数据获得评分的二级指标，我们用其得分 Y_j 乘以其所占权重 w_j 得到该指标权重化后的分数 $Z_j=w_jY_j$。

对于通过问卷调查得到分数的二级指标，本研究使用了专家定向调查法，使最终指标得分向 20 位权威专家倾斜。我们以“产业基础水平”这一二级指标为例。首先，20 位权威专家给我国在该指标上打出的平均分为 76.28 分。其次，我们可以计算出其他 22 位专家在该项的平均打分为 84.72 分。最后，我们将指标得分向权威专家倾斜 20%，则该指标的最终平均得分为 76.28×（50%+20%）+84.72×（50%-20%）=78.81 分。按此方法，我们可以计算出其他基于专家问卷调查获得的二级指标评分，然后利用公式 $Z_j=w_jY_j$ 将这些指标分数权重化。最后对同一个一级指标下的所有二级指标权重化分数进行加总，即得到每个一级指标的最终分数。所有一级指标的分数总和即为该国汽车产业链现代化水平的最终得分。

2. 汽车产业链现代化水平评价结果

（1）综合评价结果

汽车产业链现代化水平综合评价指数是对评价体系内 23 个二级指标得分进行综合定向计算得出的对一国汽车产业链现代化水平的总体评价，表明了每个国家在现代化水平上的竞争力。从图 3-6 可以看出，德国、日本凭借其强大的产业基础和完备的产业链供应链，仍在产业现代化水平上保持领先、并驾齐驱；我国和美国则构成了第二集团，我国小幅度落后于美国，大幅度落后于日、德两国，在现代化总体水平上居于末位。

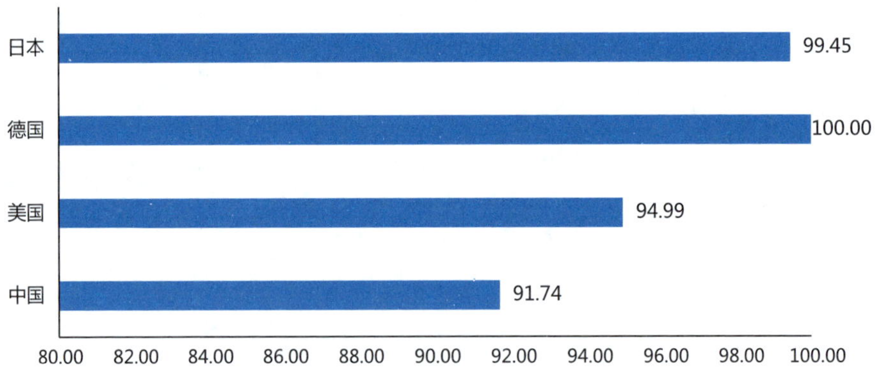

图 3-6　汽车产业链现代化水平综合评价指数

但与此同时，我们也应看到，我国汽车产业链现代化水平整体上已与美国接近，说明随着在新能源汽车、智能网联汽车等产业现代化最前沿领域的奋起直追，我国在汽车产业链现代化水平上正不断缩小与汽车发达国家的差距。我国应充分利用这一轮汽车产业技术革命的机遇，努力提高产业链现代化水平，逐步摆脱汽车产业以往“大而不强”的局面。

表 3-2 具体描述了各国在一级指标及核心二级指标上的排名，显示出各国在现代化整体排名上的差距。在四个一级指标中，德国凭借其强大的产业基础在“产业基础能力”和“价值创造能力”两个一级指标中位居榜首，而日本则凭借其在关键零部件和供应链完整度上的优势在“产业链配套水平”和“供应链效率和控制力”两个一级指标中排名第一位。我国由于汽车产业基础相对薄弱，在产业基础能力和价值创造能力上仍居于末位，但是凭借着强大的工业制造基础和一批领军级信息通信企业、电池制造企业、造车新势力的快速崛起，逐步在产业链配套水平和供应链效率上开始保有一定的竞争力。

从核心二级指标排名来看，和一级指标类似，德国、日本仍在诸多指标上领先。但与在“产业基础能力”这个一级指标居于末位形成鲜明对比的是，我国在其下属的核心二级指标“基础设施水平”上排名第一位，说明我国正逐步摆脱以往在汽车产业基础方面全方位落后的状况。此外，随着汽车现代化逐步走向电动化和软硬件技术相融合，我国凭借在软件技术、电池技术上的先发优势，在“供应链完整度”这一核心二级指标上也具备了较强的竞争力。随着汽车产业链现代化水平的进一步深入及对消费使用端的影响，我国有望在汽车产业链现代化水平上进一步缩小与汽车发达国家的差距。

表 3-2　各国一级指标和核心二级指标排名

编号	指标	中国	美国	德国	日本
一级指标					
J	产业基础能力	4	2	1	3
P	产业链配套水平	3	4	2	1
G	供应链效率和控制力	2	4	3	1
Z	价值创造能力	4	3	1	2
核心二级指标					
J4	产学研用合作转化能力	4	3	2	1
J6	产业基础水平	4	3	1	2
J7	基础设施水平	1	3	2	4
J8	法规标准体系水平	4	1	2	3
P4	零部件制造技术水平	4	3	1	2
P5	关键零部件价格控制力	3	4	2	1
G1	供应链完整度	2	4	3	1
G3	核心零部件企业控制力	3	4	2	1

总而言之，目前我国汽车产业链现代化水平整体上仍落后于德、日、美等汽车发达国家，但是该差距有所缩小，总体水平已与美国接近。德国、日本凭借其强大的生产制造、技术研发等优势，仍在产业链现代化水平上保持领先。但是通过对核心二级指标的分析可以发现，随着我国对汽车产业升级转型的高度重视，通信网络、充电设备、导航定位等新型基础设施的日益完善，以及电池制造、软件技术上的先发优势，我国已在“基础设施水平”“供应链完整度”等产业链现代化发展的核心生产要素上保有了一定优势。随着产业现代化的进一步深入，我国汽车产业链实现现代化的前景可期。下面将对每一个一级指标展开具体分析。

（2）主要指标评价结果

1）产业基础能力评价结果

图 3-7 的产业基础能力综合评价指数是对“产学研用合作能力”“产业基础水平”“基础设施水平”“法规标准体系水平”等 9 个二级指标进行综合计算得到的对一国汽车产业链现代化所需的产业基本要素的总体评价。由于目前我国汽车产业链现代化仍处于起步阶段，因此该项指标在评价体系中占据了最为重要的地位。如图 3-7 所示，德国、日本、美国凭借其在传统汽车产业上的优势在该项指标上分居前三位，我国在该项指标上居于末位，并与上述三国差距较大。

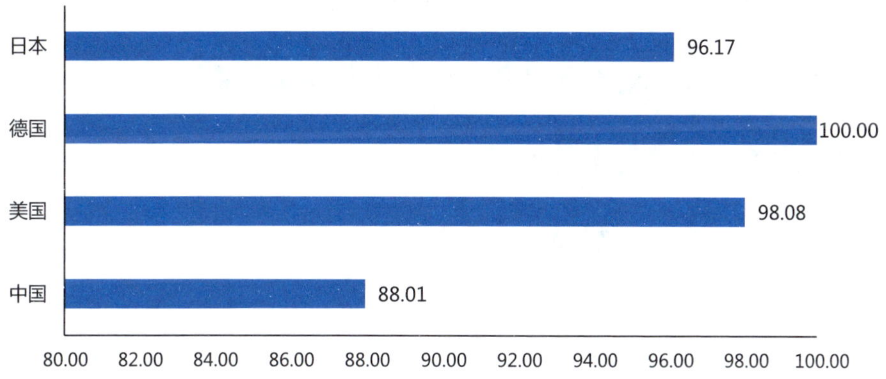

图 3-7 产业基础能力综合评价指数

我国产业基础能力指标得分较低的主要原因是薄弱的产业基础和科技创新能力。如表 3-2 所示，我国在“产学研用合作转化能力”“产业基础水平”和“法规标准体系水平”这三个下属核心二级指标上均落后于汽车发达国家。虽然我国已在“基础设施水平”等其他产业要素上保有了一定优势，但是在产业基础和科技创新上的明显劣势使我国产业基础能力在整体上仍远远落后于德、日、美等国。我国若想弥补在产业基础能力上的差距，当务之急是提高产业基础水平和科研创新能力，集中力量攻克产业链现代化的基础关键技术及核心基础零部件等。

2）产业链配套水平评价结果

图 3-8 的产业链配套水平综合评价指数是对“整车制造技术水平”“整车价格控制力”“整车服务能力”“零部件制造技术水平”“关键零部件价格控制力”5 个二级指标进行综合计算得到的对一国汽车产业链现代化所需的上、下游产业配套水平的总体评价。由图 3-8 可知，日本、德国在配套水平方面居于世界领先地位，我国和美国分别位居第三、四位，并大幅度落后于日、德两国。

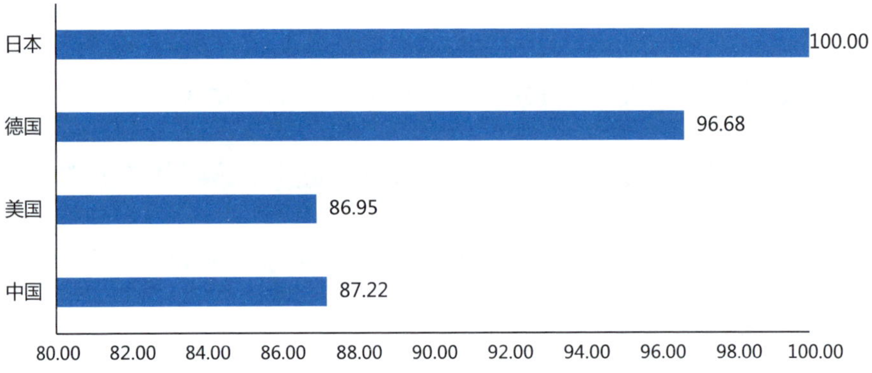

图 3-8　产业链配套水平综合评价指数

我国在该指标上落后的主要原因是较为薄弱的零部件竞争力。通过表 3-2 我们可以看到，在该一级指标下属的两个核心二级指标“零部件制造技术水平”及“关键零部件价格控制力”上我国均处于较为落后的地位，这也是我国汽车产业链现代化进一步深入发展的主要瓶颈之一。我国汽车产业若想在产业链现代化水平上更进一步，应当集中力量攻克零部件这一短板，引导汽车零部件企业与电子信息、新材料、互联网等领域优势企业紧密协作，协同开展核心技术攻关，解决高端零部件发展瓶颈，促进跨行业协同发展。

3）供应链效率和控制力评价结果

图 3-9 的供应链效率和控制力综合评价指数是对“供应链完整度”“整车企业整合能力”“核心零部件企业控制力”“全员劳动生产率”“产品开发效率”5 个二级指标进行综合计算得到的对一国汽车供应链的总体评价。供应链主要是从企业角度出发，衡量企业对其上、下游企业和市场的控制程度。由图 3-9 可知，日本在该项指标上居于领先地位，我国和德国分居第二、三位，彼此差距不大，美国居于末位。

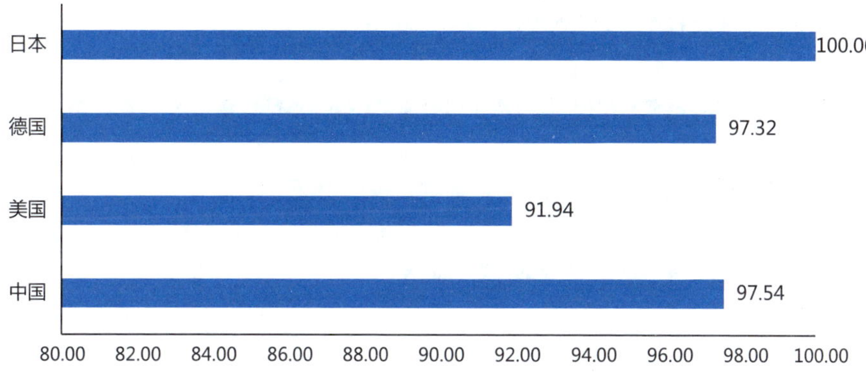

图 3–9　供应链效率和控制力综合评价指数

通过表 3-2 我们发现，我国在该项指标上的优势主要来自较为完整的供应链。虽然如上文所述，我国在汽车上、下游配套产业尤其是零部件方面仍处于劣势地位，但是我国凭借强大的工业基础对汽车供应链各环节形成了全方位覆盖，在国内组织起了非常完整的供应链体系。随着我国在电池制造、互联网、信息通信、出行服务、智能驾驶等领域涌现出一批世界级领军企业，未来我国在汽车产业供应链上将会拥有更强大的国际话语权，逐步从“做大”供应链走向“做强”供应链。

4）价值创造能力评价结果

图 3-10 的价值创造能力综合评价指数是对“净资产收益率”“世界市

场控制率”“产业集中度”“贸易竞争力指数”4个二级指标进行综合计算得到的对一国汽车产业在全球汽车产业价值链中所处地位的综合评价。由于目前我国汽车产业链现代化仍处于起步阶段，其对汽车产业价值链格局的改变尚不明显，因此该指标目前在评价体系中所占比重较少，属于预期指标。我们相信随着我国汽车产业链现代化的深入发展，该项指标所占比重会逐渐增大。如图3-10所示，德国、日本、美国凭借其在汽车产业上的优势在该项指标上分居前三位，我国仍处于落后追赶的地位。

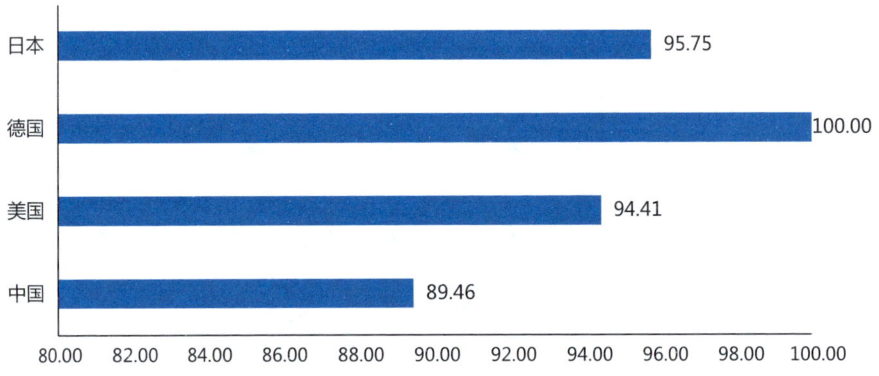

图3-10 价值创造能力综合评价指数

我国在汽车产业价值链上居于末端的问题由来已久。但同时我们也应看到，我国汽车产业链从制造端向高附加值端拓展离不开强大的产业基础能力、高质量的产业链配套水平以及安全可靠的供应链。因此，现阶段我国仍需以提高汽车产业链现代化的其他三个方面为起点，扬长避短，争取在汽车产业新一轮科技革命和产业变革中抢占制高点，加快提升汽车产业发展的综合质量，最终使我国汽车产业走向全球产业价值链的中高端。

5）小结

本节通过专家问卷调查和实际产业数据对我国汽车产业链现代化水平进行了全面评估分析。通过构建汽车产业链现代化水平评价体系，客观分析了同德国、日本、美国等汽车发达国家相比，我国在汽车产业链现代化进程中的优劣势，为如何进一步提升我国汽车产业链现代化水平提供了一定的参考依据。

汽车产业链现代化是汽车产业变革的必然趋势，是我国汽车产业实现“变道超车”的重要机遇，更是国家竞争力的重要体现。提高汽车产业链现代化水平，将为我国应对新一轮科技革命和产业变革提供重要支撑。我国汽车产业应抓住这次千载难逢的现代化机会，大力发展以新能源汽车和智能网联汽车为代表的现代化汽车产业，争取在汽车产业新一轮的洗牌中占据战略制高点，摆脱汽车产业以往“大而不强”的局面。

（四）当前我国汽车产业链的主要优劣势分析

通过对汽车产业链现代化水平的评估结果可以看到，我国汽车产业链发展水平正在稳步提升，尤其在新能源和智能网联等新兴领域的竞争优势正在加速形成。其中，新能源汽车已成为我国制造业中为数不多的实现从跟随到并行、领跑转换的产业，总体上处于国际领先水平；智能网联汽车目前还处于快速成长期，我国已在智能网联汽车产业的各个核心领域进行战略布局，基本保持与世界领先水平同步。但是也必须看到，我国汽车产业总体产业基础能力薄弱、部分关键核心技术存在短板、产业链创新能力不足等问题也日益突出，制约我国汽车产业迈向高质量发展。

1. 产业链主要优势分析

（1）新能源汽车产业已建立先发优势，实现全球领跑

当前，我国新能源汽车产业已建立了涵盖关键材料、核心零部件、整车、基础设施、制造装备、回收利用等环节的完整产业链体系，产业链上、中、下游已实现全部贯通，在全球产业链中处于较高水平（如图 3-11 所示）。

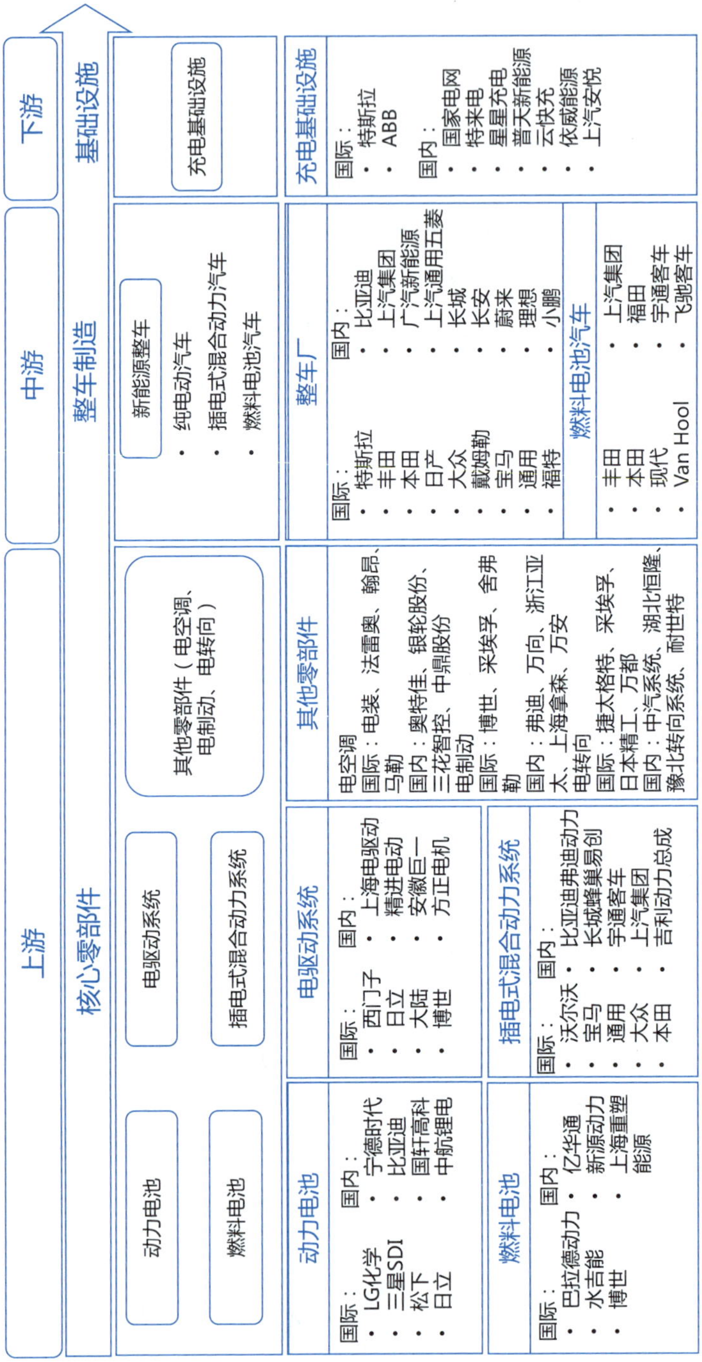

图 3-11 新能源汽车产业链

新能源汽车推广应用规模全球领先。2021 年 1-9 月，我国新能源汽车累计销量达到 215.7 万辆，同比增长 185.3%，总体市场渗透率达到 11.6%，创历史新高。截至 2021 年 9 月，我国新能源汽车累计推广量超过 750 万辆，全球占比超出 50%，引领和加速了全球汽车电动化进程，成为世界新能源汽车产业的先行者。在新能源汽车产业链的逐步成熟、消费者对新能源汽车的认识和接受度的提高、骨干企业提供的新能源汽车产品丰富且多元化及新能源使用环境逐步改善等因素共同推动下，新能源汽车市场将进入一个新的增长阶段。市场的不断成熟，将有力推动产业链供应链发展水平进一步提升和完善。

动力电池技术产业化能力与生产能力均处于世界领先水平。我国已经建立起包含动力电池产品、关键材料、系统集成、生产装备及测试评价等较为完善的产业链体系，所供产品不仅满足了国内市场需求，在开拓国际市场方面也不断取得可观成效。电池技术方面，锂离子电池单体能量密度持续提升，保持全球领先；动力电池集成技术不断成熟，系统体积成组系数和质量成组系数不断提高，且标准化比例达到 15% ~ 25%；代表更高能量密度的全固态电池技术研发力度不断加大，聚合物固态锂金属电池、硫化物固态电池等新体系电池方面的研发也取得一定突破。关键材料方面，动力电池关键材料国产化进程加快，性能指标稳步提升，在动力电池关键材料领域的研发和产业化方面已达到或引领国际先进水平，不仅可满足国内动力电池企业对动力电池材料的需求，同时实现向松下、LG、三星等知名国际电池生产企业批量供货。电池配套方面，2012 年以来，随着我国新能源汽车市场规模的逐步扩大，动力电池配套量逐年增长。2020 年，全球动力电池在新能源汽车领域的配套量达到了 137GWh，同比增长 17%，中国动力电池装机量为 63.6 GWh，占比 46.4%。

企业竞争力大幅增强。经过多年市场的淬炼，我国汽车企业实力逐步发展壮大，国际竞争力不断提升。吉利汽车凭借多次海外并购、布局和产品质量的持续改善，市场销量和产品质量大幅提升，企业影响力不断增强；比亚迪、上汽等凭借持续的技术创新和品质提升，成为全球新能源汽车产业的领跑者，2020 年进入全球新能源乘用车销量前 10 位；比亚迪、宇通等企业的商用车产品销往全球 40 多个国家；以宁德时代为代表的动力电池企业动力电池装机量世界领先，已成为全球知名的新能源汽车零部件供应商，可与三星、松下、LG 化学等行业领军企业同台竞争。

充电网络初步满足新能源汽车发展需要。截至 2020 年 12 月，我国充换电基础设施网络覆盖全国主要省市（超过 450 个城市），覆盖率超过 90%，建成了“十纵十横”高速公路快充网络；充电基础设施累计数量为 168.1 万台，充电站规模约 6 万个，换电站超过 500 个，均位居全球第一位。公共领域充电设施车桩互操作性测评的充电一次成功率优于 98%，用户充电体验明显改善。

（2）智能网联汽车产业具备实现引领的能力

智能网联汽车产业目前还处于快速成长期，在多数核心领域，中外企业都尚未形成绝对优势。我国发挥市场与体制优势，积极实践智能化与网联化融合路径，在技术发展与产业探索实践的综合推动下，已经从概念原理、技术原型阶段逐步迈入产业化创新应用新阶段。当前智能网联汽车产业链条的完整性全球领先，如能明确战略定位，有效推进发展，完全有机会抢占先机、实现引领。智能网联汽车产业链如图 3-12 所示。

前瞻布局中国方案智能网联汽车。我国充分发挥体制优势，针对国内交通环境和驾驶行为，利用中国产业“两化融合”的发展特色，前瞻布局了中国方案智能网联汽车，坚持研发符合中国基础设施标准、中国联网运营标准及中国新体系架构汽车产品标准的智能网联汽车，更适合中国市场发展。同时，带动形成了一批在智能网联汽车领域具有国际竞争力的跨国公司和产业集群，保持国际同步发展，有效提升了我国汽车、通信、互联网等产业在全球产业分工和价值链中的地位。

图 3-12 智能网联汽车产业链

信息通信产业发展水平位居世界前列。我国在智能网联领域最具优势的产业主要包括信息通信产业及其连接的服务生态，优势技术包括车用移动通信技术（5G）、基于5G的车路协同技术、汽车云控平台（云计算、大数据）和智能基础设施（车辆、交通、能源及信息融为一体）等。当前，我国在信息通信等领域拥有一批世界级领军企业，通信设备制造商已进入世界第一阵营，移动通信和互联网运营服务能力位居世界前列，为发展智能网联汽车提供了重要支撑。

高精度地图技术具有行业领先优势。国内四维图新、高德和百度三大图商巨头布局自动驾驶高精度地图，且目前采集进展快速，高级驾驶辅助系统地图（ADAS Map）主干网络道路里程持续增加，基本覆盖全国高速、城市快速路和国省县乡道等场景，已实现与第三方基础导航数据在导航及ADAS功能上的无缝切换和在线离线无缝对接。高精度地图（HD Map）初步具备重点城市开放道路量产和交付能力，支持全国高速道路数据的周期性更新及发布，满足HA级自动驾驶、高速公路列队跟驰、自动驾驶仿真测试等领域的应用需求。

车联网（V2X）通信技术在国际处于领先地位。目前，在车载专用通信领域已经形成自主知识产权的蜂窝车联网（C-V2X）通信技术，处于国际领先地位；第三代合作伙伴计划（3GPP）标准化工作完成，频谱划定完成批复，车载信息服务产业应用联盟（TIAA）外场测试已完成。同时也在引领国际C-V2X通信技术的标准制定、性能测试与商业化落地，具有国际市场标准及产品话语权。

2. 产业链主要劣势分析

（1）产业基础能力薄弱，部分关键核心技术存在短板

我国汽车产业相较欧、美、日起步晚，在基础元器件、基础材料、基

础软件、高端工艺及装备等产业基础方面积累不够，尚未形成自主、可控、安全的零部件配套体系。

车规级芯片、车控操作系统、研发工具链严重依赖进口。在车规级芯片方面，国内目前在车规级芯片的设计工艺和技术水平上与国外尚存在较大差距，且产业链源头的芯片代工、产业链上游的芯片集成、产业链中游的车载电子零部件生产都被国际巨头牢牢掌控，90% 以上国内市场均依赖进口，一旦发生“断芯”等危机，很容易导致整个汽车产业发生行业性危机。在车控操作系统方面，国产车控操作系统尚未达到车用高等级安全认证，自主车控操作系统和自主车规级芯片缺乏功能适配。在研发工具链方面，国内从事车辆设计仿真软件和电气系统设计的供应商匮乏，企业多采用国外成熟电气电控系统开发工具，对国内开发软件设计技术的认可度不高；先进台架测试设备在功能与精度上与国外产品也存在一定差距。

部分关键基础材料有待突破。当前，我国在汽车相关领域的关键基础材料方面存在短板，部分关键基础材料仍在探索研究中，产业化进程需要进一步加快。例如，动力电池关键材料技术总体上仍落后于国外先进水平，部分先进材料仍高度依赖进口；驱动电机用低重稀土 / 无稀土永磁体的开发，以及高品质电工钢、非晶合金铁芯、新型电超导与热超导材料、耐高温耐电晕绝缘材料、车规级大电流密度功率半导体材料等与国外差距明显；车用先进高强度钢、车用高性能工程塑料、车用复合材料以及燃料电池用质子交换膜和炭纸等有待突破。

部分关键零部件的高端核心技术仍受制约。当前，在关键核心零部件领域，自主品牌有了很大进步，但总体处于价值链低端的状况没有发生根本性改变，中高端市场仍多由国外企业掌握，自主核心技术与竞争力较国外存在明显差距。例如，在先进高压共轨燃油喷射、高效增压和配气、高效率内燃机、高性能自动变速器和混合动力总成技术，高速电机驱动、燃料电池膜电极及高效辅助系统、动力电池隔膜、全气候热管理等新能源动力技术，以及车载高性能计算平台、线控底盘等智能驾驶技术等方面，均主要依赖国外提供，尚未形成自主能力。

基础工艺和制造装备与国外有较大差距。当前，我国汽车行业在部分基础工艺和制造装备方面与国外差距较大，正制约着汽车关键技术的工程化和产业化。例如，我国在芯片设计与工艺技术、高可靠封装工艺与封装材料技术方面仍与国外存在差距；在汽车用钢成形装备方面也有巨大差距。目前国内机床关键零部件大都依赖进口，国产数控系统由于缺乏在实际应用中的验证和优化，在材料、结构、高端制造精度和控制系统等方面均存在短板；在数字化开发、检验检测、自动化物流等先进高端制造装备方面也基本依赖进口。

（2）技术创新支撑能力不足，创新要素配置偏低

创新和协同发展体系有待进一步完善。当前我国汽车产业创新链不完整，基础研究和原始创新严重不足，在基础研究和产业化技术之间，缺少能够打通基础研究和产业化的非营利应用技术研究机构，尽管目前已陆续在新能源汽车、智能网联汽车和动力电池技术领域部署国家级创新中心，但仍难以支撑汽车全产业的技术创新和成果转化。而国家层面对关键核心零部件的技术创新重视不够、投入不足，还存在一定程度的投入分散、重复投入等问题。此外，自主整车和零部件企业的协同发展也存在短板：一方面，自主整车企业为应对国际化的市场竞争，多采用国际零部件企业配套，合资整车企业具有相对封闭的零部件配套体系，自主品牌零部件企业获得配套的机会少、难度大；另一方面，汽车产业缺乏由行业监管部门主导的、系统化的“整零协同”考核机制，目前的考核机制仅停留于各“整零协同”主体间的内部双向考核评价，激励和鞭策效应不足。

技术创新核心要素配置有待进一步加强。当前，我国汽车产业技术创

新核心要素持续提质增效，但与汽车发达国家相比，仍存在较大差距。研发投入方面，我国汽车企业研发投入总量、研发投入/营收占比同世界主要汽车企业相比仍存在一定差距。专利方面，与国际相比，在燃料电池、驱动电机、智能驾驶、车用材料等领域核心技术，以及开发、测试、评价、验证等核心支撑技术方面专利布局明显不足，大多被国外企业所掌控。在人才方面，传统领域资深的产业科研人员和工程师数量仍然缺乏，同时新兴领域跨学科汽车科技人才缺口巨大，难以满足需求，预计未来较长一段时间二者叠加交汇，将加剧我国汽车产业人才的结构性问题。

（五）对策建议

完善跨部门协同机制，加强政府扶持力度。在现有国家顶层设计的基础上，完善行政管理、行业管理、科研管理等跨部门的协同机制，加强在技术体系、生态建设、设施规划、保障措施等方面的引导。加大国家和地方政府对重点零部件企业科技研发和技术改造的支持力度，在发挥战略新兴产业创投基金等国家基金引导作用的同时，鼓励有条件的地方建立发展资金，充分发挥地方在培育壮大汽车产业链等方面的作用。支持整车企业与骨干零部件企业建立战略联盟，鼓励以资本为纽带，引导整车企业面向重点零部件企业建立联合扶优机制，形成协同支持零部件发展的模式。

加快补短板、锻长板，提高产业链核心能力。围绕主要依赖进口的关键零部件、高端芯片、基础材料、软件系统等核心领域，汇集行业优势资源，开展集中技术攻关，实现阶段性突破，推动解决“卡脖子”问题。加快实施产业基础再造，重点支持汽车核心零部件和关键基础材料，提升技术水平和制造能力，推动形成系统完备、支撑有力的产业基础体系。巩固在电池、电机核心领域的产业优势和技术优势，加大对新一代电池材料、电池技术的研发和突破，并充分利用中国汽车市场这一战略资源，培育新能源汽车与 5G、高精定位、人机交互融合发展的中国自主领先能力。完善燃料电池汽车产业化基础，开展汽车与能源、城市、交通等领域融合发展的前沿示范，带动产业技术创新，培育未来发展新优势。

逐步建立安全可控的自主零部件体系，提升供应链弹性和产业链韧性。综合考虑汽车产业转型升级方向、培育未来产业竞争优势，根据不同领域关键核心零部件的发展阶段、市场成熟度，以“开放、创新、自主”为主线，采取差异化的措施，实现传统领域开放协作、新型领域创新引领、基础领域自主化突破，逐步建立安全可控的自主零部件体系。加快企业尤其是产业链“链主”头部企业供应链的数字化转型，提高供应链的灵活应变和协同能力，增强供应链的柔性和弹性。加强信息共享，研究建立后备供应商信息库等，提升应对供应链中断风险的能力。强化未来科技预见，建立产业链安全监测预警机制，跟踪研判国际形势和产业发展动态，加强产业安全管理、研判与风险控制。保持产业链供应链完整性，优化汽车产业链高、中、低端产业布局，推进汽车产业链向价值链中高端跃升。

加大知识产权保护力度，加强专业人才培养。落实并完善知识产权保护相关法律法规，依法进行专利管理和保护，规范专利使用和技术转让，加大对侵权行为的打击力度。健全多层次人才体系，加强高等院校、职业院校人才储备与培养，重点加强汽车新兴领域复合型人才培养；推进产学研用合作培养模式，加强联合培养基地建设；推行产教融合、工学一体的培养模式，培育高技能工匠人才。

优化产业链国内外布局，积极扩大国际合作。构建汽车产业国际合作绿色通道，鼓励跨国零部件企业在华设立研发和采购中心，支持搭建全球研发协同创新平台，进一步吸引产业链供应链高端环节向我国转移；鼓励国内企业聚焦产业链薄弱环节，加大战略性投入，适时开展海外并购、合资合作等项目，加快推进本土化和规模化。把握“一带一路”发展机遇，支持企业开展国际产能合作，鼓励国内企业通过设立境外营销机构、研发中心、生产基地等方式积极“走出去”，对接全球市场，争取产业链分工和价值链分配的有利地位。鼓励国内企业、科研院所及行业机构拓宽交流渠道，加强国际交流与合作。

三 未来汽车产业高水平市场体系建设

在新发展阶段，我国正在开启全面开放新格局和推进要素市场改革。同时，随着新消费的兴起、变革性技术的融合、新能源汽车的快速发展和产业由生产主导向服务主导过渡，汽车产业市场体系建设面临新命题。在此背景下，本部分研判了我国汽车产业市场体系建设面临的新形势，分析了我国传统汽车市场体系存在的问题，总结了汽车产业变革下的市场体系建设进展，展望了未来汽车产业发展前景，并就我国未来汽车产业高水平市场体系建设提出了针对性的政策建议。

（一）我国汽车产业市场体系建设面临的新形势

1. 汽车市场规模全球领先，新能源汽车突飞猛进

2020 年，我国汽车保有量已经达到 2.7 亿辆，千人保有量只有 192 辆。美国作为全球千人汽车保有量最高的国家，千人保有量达到了 837 辆，而人口密度很高的日本是 519 辆。与我国人均 GDP 水平相当的马来西亚千人汽车保有量为 433 辆，俄罗斯、巴西的千人汽车保有量分别为 373 辆和 350 辆。从国外汽车发展的经验来看，随着人均 GDP 的增长，消费者选择使用汽车出行的比例随之提升。因而，随着每年人均 GDP 的不断增长，我国汽车保有总量还有较大增长空间。

需要强调的是，近年来我国新能源汽车异军突起。在各方的共同努力下，我国新能源汽车年产销量从2009年的几千辆攀升至2020年的130多万辆，从2015年起连续六年实现产销量居世界首位。根据中国汽车工业协会数据，2021年9月我国新能源汽车销量为35.7万辆，同比增长148%。2021年1—9月，我国新能源汽车累计生产216.6万辆，累计销售215.7万辆，双双突破200万辆，销量同比增长185%。

2. 汽车保有量快速增长，成为碳排放增长主要驱动力

根据中金公司调研报告，2008年至2018年，我国交通二氧化碳排放增长了5.8亿吨，其中5.1亿吨来自道路交通，占总增量的88%。究其原因，我国十年间乘用车保有量增长了557%，成为交通领域碳排放增长的主要驱动力。在我国，道路交通领域碳排放约占10%，成为第三大碳排放源。

不难发现，其他高耗能产业大都已达到或接近达到碳排放的峰值，而汽车保有量仍在快速增长。我国汽车保有量仍然处于增长期，这就增大了减排的压力。我国汽车电动化的进程必须快于其他国家，必须按国家实现碳达峰、碳中和目标的时间表，制定道路交通“双碳”时间表，并以相应措施推动实现。

3. 产业将迎颠覆性变革，产业格局面临重塑

随着新一代信息通信、新能源、新材料等技术与汽车产业加快融合，产业生态深刻变革，竞争格局全面重塑，我国汽车产业发展的产业格局和生态体系、汽车产品形态和生产方式将面临重大变化。产品形态方面，随着能源革命和新材料、新一代信息技术的不断突破，汽车产品加快向新能源、轻量化、智能和网联的方向发展。汽车正从交通工具转变为大型移动智能终端、储能单元和数字空间，乘员、车辆、货物、运营平台与基础设施等实现智能互联和数据共享。汽车生产方式向充分互联协作的智能制造

体系演进，产业上下游关系更加紧密，生产资源实现全球高效配置，研发制造效率大幅提升，个性化定制生产模式将成为趋势。

产业边界日趋模糊，互联网等新兴科技企业大举进入汽车行业；传统企业和新兴企业竞合交融发展，价值链、供应链、创新链发生深刻变化，全球汽车产业生态正在重塑。互联网与汽车的深度融合，使得安全驾乘、便捷出行、移动办公、本地服务、娱乐休闲等需求充分释放，用户体验成为影响汽车消费的重要因素。

4. 乘用车消费呈现新趋势，新消费与新模式涌现

新消费群体和需求的出现，让“个性化”正在成为消费趋势。汽车企业的核心竞争力正在从“成本控制”向精准定位、营销能力、品牌运营转移。同时，新品牌的进入和软件付费模式的出现，带来了新的商业模式，汽车企业的估值框架正在重构。

（1）“个性化”代替“性价比”，正在成为消费新趋势

随着汽车保有量提升和家庭第二台车的普及，城镇汽车消费的决策正在从“一车全家用”向“个人决策”转移，叠加购买力提升和消费理念的转变，汽车消费“个性化”新趋势明确，“性价比”不再是唯一考量标准。整车企业预期能够通过“个性化”的定义，跳出同质化竞争，重新获得定价权，提升车型盈利水平。

（2）品质生活需求催生特定车型市场扩张

随着生活水平提高，越来越多的人开始追求品质生活，并热爱自驾游、户外越野等休闲方式，从而催生了中高端的非承载式车身的硬派越野车、高端皮卡的需求。这一类小众市场目前仍被高价进口车型占据主要份额，预计未来在优质的国产供给放量的趋势下有望逐渐走向大众市场。

（3）新兴品牌开始瞄准新的细分市场

2017年以来，许多新兴品牌破土而出，并在需求端取得了相比之前更大的成功。我们认为其核心原因在于：近年许多新成立的品牌不再主攻大众市场，而是主动迎合新群体的新需求，打造新的消费体验。这与行业供给端的核心竞争力变化是分不开的：汽车企业的核心竞争力正在从“成本控制”向精准定位、营销能力转移。

（二）我国传统汽车产业市场体系存在的主要问题

1. 汽车传统营销模式效率低下，营销新模式亟待强化

传统汽车营销模式主要包括代理销售业务和售后服务的品牌经销商模式、独立划出区域经营多品牌汽车产品的汽车超市模式，以及集零配件供应、售后服务和信息反馈功能于一体的4S店模式等。随着形势的快速发展，传统汽车营销模式面临的问题开始凸显。例如，由于没有完全按照市场规律进行建设，同一区域的品牌经销商可能会过于密集，从而出现激烈的市场竞争并导致同一品牌间的价格战。粗放4S店一般为客户提供零部件、服务、整车及信息的一条龙服务，运营成本较高，阻碍4S专卖店进一步发展。

不同于传统车企的营销模式，蔚来、小鹏、理想等造车新势力企业率先在渠道和营销层面作出变化，三家造车新势力企业均采用直营或直营+加盟的模式。不同于传统4S的销售、服务、零部件、调查反馈模式，三家造车新势力企业的门店聚焦于展示销售及交付的模式。从门店选址来看，新势力企业的展厅专注于核心商圈、机场等人流量大的区域，与传统4S店的近郊定位有着本质区别。其中，蔚来的门店绝大部分位于市区高端购物中心内部，购物中心给蔚来带来客流的同时，蔚来门店的自有客流也可以延长客户在商场里面的时间，双方实现了互利。同时，蔚来将展厅和售

后服务中心分开，设置在更有性价比的区域来覆盖，大量提供的上门取送车服务免去了用户前往售后中心的麻烦,用户只需要下单“一键维保”服务，从而节约了大量的资源。

除蔚来汽车等造车新势力企业之外，特斯拉等国外车企也积极创新营销模式。通过线下体验店和网络直销模式，特斯拉完全绕过了传统汽车营销模式的经销商，使得利润最大限度地流向特斯拉，也使得价格更加透明。另外，特斯拉对顾客实行租赁式消费，即顾客在购买特斯拉时可以分期付款。在截止期到了之后，客户可以选择将余款交清，也可以选择将车归还给特斯拉。

2. 地方保护现象依然存在，市场碎片化明显

全国统一的汽车市场是汽车产业高水平市场体系建设的关键一环，虽然我国汽车产业在转型发展过程中遇到的地方保护及各地政策不统一现象已有较大改善，但仍有部分城市对新能源汽车推广应用的支持政策存在明显的本地倾向性，出台的支持政策及促销费政策多支持本地车企及产品；另外，在汽车后市场中，关于二手车交易、汽车报废、汽车流通等环节，各地的政策规定仍未实现全国统一，不利于构建全国统一的一体化汽车市场。因此，需尽快清理废除妨碍全国统一汽车市场和公平竞争的存量政策，建立公开透明的政策举报机制，接受社会媒体、行业企业的监督。

3. 新能源汽车市场不均衡，农村地区显著滞后

我国已成为全球汽车保有量最多的国家，但我国汽车市场不均衡的问题依然突出。农村汽车保有量虽增长较快，但仍显著滞后。截至 2019 年，我国保有 9000 万辆摩托车、2.5 亿辆两轮电动车、600 多万辆四轮低速电动车和 2000 多万辆三轮及四轮农用车，大都分布在农村和三四线城市，支撑了这些地区特别是农村 6 亿多人口的经济发展和生活需求。根据中国

电动汽车百人会的研究，近十年左右，农村地区 A0 级和 A00 级私家车开始进入增长期，百户汽车保有量从 2013 年的 9.9 辆增长至 2018 年的 22.3 辆。按照农村居民可支配收入年均增长 10% 测算，到 2030 年农村汽车千人保有量有望达到 160 辆，总保有量将超过 7000 万辆。

新能源汽车方面，虽然我国是世界最大的新能源汽车生产国，但受消费环境、流通渠道等影响，乡村居民用车电动化率目前尚不到 1%，仅为城镇居民的 1/3，巨大的消费潜力没有得到有效释放。根据中国汽车技术研究中心有限公司（CATARC）政研中心数据，中国四线以下城市汽车保有量占全国汽车保有量近三成，但电动化率仅为 0.6%，明显低于大中城市水平，电动化发展空间较大。

根据中国电动汽车百人会发布的《农村电动化调查报告》，在农村居民的首选出行方式中，小轿车占比 55.6%，摩托车 / 电动自行车占比 29.7%；农村居民个人出行需求与小型电动汽车里程匹配度高，价格在 7 万元以下、5 万元左右，续航在 200 公里左右的车型最受欢迎。可见，我国农村居民有提升出行水平的愿望，具有一定的市场潜力，但消费能力仍然处于低端水平。

4. 传统汽车产能过剩，新能源汽车问题突出

汽车产业是国民经济的支柱产业之一，汽车生产不仅能直接创造 GDP，拉动地方经济增长，而且税收贡献大，吸纳就业多，还能带动上下游产业链的配套生产，具有较强的外溢效应。因此，地方政府有较强的动力去扶持本地区汽车产业的发展，通过直接提供财政补贴及提供土地、银行信贷、税收、能源等优惠政策，吸引汽车企业入驻，鼓励汽车投资，助推汽车产能不断增加。据中国汽车工业协会统计，2020 年我国汽车生产与销售分别完成 2522.5 万辆和 2531.1 万辆。而在 2018 年，全国汽车产能已经达到 3500 万辆。相比于产能利用率的正常值区间 79% ~ 83%，我国汽

车整体产能处于过剩状态。

为了缓解汽车产能过剩问题，2018 年 12 月国家发展和改革委员会发布《汽车产业投资管理规定》，将严格控制新增传统燃油汽车产能，积极推动新能源汽车健康有序发展，着力构建智能汽车创新发展体系。在这一国家政策的引导下，地方政府又转向投资新能源汽车，推动新能源车产能快速扩张。根据工业和信息化部赛迪研究院的统计数据，2020 年底我国新能源汽车总产能已达 2669 万辆，这一数字的背后，是 2020 年新能源汽车总销量为 136.7 万辆，超过 2500 万辆产能过剩，产能利用率仅约 5.1%。

5. 产业准入管理面临新挑战

（1）智能网联汽车准入与安全管理带来新挑战

作为汽车产业发展的战略方向，智能网联汽车正处于技术快速演进、产业加速布局的商业化前期阶段。智能网联产业的发展面临着机遇、风险和挑战，需要有规范化的管理举措保驾护航。

随着智能化、网联化的发展和自动驾驶的投入使用，网络安全、数据安全等安全风险在快速增加，加强智能网联汽车准入管理，既是推动产业高质量发展的需要，也是坚守安全底线的要求。

准入的安全管理主要面临三个挑战。首先，自动驾驶系统应用场景复杂，高度依赖人工智能技术，如何保障场景覆盖及提高算法的可解释性，是目前面临的现实挑战。其次，自动驾驶的技术和产品还在持续迭代更新，这对准入管理和精度管理都是新的挑战。最后，智能网联汽车、自动驾驶技术等的发展，使汽车的内涵和外延正在发生变化，需要相关的行业部门之间加强协同，更好地服务于对整个行业的监管。

构建集主被动安全、网络数据安全及功能安全于一体的汽车综合安全体系，已成为当前产业发展、技术应用和政府管理的迫切需求。智能网联汽车的发展既要实现规则创新，又要筑牢基本安全保障底线，既要注重产品功能，又要注重企业体系保障能力；智能网联汽车标准体系既要支撑管理，又要引导产业技术长远发展；智能网联汽车测试既要加强统筹规划，又要避免资源过剩导致浪费；智能网联汽车产品既要关注公众接受度和价值体验，又要防止夸大宣传、过度信任。

（2）造车新势力企业发展为准入管理提出新命题

2020年以来，我国造车新势力企业进一步分化。拜腾、赛麟、众泰和长江等企业退出，蔚来、小鹏、理想、哪吒、威马等企业正朝着可持续的方向发展。同时，小米等新企业进入新能源汽车领域。

传统汽车制造商在维持现有燃油车业务的同时，还需要建立新能源汽车生态。因而，与传统汽车制造商相比，造车新势力企业负担更轻。在2020年销量成功爬坡之后，蔚来、小鹏、理想和哪吒等企业在交付量和资本市场融资方面均取得了较大收获。下一步，这几家造车新势力企业将加强新车型及动力电池、自动驾驶等技术攻关，进一步使自己脱颖而出。

总体来看，汽车制造资质和融资能力是新进入者的两个主要瓶颈。面对造车新势力企业的蓬勃发展，如何对其进行准入管理也成为政府主管部门的新命题。

（三）汽车产业变革下的市场体系建设进展

1. 开拓新能源汽车市场空间，启动汽车下乡活动

如前所述，我国乡镇和农村地区新能源汽车市场渗透率较低，因而市场发展空间潜力较大。推动新能源汽车下乡，不仅可以稳定和扩大汽车消费，促进农村地区新能源汽车推广应用，助力全面推进乡村振兴，更可为实现碳达峰、碳中和目标提供支撑。

2020 年 7 月，工业和信息化部、农业农村部、商务部联合下发《关于开展新能源汽车下乡活动的通知》，并于当年 7—12 月开展新能源汽车的第一轮下乡活动。与十多年前的“汽车下乡”不同，这次新能源汽车成了主角。新能源汽车下乡活动较好地发掘了农村市场潜力，在 2020 年下半年的 6 个月间，地方政府发力、汽车企业响应，共有来自北汽新能源、长城、上汽通用五菱、合众等 20 多家企业的数十款车型参与。根据企业上报的数据，下乡车型销量在 2020 年 7—12 月同比增长了 80%，达到 36 万辆。

2021 年初，工业和信息化部、农业农村部、商务部、国家能源局四部门联合印发通知，于 2021 年 3—12 月开展新一轮新能源汽车下乡活动。这次新能源汽车下乡活动共有东风公司、上汽集团和吉利控股等 18 家汽车企业的 52 款新能源汽车车型参与，以期在 2020 年我国新能源汽车销量超预期完成目标的良好成果基础上，扩大汽车下乡活动的覆盖面和影响力。

2. 汽车保险改革赋能，市场持续发展动力强化

虽然新能源汽车发展势头迅猛，但应有的配套保险却没有及时配备。长期以来，新能源汽车一直使用传统汽车的相关保险。由于新能源汽车在车身结构、动力系统、使用场景、维修保养等方面与传统汽车存在较大差别，因此沿用传统汽车保险的保障范围并不全面。不难推测，一旦发生事故，大额的保险支出和维修支出会给新能源车主带来极大的负担。

动力电池是新能源汽车特有的核心零部件，也是新能源汽车驱动力的来源。动力电池本身的价值在整车成本中占有极高的比重，甚至能达到整车价值的 40% 左右。但不同类型的动力电池性能差别较大，电量衰减折旧情况也存在较大差异。这就导致新能源汽车的风险评定相对复杂，其定价也会因此而受到影响。因此，出台一部适用于新能源汽车的专属保险就显得极为必要。针对这种现状，中国保险行业协会 2021 年 8 月发布了《中国保险行业协会新能源汽车商业保险专属条款（2021 版征求意见稿）》（以

下简称《专属条款》)。《专属条款》除了将消费者最关心的电池、电机、电控“三电”系统纳入保障范围以外，还囊括了自燃、电网故障、充电桩、智能辅助驾驶软件等新能源汽车常见的风险因素。

《专属条款》的征求意见是在新能源汽车保险发展路上迈出的关键一步。《专属条款》充分改善了新能源汽车在以往沿用传统汽车保险条款的过程中所面临的定损难、理赔难等问题，新能源车主的安全和利益得到了更多的保障。同时，新能源汽车专属车险的出台，也势必会引导新能源汽车市场格局的转变，有望推动整个新能源汽车行业得到进一步的发展。

3. 动力电池回收体系基本建立，标准法规初步健全

随着我国新能源汽车保有量的快速增长，动力电池的退役量也在逐步攀升。做好动力电池回收利用工作，对于保护生态环境和社会安全、提高资源综合利用具有重要意义，对促进新能源汽车产业的健康发展也具有重要意义。我国高度重视动力电池回收利用工作，在政策法规、监管体系、技术研发、产业培育等方面都取得了显著成效。

我国发布实施了《新能源汽车动力蓄电池回收利用管理暂行办法》等一系列政策，已经初步建立起了以汽车生产企业为主的生产者责任延伸制度。依托溯源管理国家平台强化动力电池全生命周期溯源监管，构建起了国家和地方两级监管机制。同时，在梯次利用管理制度建设方面，我国发布了《新能源汽车动力蓄电池梯次利用管理办法》，明确了梯次产品的生产、使用、回收利用全过程的相关要求。

在政府部门的引导和支持下，我国退役电池无损检测、异构兼容梯次储能、材料高值化利用等一批动力电池综合利用关键技术实现突破，一批先进适用技术装备投入应用。动力电池回收利用体系建设不断加快，截至2021年9月底，171家新能源汽车生产及综合利用企业已经在全国31个省市区设立了回收服务网点9985个。产业园培育方面，我国持续推进京

津冀等 17 个地区及中国铁塔公司试点工作，加强跨区域合作与产业链协同，并培育了 26 家废旧动力电池梯次和再生利用规范企业。

4. 充电设施网络稳步扩张，充电服务快速攀升

充电基础设施是新能源汽车运行的重要保障。我国在 2015 年相继出台了《关于加快充电基础设施建设的指导意见》和《电动汽车充电基础设施发展指南（2015—2020）》，提出了到 2020 年充电桩达到 480 万个、车桩比将近 1:1 的目标。随着一批新企业开始进入充电服务领域，我国充电基础设施建设进程加快推进。据统计，截至 2020 年 12 月底，公共充电桩保有数量 80.7 万个，私人充电桩数量 87.4 万个，规模持续保持世界首位。根据中国充电基础设施促进联盟的统计，2020 年我国主要省份公共充电桩都有一定数量的增加，公共充电设施运营集中度依然较高，其中前三大充电运营商占比达 68.28%，前十大运营商占比为 91.69%。截至 2020 年底，联盟内成员单位总计上报换电站 555 座。目前国内主要的换电设施运营商有奥动、蔚来和杭州伯坦三家，三家分别运营 286 座、175 座和 94 座换电站。

然而，在国庆黄金周等重要节假日，充电难的现象仍然时有发生。2021 年国庆假期期间，我国高速公路充电设施充电量达到 142.92 万千瓦时，接近平时日充电量的 4 倍，创历史新高。在突增的充电需求冲击下，高速公路服务区充电桩数量不足、利用率不平均、维护不得当、接口标准不一等问题开始显现。与此同时，随着 2021 年以来我国新能源汽车销量持续放量，1—9 月销量已突破 200 万辆，将带来新能源汽车保有量及充电需求的快速提升。因而，我国充电基础设施建设及相关服务仍需进一步加强。

5. 新能源二手车市场开始培育，产品保值率亟待提升

数据显示，截至 2021 年 9 月，我国新能源汽车保有量已突破 700 万辆。中国汽车流通协会预计，国内新能源二手车市场将迎来高增长阶段。随着

新能源汽车市场保有量增加，我国继续培育新能源二手车市场。

新能源汽车残值评估是二手车市场建设的核心和瓶颈。有别于传统燃油车，新能源汽车残值评估具有其特殊属性。作为新能源汽车的核心部件，动力电池很大程度上影响了新能源汽车的残值，电池衰减速度、技术更新等对新能源汽车的检测评估有很大影响。因而，新能源二手车的评估不仅需要对车况进行评估，更需要对动力电池进行评估。

为了提升新能源二手车保值率和支撑新能源二手车市场建设，中国汽车流通协会于 2021 年 7 月发布了团体标准《二手纯电动乘用车鉴定评估技术规范》（以下简称《规范》）。该《规范》是我国首个针对新能源二手车流通领域服务的团体标准，明确了二手纯电动乘用车的鉴定评估流程及方法。

为提升新能源汽车保值率，一批车企进行了商业模式创新或服务模式创新。造车新势力企业主要通过商业模式创新来提升新能源汽车保值率。例如，蔚来汽车在尝试构建车电分离、BaaS 电池租用服务；威马汽车上线了名为“威马直购”的新零售模式，保证用户裸车两年最高 6 折的官方保值回购权益。传统车企主要通过服务创新来提升新能源汽车保值率。例如，上汽集团成立了上汽二手车认证中心，为车主提供二手车保值回购业务，同时也甄选二手车源进行销售；欧拉曾在全国推行“7 天无忧回购”和“保值换购”两项服务；几何 C 也按补贴后指导价两年 7 折保值回购。

（四）未来汽车产业高水平市场体系展望及政策建议

作为汽车电动化的代表，新能源汽车是汽车产业变革的第一步。伴随着汽车电动化，操作系统智能化、车用能源清洁化等趋势将不断强化。当前，汽车产业正在面临百年未有之大变局，主要表现在以下方面：首先，动力系统正在从内燃机驱动向纯电驱动转换。2020 年，全球新能源汽车的销量达到 307 万辆，渗透率提高到 4.0%，全球新能源汽车的保有量超过 1000 万辆，纯电动汽车占比达到 67%。其次，整车的控制系统正在从分布式控制向集中控制演进，智能化水平不断提升。再次，主要国家碳中和目标逐渐明朗，车用能源将加快从化石能源向清洁能源再到可再生能源转变。最后，汽车产业分工体系正在由相对封闭的产业内循环向跨行业、跨领域的开放合作演进，网状的产业链、供应链体系正在加速构建。在此背景下，原有汽车企业不断强化新技术研发，新要素及进入者加快涌入，资源及要素配置不断优化，政策调整及创新加速，未来汽车产业高水平市场体系建设面临全新的命题。为加快我国汽车产业高水平市场体系建设进程，我们提出以下政策建议。

1. 降低汽车产业准入和退出门槛

面对新能源汽车、智能网联汽车、氢能及燃料电池汽车加快发展的新形势，我国对企业的进入门槛应适度降低，提升企业的自主性，为产业创新发展营造适度宽松、运行有序的柔性管理政策环境，放宽以研发创新和新营销模式为主的新势力企业委托现有整车生产企业代工的规则限制；给予动力电池企业更多自主经营权，积极推动“车电分离”的换电模式发展进程；推进车企注销便利化，完善企业注销网上服务平台，优化注销办理流程，简化车企兼并重组审核流程，形成更加自由的市场环境，给汽车市场留出更多自主决策空间，提升整个汽车产业的市场活力。

2. 加快培育和发展汽车产业要素市场

汽车产业的研发生产过程集聚了大量的技术创新，而汽车的销售和使用场景过程中又会产生大量的用户数据。在汽车产业变革的大形势下，我国需建立健全汽车产业技术要素市场制度，减少对技术要素在产业链上自由流动的限制，进一步发挥技术交易市场、科技成果转移转化机构等市场配置资源的决定性作用，加快技术要素价格市场化改革，健全要素市场运行机制，保障汽车产业链上的各类企业拥有平等获取技术要素的机会，推动技术要素依据市场规则、通过市场竞争实现其在汽车产业链上的效益最大化和效率最优化。加快汽车产业数据资源的确权工作，保障汽车产业市场主体对其合法收集的数据和自身生成的数据的权利。鼓励数据要素市场主体参与公共管理，依法依规向政府管理部门提供数据，建立数据资源资产化和数据流通交换体系。

3. 优化新能源汽车下乡政策，完善配套设施体系

我国广大农村地区拥有较小的充电制约和巨大的消费潜力。当前，工业和信息化部等部门推进的新能源汽车下乡活动已实现配套落地。然而，新能源汽车售后网点在县域市场布局仍然相对缺乏，售后服务和充电基础设施仍有待完善，自然而然会削弱农村消费者购买新能源汽车的意愿。此外，农村二手车市场较为活跃，但新能源汽车的二手车评估体系尚未成熟，在一定程度上阻碍了新能源二手车的流通。

为充分激发农村市场消费潜力，我国应该优化新能源汽车下乡政策，鼓励有条件的地方对农民报废高污染燃油机动车及低速电动车换购新能源乘用车给予补贴支持。加快乡村地区路网、充电桩、5G 等汽车产业配套基础设施建设，完善新能源汽车下乡配套设施。

4. 明确产业引导方向，推动新技术示范应用

聚焦动力电池、电控系统、氢燃料电池、车用芯片、人工智能关键算法、自动驾驶等关键技术，培育一批自主可控、产研一体、开源开放、软硬协同的标杆企业。大力支持企业开展基础研究与技术攻关，掌握自主可控知识产权，全面提升汽车产业链上主体企业技术创新、集群带动、链条整合、标准创制的能力，打造“链主式”引领企业。支持中小企业以资金注入、技术入股、协议共建等形式与龙头企业深入合作，组建创新联合体，

实现资源共享、优势互补，开展协同创新。围绕车联网、自动驾驶、智能网联汽车、氢燃料电池汽车等产业新技术和新方向，完善示范推广支持政策及配套措施，加快推进道路测试和规模化示范应用。

5. 推进汽车产业链供应链补短板、强弱项

操作系统是汽车企业能否实现数字化转型的关键，而车规级芯片是制约汽车产业发展的核心要素。目前，我国车用操作系统的底层内核主要来自 Android、Linux、QNX 等国外企业，国内车用操作系统企业尚处于起步期。同时，车规级芯片特别是 IGBT、场效应晶体管（MOSFET）和电源管理芯片，在新能源汽车中占比达到 50%，是目前最紧缺的芯片。

在“十四五”规划时期，我国汽车产业链供应链需要补短板、强弱项，特别要加大对车规级芯片、车用操作系统、新型电子电气架构等关键核心技术和产品的技术攻关，加快构建开放共享、协同演进的产业生态。

6. 促进汽车产业资本市场健康发展

我国新能源汽车产业在近十年间取得了长足的进步，形成了很多以科技研发和商业模式创新为主的造车新势力企业，十分符合科创板定位，具有“硬科技”特色，加快推进股票发行的注册制改革可以在造车新势力企业上进行试点，深化以信息披露为核心的股票发行注册制改革，上市通道要适应我国技术创新发展壮大的需求，同时进一步完善退市标准，简化退市程序，畅通多元化退市渠道。降低汽车产业融资成本，引导督促金融机构合理定价，发挥好定向降准、再贷款、再贴现等货币政策工具的引导作用。积极引导汽车金融发展，提升汽车金融渗透率。把握我国信用体系日趋完善、法律环境较为成熟的机遇，积极引导消费者参与到分期购车、融资租赁、抵押融资、汽车保险等业务中去，以汽车产业资本市场健康发展带动汽车市场恢复活力。

参考文献

[1] 国务院发展研究中心课题组 :《提升我国主要工业行业产业链基础能力研究》，2019 年 7 月 .

[2] 国务院发展研究中心课题组 :《“十四五”时期全球产业链重构及提升我国产业链水平研究》，2020 年 .

[3] 苗圩 . 提升产业链供应链现代化水平 [N]. 经济日报 ,2020-12-09(011).

[4] 黄汉权 . 聚焦四大发力点 打好产业链现代化攻坚战 [J]. 智慧中国 ,2020(Z1):46-48.

[5] 李晓华 . 推进产业链现代化要坚持独立自主和开放合作相促进 [N]. 经济日报 ,2020-04-10(011).

[6] 盛朝迅 . 打好产业链现代化攻坚战 [N]. 经济日报 ,2019-09-10(013).

[7] 中国汽车工程学会 :《节能与新能源汽车技术路线图 2.0》，机械工业出版社，2020 年 12 月 .

[8] 国家信息中心 :《“车载芯片荒”警示汽车产业链亟需谋划“备份系统”建设》，2021 年 9 月 .

[9] 王彦泽 . 中国汽车产业安全研究 [D]. 北京交通大学 ,2016.

第四章 双循环相互促进，扩大开放合作带来高质量发展

张长令 石耀东 雷韧 黄永和 刘艳[1]

摘要：党的十九大报告对新时代我国对外开放做出了总体部署，提出要“建设现代化经济体系，推动形成全面开放新格局”。党的十九大以来，我国汽车产业对外开放合作面临新形势，主要表现在三个方面。首先，为贯彻全方位开放和全面开放的要求，汽车产业合资企业外资股限制将全面放开；其次，全球自由贸易区区域化势不可挡，美国、日本、欧洲等国家和地区汽车产业区域市场一体化和贸易投资自由化程度不断加深；最后，在“一带一路”建设全面提速、新能源汽车产业蓬勃发展等内外多重利好因素的共同作用下，我国汽车产业“走出去”发展步伐不断加快。为有效应对新的形势，我国需要准确把握新一轮开放的机遇和挑战，完善产业顶

1 张长令，北京亿维智源信息咨询中心总经理、高级工程师，研究方向为新兴产业演化、未来产业发展、氢能及燃料电池汽车、动力电池及新能源汽车等。
石耀东，国务院发展研究中心产业经济研究部一级巡视员、研究员，主要研究方向为产业经济、能源与交通可持续发展。
雷韧，中国汽车工程学会、国际汽车工程科技创新战略研究院战略规划部研究员，主要研究方向为汽车产业发展战略与政策。
黄永和，教授级高级工程师、中国汽车技术研究中心有限公司资深专家、总师办副主任，主要研究方向为汽车产业发展。
刘艳，高级工程师、中国汽车技术研究中心有限公司中国汽车战略与政策研究中心研究员，主要研究方向为汽车产业发展。

层设计和管理机制，通过政府、行业、企业共同努力，推动形成产业新格局，以扩大开放合作促进汽车产业高质量发展。

关键词：合资企业 股比放开 区域合作 “走出去” 开放

一 股比放开与汽车产业新格局展望

党的十九大以来，我国全面扩大开放不断向纵深推进，汽车产业合资企业外资股比将全面放开。合资股比限制曾在我国汽车产业发展初期发挥了积极作用，带动了汽车企业技术、产品、管理水平的快速提升。经过近30年的探索和发展，合资股比限制的弊端日益显现，在汽车产业变革的大格局下面临更多挑战。随着汽车产业从合资股比限制逐渐走向股比放开，再到2022年股比限制全面放开后，我国汽车产业发展格局将会迎来新一轮调整。

（一）我国产业发展需要进一步开放

1．我国已启动新时代对外开放总体部署

党的十八大以来，我国对外开放范围、领域、层次不断拓展，“一带一路”建设全面推进，国际产能合作步伐加快，互利共赢的开放战略深入实施，从沿海开放到内陆沿边开放，从“引进来”为主到“引进来”与“走出去”并重，从制造领域开放到服务领域开放，形成了多层次、全方位、宽领域的开放大格局。新一轮高水平的对外开放为我国争取了发展的主动，进一步拓展了发展空间，也给世界经济注入新的动力，给经济全球化增添了新的亮色。

按照新发展理念推动我国经济社会发展，是当前和今后一个时期我国

发展的总要求和大趋势。坚持创新发展、协调发展、绿色发展、开放发展、共享发展，是关系我国发展全局的一场深刻变革。新时代推动更高水平开放，要全面贯彻落实新发展理念，以“一带一路”建设为重点，坚持“引进来”和“走出去”并重，形成陆海内外联动、东西双向互济的开放格局，发展更高层次的开放型经济，坚定以开放促改革促发展促创新。

党的十九大报告对新时代我国对外开放做出了总体部署，提出要“建设现代化经济体系，推动形成全面开放新格局”。在此背景下，我国对外开放的宏观战略导向不断完善。2018 年 6 月，国务院发布了《关于积极有效利用外资推动经济高质量发展若干措施的通知》，从投资自由化、投资便利化、投资促进、投资保护、优化区域开放布局、推动国家级开发区创新提升六个方面提出了具体措施。2019 年《政府工作报告》指出，推动全方位对外开放，培育国际经济合作和竞争新优势。进一步拓展开放领域、优化开放布局，继续推动商品和要素流动型开放，更加注重规则等制度型开放，以高水平开放带动改革全面深化。

无论国际形势如何变化，我国都将坚定不移地扩大开放，以更高水平开放促改革、促高质量发展。同时，我国通过深化改革、提升发展质量，加快完善社会主义市场经济体制，支撑更高水平、更高层次的开放。通过内外统筹用好两个市场、两种资源，发挥好市场在资源配置中的决定性作用，发挥好政府的引导服务作用，打造高质量的现代化产业体系。

2.“十四五”将是我国推进高水平开放的重要时期

党的十九届五中全会提出，“实行高水平对外开放，开拓合作共赢新局面”，并在“十四五”时期经济社会发展主要目标中明确。2021 年 3 月发布的《中华人民共和国国民经济和社会发展第十四个五年规划和 2035 年远景目标纲要》提出，坚持实施更大范围、更宽领域、更深层次对外开放，依托我国超大规模市场优势，促进国际合作，实现互利共赢，推动共建“一带一路”行稳致远，推动构建人类命运共同体。“实行高水平对外开放，开拓合作共赢新局面”具体体现在“三个建设”中——要建设更高水平开放型经济新体制，推动共建“一带一路”高质量发展，积极参与全球经济治理体系改革和建设。规划纲要提出的三个建设方向体现了全面开放新格局的内在逻辑，其中建立开放型经济新体制是实现更高水平对外开放的基础，也是高质量建设“一带一路”、参与全球经济治理改革与完善的内在要求。

实行高水平对外开放是顺应国内外形势发展的必然要求，是推动高质量发展的必然需要，也是满足人民群众对美好生活向往的需要。近年来，我国贸易投资自由化、便利化水平持续提升，商品、资本等要素已基本实现自由流动。在商品、资本等要素流动基本实现自由化的基础上，为实行高水平对外开放，“十四五”时期，需要更加突出制度型开放，由商品和要素流动型开放向规则、规制、管理、标准等制度型开放延伸，强化制度性、结构性安排，形成与国际高标准规则相衔接的经贸制度体系。只有把“引进来”和“走出去”建立在公正合理的制度安排基础上，不断加强各国在规则、规制、管理、标准等方面的协调与整合，才能减少交往中的不确定性、降低交易成本、使各国来自国际分工与贸易中的收益最大化，更好实现互利共赢目标。

与“十三五”时期相比，“十四五”时期在推动更高水平开放不停步的同时，更加突出制度型开放，更加突出依托我国大市场优势，更加突出参与全球治理体系改革和建设，为我们加快实施更大范围、更宽领域、更深层次对外开放作出了科学指引，为新时代建设更高水平开放型经济新体制指明了方向，为开拓合作共赢新局面提供了遵循依据。可以预见，“十四五”时期，中国将以高水平对外开放，加快打造国际合作和竞争新优势，加快实现自身更高质量发展，加快为世界经济发展提供更多动能。

3．产业开放是实现经济开放的重心

我国经济已由高速增长阶段转向高质量发展阶段。我国正处在转变发展方式、优化经济结构、转换增长动力的攻关期，建设现代化经济体系是跨越关口的迫切要求和我国发展的战略目标。新时代推动更高水平开放，要着力创新方式、优化布局、提升质量，深化供给侧结构性改革，加快培育国际经济合作和竞争新优势，促进我国产业迈向全球价值链中高端。扩大开放是应对全球化趋势的必然途径，也是经济实现高质量发展、产业升级、技术进步的必由之路。在对外开放的条件下，任何产业之间和产业内部都存在比较优势，也可以利用比较优势，在世界范围内进行资源优化配置，充分利用国际市场的人才、资金和技术，最终迈向高收入国家。

党的十九届五中全会明确提出，“依托我国大市场优势，促进国际合作，实现互利共赢”。新发展格局下的开放，是以我国大市场优势，为各国提供更多的市场机会，使我国成为吸引全球优质要素资源的强大引力场，增强国内产业和海外产业之间的联系，带动更多国家融入全球产业链、价值链、供应链等与产业发展相关的综合网络，塑造高起点介入、高端环节延伸的国际分工新格局，建立更符合全球分工新格局的“走出去”制度框架，更好实现国内国际双循环相互促进。同时，新发展格局下的开放，是强化国内大循环主体地位，稳定开放的国内经济基本盘，更好带动激活国际循环。因此，“十四五”时期的对外开放，将更强调开放与产业的融合协同，通过开放强化供应链整合能力，通过建链、补链、强链、固链培育开放的产业根基，实现功能互补、多维协同、融合发展，培育更具竞争力的开放主体，从根本上提升我国对外开放的质量，提升促进国际合作的能力。

庞大的中国市场为不同类型的外资企业带来众多商机，美国的特斯拉、通用电气、霍尼韦尔，德国的巴斯夫、宝马等新兴产业、国际企业巨头纷纷在华投资设厂或扩大生产，在更好地服务于满足人民群众多样化生活需

求的同时，也给我国企业带来了竞争加剧、迭代冲击等诸多挑战。随着我国国家治理体系和治理能力现代化水平不断提升，以及通过供给侧结构性改革优化我国现有的产业结构，将会极大提升我国产业的全球竞争力，促进我国综合实力再次提升到一个全新高度。

（二）我国汽车产业股比政策及其影响分析

1. 股比限制政策的背景及其合理性

改革开放之初，我国汽车工业急需大量轿车产品，并存在缺乏资金、技术、人才等问题。因此，经中央批准，我国轿车企业开始寻求对外合资。由于市场规模小、缺乏资金和技术，跨国公司对我国汽车市场前景信心不足，我国开始用优惠政策吸引外资。这时出现了我国汽车企业与跨国汽车公司共同投资成立的合资企业，成为跨国汽车公司直接投资的主要方式之一。

1982—1984 年，北京吉普、上海大众、广州标致合资企业的诞生，确立了 50∶50 的股比结构。到 20 世纪 90 年代，我国汽车市场高速增长，1992 年产量突破 100 万辆大关。一些跨国汽车公司积极准备进入中国市场，通过各种渠道和方式寻找可能的合作机会，陆续获得了在中国生产整车的机会。1994 年，我国发布了《汽车产业政策》，设置了外方在合资公司持股 50% 的“上限”，并且明确规定“外国企业同一类整车产品不得在中国建立两家以上合资合作企业”。2001 年加入世界贸易组织（WTO）以后，我国取消了对一些外商投资的限制，投资环境更加开放。此时，合资车企加快了在中国的投资步伐，外资与中国不仅就汽车生产和销售展开合作，还在品牌打造和技术研发上进行了全方位的合作。合资车企带来了中国汽车的加速生产和销量的突飞猛进，并且通过合资的形式，加上庞大的营业额，我国本土车企获得了巨大的利润。以上汽集团为例，2018 年实现全年整车销售 705.17 万辆，实现归属于上市公司股东的净利润约为 360 亿元。

跨国汽车公司与中国车企合资，政策要求“中方所占股份比例不低于50%”，在实际操作中，基本演变为中外“50∶50”的标准样板，彼此合作，相互分担风险，但也相互制衡。另外，政策要求外国品牌的合资企业不能超过两家，限制产能的过分扩张及合资形式的泛滥，这也是主流合资品牌如大众、丰田、本田等多为南北两家形式的原因。可以说，在当时我国汽车产业起步晚、基础薄弱、中外企业双方实力相差悬殊的情况下，股比限制的规定对保护合资企业中方的权益起到了积极作用。更为重要的是，为刚起步和发展中的中方自主研发、自主发展的汽车企业，赢得了培育发展的空间和时间。

2. 当前股比限制政策对汽车产业的不良影响

近年来，我国汽车市场加速扩容，合资企业规模快速扩张。由于部分中方企业仅仅依靠合资外方导入的产品就能拥有一定市场份额，从而满足于眼前利益，对引进产品技术的消化和吸收失去动力，导致自主创新能力严重不足。不难发现，股比限制政策是我国汽车产业存在对外依存度高、国际竞争力提升缓慢、核心技术控制力较弱等问题的重要原因。随着我国加入 WTO 以来保护期的结束，关税壁垒和非关税壁垒的消除，我国汽车产业面临的竞争环境日益激烈。现阶段汽车产业“大而不强”的现状，使得我国汽车产业在全球化的生产、贸易和投资中处于不利的地位，在与外资的合作中，缺乏规则制定、利润分配以及经营决策的话语权。

在我国整车制造生产领域，外资持股比例不得超过 50%。对国有车企而言，这种持股比例能够在不丧失主导权的前提下获得来自外资的技术和管理模式，但也衍生出一些不良影响。一方面，阻碍了资本的自由进入，降低了资源的配置效率，导致汽车产业竞争结构扭曲。在全球投资和贸易自由越来越便利化的今天，这一政策已显得不合时宜。另一方面，股比限制政策使得部分国有汽车企业患上“合资依赖症”。

我国家电、手机和互联网等产业的快速发展与目前较强的国际竞争力表明，这些产业允许各类资本进入和自由竞争，迅速走上市场化轨道是正确的。中国互联网在过去 20 年里能领先发展，核心就在于开放的学习、开放的竞争、开放的资本和开放的政策。随着全球经济一体化程度不断加深，新一轮科技革命和产业融合不断加快，推进汽车产业进一步开放，实现更加充分自由的竞争，既是大势所趋，也恰逢其时。

3. 股比政策调整的进展及下一步方向

党的十八届三中全会对汽车领域进一步扩大开放提出了新的要求，进行了新的部署。2013 年 11 月，商务部提出“未来还将进一步放开钢铁、化工、汽车等一般制造业领域的外资准入限制，包括放宽外资在注册资本、股权比例、经营范围等方面的限制”。2014 年，国务院总理李克强在德国《世界报》上发表的文章中提到，“中方将积极考虑德国大众汽车提高在一汽—大众合资企业中股份比例的请求”[1]。2016 年，工业和信息化部也表示，合资股比放开已进入倒计时阶段，长则 8 年，短则 3 ～ 5 年就会放开，我国汽车企业要用这个时间段增强自身实力。

2018 年 4 月，国家主席习近平出席博鳌亚洲论坛 2018 年年会开幕式并发表题为《开放共创繁荣 创新引领未来》的主旨演讲[2]。中国将大幅度放宽市场准入，尽快放宽外资股比限制，特别是汽车行业外资限制。这既表明了我国继续推进对外开放的坚定决心与高度信心，也为汽车合资股比调整指明了方向。一周之后，国家发展改革委正式提出汽车行业外资股比限制放开时间表。根据时间表，我国将于 2022 年取消乘用车外资股比限制，同时取消合资企业不超过两家的限制。通过 5 年过渡期，汽车行业将全部取消限制。2018 年 7 月，国家发展改革委、商务部发布的《外商投资准入

1 人民网：“李克强总理在德国《世界报》发表署名文章”，2014 年 10 月 10 日，http://politics.people.com.cn/n/2014/1010/c1001-25806575.html。

2 新华社：“习近平出席博鳌亚洲论坛 2018 年年会开幕式并发表主旨演讲”，2018 年 4 月 10 日，http://www.xinhuanet.com/photo/2018-04/10/c_1122659912.htm。

特别管理措施（负面清单）（2018年版）》开始实施。按照政策规定，汽车行业取消专用车、新能源汽车外资股比限制，2020年取消商用车外资股比限制，2022年取消乘用车外资股比限制，以及合资企业不超过两家的限制。事实上，自2015年以来，一些合资企业就在尝试突破合资股比的政策限制。

（三）国外汽车产业股比政策的经验及启示

1. 典型国家汽车产业股比政策实施状况分析

（1）日本汽车产业股比政策及分析

日本汽车产业利用外资对于日本汽车发展的作用相对有限，而是在政府的保护、支持下，企业把握了历史机遇，成功实现建设世界级汽车企业的目标。首先是立法方面的保护与技术成果引进并重。1936年，为了让外国汽车公司退出日本，日本政府通过立法的方式来禁止外国公司进入日本汽车产业。1952年到1960年，日本大多数汽车企业都与外国汽车公司建立了合作关系。在本土汽车企业学到技术并实现技术自立后，日本才开始了限制性的资本开放。

同时，日本的贸易保护政策对日本汽车产业的发展起到了关键作用，让其可以发展到与美国汽车产业并驾齐驱的局面。日本政府通过颁布有关政策、法律等措施，成功地保护了本国汽车产业。即使在日本成为世界先进汽车国家后，对进口车征收的高关税仍然维持了很长时间。在日本汽车产业的发展历程中，坚持自我发展为主并形成具有国际竞争力是一项长期坚持的发展战略，这是日本汽车产业形成以自主开发为基础的产业技术体系、成为具有国际竞争力的汽车强国的主要原因之一。

（2）韩国汽车产业股比政策及分析

韩国本国汽车企业通过吸收外来技术，进而积极发展自身技术能力与打造自主品牌的进取精神，是韩国汽车品牌能迅速进入全球汽车主流市场并保持相当的核心竞争力的关键。

韩国早在1962年就将汽车确定为主导产业，政府初期限制整车和零部件进口，封闭本国市场，确保本土车企获得最初发展。1970年开始以合作方式引进外来技术，但要求95%的国产化率，同时严格限制外资进入细分市场，政策指向始终强调要发展100%本土化的汽车产业。20世纪70年代后期，韩国开始通过合资方式进一步引进技术，但限制国外直接投资和股权比例不超过50%，而且不允许外方参与企业经营管理，始终保证本国企业的独立性和话语权，既为本国企业迅速成长提供了技术来源，又保护其不受强大外资企业的直接冲击。直到20世纪80年代本国汽车企业足够强大之后，才逐步放松了对进口和外资进入的限制。

20世纪90年代中期以后，韩国政府不再限制跨国汽车公司投资比例，市场完全开放，国外企业可以进来竞争。这种竞争激烈的环境反而促进了本土企业的自主研发，使韩国汽车产业在20世纪90年代中期以后得到了质的发展和飞跃，这主要得益于政府给企业营造的竞争环境。

2. 典型国家汽车产业股比政策对我国的启示

从日本、韩国汽车工业的成功经验来看，在不同的汽车工业发展阶段，合资股比政策作用的功能是不同的。对日本而言，其汽车工业起步和发展更多是在政府的保护、支持下引进技术和消化、吸收、创新，进而实现本国企业崛起。虽然韩国汽车工业起步比我国汽车工业晚，但在短短半世纪之内，韩国汽车工业快速崛起，这自然与韩国车企的努力和韩国政府一直以来对本国品牌的引导是分不开的。

联合国工业发展组织编写的《发展中国家技术引进指南》中，将消化、吸收与创新作为引进技术必须遵循的一个基本原则。当前，我国一些汽车企业仍然过度依赖引进现成技术，消化吸收投入严重不足，妨碍了技术示范效应的发生。据统计，我国大中型工业企业在 1997—2003 年用于消化吸收引进技术的费用平均只相当于技术引进费用的 8%。对于合资的工业企业而言，除了引进技术，消化吸收和自主开发才是真正的关键。

（四）股比开放下的汽车产业格局展望

1. 汽车产业发展面临新形势

（1）汽车产业正加快变革

当前，全球新一轮科技革命和产业变革蓬勃发展，汽车产业正经历百年未有之大变局，汽车与能源、交通、信息通信等领域有关技术加速融合，电动化、网联化、智能化技术迭代加快，成为汽车产业发展的潮流和趋势。

新一代信息通信、新能源、新材料等技术与汽车产业加快融合，汽车产品向新能源、轻量化、智能化方向发展，汽车正从传统功能单一的交通工具向移动智能终端、储能单元和数字空间转变，乘员、车辆、货物、运营平台与能源补给基础设施等实现智能互联和数据共享。未来以新能源汽车为储能终端的能源互联网和道路交通网将形成有效融合，并融入智能交通、智慧城市大生态体系中，新能源智能汽车为破解巨大汽车保有量带来的能源供应紧张、环境污染及交通拥堵等难题，构建面向未来的汽车社会提供了全新解决方案，将带动汽车产业格局与生态体系深度调整。

（2）“双碳”目标将对汽车产业产生深远影响

2020 年 9 月，习近平主席在第七十五届联合国大会一般性辩论上宣布，中国将提高国家自主贡献力度，采取更加有力的政策和措施，二氧化碳排放力争于 2030 年前达到峰值，努力争取 2060 年前实现碳中和[1]。在 2020 年

1 新华社：“习近平在第七十五届联合国大会一般性辩论上发表重要讲话”，2020 年 9 月 22 日，http://www.gov.cn/xinwen/2020-09/22/content_5546168.htm。

12 月举行的气候雄心峰会上，习近平主席进一步宣布，到 2030 年，中国单位国内生产总值二氧化碳排放将比 2005 年下降 65% 以上，非化石能源占一次能源消费比重将达到 25% 左右，森林蓄积量将比 2005 年增加 60 亿立方米，风电、太阳能发电总装机容量将达到 12 亿千瓦以上[1]。

从以化石能源为主导，向以可再生能源为主导转型的目标，为碳减排创造了良好条件。可再生能源、新能源汽车已成为支撑我国国民经济发展的两大新兴产业。新能源汽车的普及为更多可再生能源（如风电、太阳能、水电等）发展提供了重要的储能支撑。当前汽车行业正围绕产业结构优化、新能源汽车规模化发展、智能网联汽车技术开发、绿色低碳技术全面推广应用、绿色低碳发展政策体系和法律法规的完善等工作，发挥政、产、学、研、用全产业链资源的协同作用。

（3）创新驱动已成为主旋律

改革开放 40 多年来，我国用发达国家一半的研究开发投入比例实现高速发展，其原因在于我国是追赶型发展。我国有巨大的市场和稳定的社会环境，而在技术上则主要依靠引进，在创新上主要是引进、消化、吸收、再创新和集成创新。这种发展方式已走到尽头，靠技术引进已不能满足我国未来发展要求，也不符合国际化竞争的要求。股比限制放开之后，汽车合资企业中方的话语权有可能削弱，自主品牌的发展将承受更大压力。面对市场竞争加剧的现实，自主品牌车企要想获得竞争优势，就必须加大技术开发投入，通过创新驱动，开发出更好的产品和技术，满足消费者的需求。汽车行业需要把技术开发投入的比例提高到发达国家水平，创新驱动、高质量发展将成为主旋律。

---

1 新华社：“习近平在气候雄心峰会上发表重要讲话”，2020 年 12 月 12 日，http://www.xinhuanet.com/2020-12/12/c_1126853599.htm。

2. 股比开放下的产业格局研判

（1）自主企业产业竞争力提升

近年来，我国自主车企取得了很大进步。自主品牌屡屡向上挤压跨国市场空间，乘用车市场占比接近40%；研发能力大幅提升，广汽、长安、长城等车企的全球研发网络逐渐成型。在2021年全球500强排行榜中，我国车企上汽、一汽、东风、北汽、广汽、吉利等纷纷上榜。而且我国自主品牌长期深耕于本土，对消费者需求变化的了解更透彻，如果能充分把握此次政策调整的机遇，整合行业资源、研发核心技术、提升综合实力，将能够实现加速发展。

合资股比放开将提升企业自主发展的竞争力，倒逼汽车产业淘汰落后企业。特别是对自主品牌而言，将会推动企业加强研发和技术投入，掌握核心技术，努力提升产品质量、打造品牌形象，向中高端以及国际市场拓展，增强配置国际资源的能力和效率，朝着更加市场化的方向发展，由技术外源型发展转变为创新引领型发展。

（2）合资企业发生根本性变化

当前，全球主要汽车企业和汽车品牌均已进入中国市场。据统计，2021年，我国汽车市场上近60%的产品由合资车企生产，合资车企无疑为我国汽车产业发展作出了突出贡献。据乘用车市场信息联席会（以下简称“乘联会”）公布的数据，2021年1-9月我国狭义乘用车零售销量企业排名中，合资企业一汽大众、上汽大众、上汽通用销量排名前三位，自主车企长安汽车销量涨幅较大，跃居第四位。总体来看，合资车企仍然占据我国汽车产业的主导，自主车企在市场份额和影响力方面仍有明显差距。

为在国际市场中赢得先机，一旦放开合资股比限制，外方就有可能谋求在合资公司中取得控股地位，对于习惯了依靠政策保护的中方合资伙伴尤其是大型国有汽车集团而言，这将是一个不可回避的现实挑战。一种可能的情形是，股比限制放开后，外方开始设立新的独资企业或控股合资企业，逐渐停止向原有合资企业输送新技术和新产品，使得原有合资企业步步衰败，新的外方独资企业及控股企业则迅速发展起来。因此，股比放开后，以前严重依赖合资生存的国内主流大型汽车集团将有可能空心化。

但同时也不排除某些中方合资伙伴话语权强大且产品的市场占有率大、技术和渠道等领域主要掌握在中方手中的企业要求增加股比的可能性。因为在处理同政府部门关系、本土市场需求分析、经销商网络拓展、市场推广、品牌本地化等领域，中方企业依然发挥着不可替代的作用。

（3）外资企业加大在华投入

从政策导向来看，国家发展改革委、工业和信息化部曾明确表示，不再核准新建独立法人传统燃油汽车整车企业。在这一条件下，如果外资品牌新建整车企业，只能选择新能源。同时，如果外资品牌争取更多股比，也只有在现有合资体系中博弈。在“双碳”目标和全球排放法规日趋严苛的同时，中国市场也有“双积分”的考核，传统燃油车产能已过剩，外资品牌的主动选择仍会是新能源。从产业发展来看，对新能源汽车来说，还处在产品导入期阶段，产品性能和技术更新快，消费需求仍然有待培育，放开股比限制有利于新技术的交流和融合。汽车电动化也带动了智能化、共享化等新技术、新模式的应用，这也意味着庞大市场背后存在着多样化的机会。

目前主要外资车企已开始加速新能源车型的国产化工作，保守估计2025年前将在华推出超过50款车型。在新能源合资领域，有些外资汽车企业已开始陆续成立第三家合资公司，以超过50%的股权继续加码新能源。江淮大众作为大众在华的第三家合资公司，大众增持股比达到75%，其产品重心指向新能源。2021年初，奥迪一汽合资项目落地，奥迪及大众汽车集团持有60%股份，一汽集团持有40%股份，同样是将新能源汽车作为新合资公司的主要方向。

（五）总结与建议

1. 股比开放后的汽车产业将迎来新格局

随着汽车产业进入全面开放竞争的新时代，市场竞争将加剧。由于新时代呈现出了“行业整合、全面创新”等特点，这将导致所有内资企业、外资企业的在华战略均需调整。建立一个公平开放、优胜劣汰的市场环境，将有利于国内市场改革一系列不合理或者不完善的体制机制问题，促进建立一个良性发展的、充分竞争的汽车产业和市场环境。

长远来看，未来随着海外优秀企业及产品逐步进入中国，市场将逐步呈现积极向好的发展态势，并且汽车企业巨头份额将持续提升，行业发展趋于稳定，产业发展趋于向好。总体来说，在更开放的市场、更自由的竞争以及全球汽车产业的重构等多重推动下，汽车产业核心技术、商业模式及产业范围等或将发生改变，中国汽车行业将迎来深度的重构。与此同时，在相对公平的竞争环境下，提升创新能力、掌握核心科技越来越成为企业占据有利地位的关键因素，而一些技术落后、污染大、能耗高的企业将面临被淘汰的危机，这对整个中国企业市场是一次发展环境的净化。

合资股比放开对合资企业，特别是长期依赖外方技术、车型及利润而自主品牌发展较慢的中方受到的冲击较大。股比放开后，中国车企将直面跨国公司的竞争，没有核心技术、没有核心竞争力的企业，将会面临被淘汰的危机。对于商用车来说，我国商用车企业由于长期以来形成了较强的竞争力优势，因此预计不会出现太大的变化。股比放开对专用车的影响也有限。

2. 迎接汽车产业新格局的政策建议

在构建“双循环”新发展格局背景下，汽车产业新旧动能发生转换，在汽车产业注重资本和市场开放的同时，我国汽车工业制造水平不断提升、技术实力逐步突破、产业发展势头继续稳中向好。在新一轮扩大对外开放的过程中，政府、行业、企业需要共同努力，以形成有效的政策保障、构建完善的行业机制、推动形成汽车产业新格局。

（1）政府跟进配套政策，加强行业管理

股比放开后，企业间的竞争交给了市场，这将促使我国政府管理方式发生改变，预计将会集中于法制化、事后监管等方向的管理。为防止股比限制完全放开对汽车产业可能造成的冲击，国家层面应该跟进扶持自主品牌等相关配套措施，以保证产业的安全平稳和产业政策的循序渐进。相关部门需要对汽车行业市场进行严格管理，将所有与汽车发展有关的企业融入行业管理体系中，通过监督管理，保证市场竞争的公平性，为国内企业提供更多发展的可能。同时，在未来政策制定等方面，仍需综合考虑对国有资本的调控能力。汽车强国战略的政策保障体系要充分考虑股比限制放开后对于产业安全造成的影响，并据此提前制定系统的应对措施和全面的保障方案，确保主要自主品牌汽车企业能够平稳过渡。

（2）合资企业提升综合实力，提前增加谈判筹码

合资股比放开后，较强势的中方股东短期内仍可以维持股比稳定。而大多数中方处于弱势，故需提前增加股比谈判的筹码。中方股东宜深度参与车型开发、核心技术研究、平台架构及体系建设，增强合资企业经营管理上的独立性，加强目前在合资企业中对渠道、销售、服务等领域的掌控或将助力企业提升综合实力。继续合资的整车企业应深化合作，将单纯合作制造引向合作开发与合作制造并举；将单一针对中国市场转向面向国际

国内两个市场。扩大引进和合资，发展汽车制造、研究、试验用高端装备，重点发展尚需大量进口的核心部件、核心材料。

（3）自主品牌夯实自身实力，积极应对新挑战

随着合资股比的放开，未来市场必然是多维竞争，自主企业只有夯实自身能力才能在未来的博弈中获得更多的话语权，在发展新能源汽车、打造世界级品牌、利用外资带动自身发展及全面布局产业链等方面进行突破。自主品牌要想通过新能源汽车来实现“换道超车”，不能有依赖外资品牌输出的想法，而应该加大技术研发、与科技企业深度合作等，以新的自主创新模式突围。自主企业应抓住合资股比放开前的政策过渡期，通过转型升级，让自己再上新台阶。

二 新区域合作框架下中国汽车产业发展的机遇、挑战与对策

（一）新时期推进区域经济合作的战略意义

1. 区域经济一体化是世界经济发展的重要特征与长期趋势

应对世界经济新发展格局的需要。当今世界经济正处于百年未有之大变局，世界多极化趋势日益明显，单一市场已经难以在激烈的全球竞争中取得最终优胜地位；新冠肺炎疫情对各国经济的连环冲击使得人类命运共同体、抱团取暖和集团作战的发展理念更加深入人心；主要经济体积极寻求在区域经济一体化上有所突破。区域经济一体化推动了跨境贸易、投资、金融、人员、竞争政策等制度接轨与规则统一，推动了全球经济治理体系的深刻变革。

应对逆全球化和单边主义挑战的需要。世界经济全球化进程遭遇了逆全球化、贸易投资保护主义、单边主义的冲击，不确定性和不稳定性显著上升。全球化还是逆全球化、开放还是保护、对抗还是合作，全球经济面临重大挑战与历史性抉择。深化区域贸易与投资自由化有利于共同应对外部冲击。对中国而言，通过"合纵连横"和多边战略，有助于构筑区域性国际贸易与投资利益共同体，打造国际经贸领域的"朋友圈"，突破少数国家滥用国家安全概念对中国特定产业和企业进行的全方位战略封堵，维护与促进正常的国际贸易投资秩序，建立负责任的全球性大国形象。

重构新型全球经济治理体系的需要。《区域全面经济伙伴关系协定》（RCEP）、《全面与进步跨太平洋伙伴关系协定》（CPTPP）、《中欧全面投资协定》（CAI）、《美墨加协定》（USMCA）、"一带一路"倡议等多边自由贸易协定与经济合作机制的顺利推进，表明以合作替代对抗、以携手替代推手、以铺路替代筑墙、以确定性替代不确定性、以稳定替代不稳定、以长期的多边治理架构替代短期的单边主义措施的区域经济合作机制与制度安排仍是大势所趋、各国共识、势不可挡。

塑造世界经济新动能和新格局的需要。世界经济重心进一步向亚太地区转移。亚洲成为全球经济最具活力和增长潜力的地区，也是拉动世界经济增长的"火车头"。RCEP、CPTPP 及正在进行中的中日韩自贸协定等区域性制度安排都聚焦于亚洲地区。积极推进亚洲地区多边和双边经贸合作，有助于进一步做大做强全球经济的引擎，拉动新冠肺炎疫情后世界经济的复苏和持续增长。日本政府 2021 年 3 月的一份报告指出，加入 RCEP 可将本国 GDP 拉高 2.7 个百分点，超过 CPTPP 和日本—欧盟经济合作（EPA）协定产生的积极效果。美国彼得森国际经济研究所（PIIE）预测，到 2030 年，RCEP 有望带动成员国出口净增加 5190 亿美元。世界银行 2019 年的研究报告指出，"一带一路"倡议中投资项目的全面实施可使 3200 万人摆脱中度贫困状态，使全球贸易增加 6.2%、沿线经济体贸易增加 9.7%、全球收入增加 2.9%。

促进新一轮科技革命和产业变革的需要。2008 年国际金融危机以来，发达国家大力推进“再工业化”战略。欧盟明确提出将欧盟整体制造业增加值占 GDP 比重提升至 20% 的目标。欧盟委员会 2020 年推出了关于数字经济转型发展的远景规划和数据战略，希望通过在欧洲统一数字市场基础上加快技术研发和优化产业链布局。美国制造业复兴也非常重视区域经济合作协定。

2. 新区域经济合作对中国经济的宏观意义

有利于构建新发展格局，推动中国进一步走向世界经济舞台的中央。积极构建、引领与融入以国内大循环为主体、国内国际双循环相互促进的新发展格局，打造自己的“朋友圈”，以多边主义、区域互利合作与全球化战略来应对单边主义、经济霸权和逆全球化措施的挑战，增强抵御外部冲击、掌握经济发展和经济安全能力的主动权。

有利于倒逼国内体制机制变革。通过区域经济合作和对外开放倒逼国内全面深化改革与扩大开放，接轨高水平的国际经贸规则，推动国内经济体制机制的创新，促进中国经济高质量发展。

有利于发挥综合竞争优势。发挥中国国内市场规模大、产业链完善、供应链紧密、资源要素供应充裕等综合优势，实现生产要素和资源在更大范围内的配置效率和优势互补，构筑中国经济持续增长的新动能。

有利于打造区域性经济利益共同体。通过减少或消除货物贸易、服务贸易、市场准入、要素流动、原产地规则、通关程序、技术标准等方面的制度性壁垒，创造和扩大区域市场需求，拉动各成员经济体的长期经济增长，形成“贸易创造”效应，促进区域经济共同体的长期繁荣。

有利于中国实体经济“走出去”。通过放宽、规范与便利市场准入，对接国际经贸规则，推动国内产业链、供应链、创新链基础与广阔的区域性国际市场、充裕的土地和劳动力要素供给进行深度整合，提高实业投资边际效益，化解国内产能过剩压力，推动中国实体企业高水平地“走出去”。

（二）主要区域经济合作机制的基本内容

随着世界经济增长和全球化的发展，国际贸易不再局限于传统形式。近年来，区域贸易协定（RTA）的数量和范围有所扩大，已签和在谈的大型多边协定显著增加。随着《全面与进步跨太平洋伙伴关系协定》（CPTPP）的生效以及《区域全面经济伙伴关系协定》（RCEP）的正式签署，全球自贸区区域化已势不可挡。中国坚持以高水平对外开放推动高质量发展，催生着中国与世界共同发展的新机遇、新任务。2021 年，我国政府工作报告指出，建设更高水平开放型经济新体制，推动共建“一带一路”高质量发展，构建面向全球的高标准自由贸易区网络。目前，我国正在加快推动 RCEP 和《中欧全面投资协定》（CAI）的正式生效，并于 2021 年 9 月 16 日正式申请加入 CPTPP。

1.《区域全面经济伙伴关系协定》（RCEP）

《区域全面经济伙伴关系协定》（RCEP）由东盟在 2012 年提出，旨在通过削减关税和非关税壁垒，建立统一市场。2020 年 11 月 15 日，东盟十国和中国、日本、韩国、澳大利亚及新西兰共 15 个成员国正式签署该协定。RCEP 涵盖人口超过 35 亿，占全球的 47.4%，国内生产总值占全球的 32.2%，外贸总额占全球的 29.1%，是全球涵盖人口最多、最具潜力的区域性自贸协定。将进一步促进本地区产业和价值链的融合，为区域经济一体化注入强劲动力，是近 20 年来东亚经济一体化建设最重要的成果。协定的签署标志着东亚—太平洋、欧洲和北美三大贸易一体化板块中最后一个板块的诞生，从而完成了三大自贸区的鼎立之势。RCEP 成员国均表示，将在 2021 年底前批准协定，推动协定于 2022 年 1 月 1 日生效。

（1）概况

RCEP 包括 20 个章节：初始条款和一般定义，货物贸易，原产地规则，海关程序和贸易便利化，卫生和植物卫生措施，标准、技术法规和合格评定程序，贸易救济，服务贸易，自然人移动，投资，知识产权，电子商务，竞争，中小企业，经济技术合作，政府采购，一般条款和例外，机构条款，争端解决，最终条款。

（2）协定主要内容

RCEP 规则安排的突出特点，体现出发展导向规则和标准导向规则并行、统一性与包容性兼顾、约束性与灵活性兼容、自由贸易新议题与 WTO 基本原则相衔接，将对区域经济一体化产生重大影响。从全球价值链的角度看，RCEP 的一个重要影响将是对亚洲价值链的整合和优化。RCEP 区域内已经有了很多双边自贸协定，RCEP 中的承诺关税并不一定在所有产品上都比现有的双边协定更低。但是，RCEP 达成的原产地区域累积制度，使得 RCEP 优惠原产地资格更加容易获得，从而使得优惠关税也更加容易获得。这使得 RCEP 各成员区域价值链合作关系将更加紧密，区域内产业链布局将更加优化。RCEP 的主要内容如表 4-1。

表 4-1 RCEP 的主要内容

章节名称	主要内容
第一章 初始条款和一般定义	本章主要阐明 RCEP 缔约方的目标是共同建立一个现代、全面、高质量及互惠共赢的经济伙伴关系合作框架，以促进区域贸易和投资增长，并为全球经济发展作出贡献。本章还对协定中的通用术语进行了定义
第二章 货物贸易	本章旨在推动实现区域内高水平的贸易自由化，并对与货物贸易相关的承诺作出规定。规定包括：承诺根据《关税与贸易总协定》第三条给予其他缔约方的货物国民待遇；通过逐步实施关税自由化给予优惠的市场准入；特定货物的临时免税入境；取消农业出口补贴；全面取消数量限制、进口许可程序管理，以及与进出口相关的费用和手续等非关税措施方面的约束。RCEP 生效后，区域内 90% 的货物贸易最终实现零关税

续表

章节名称	主要内容
第三章 原产地规则	本章确定了 RCEP 项下有资格享受优惠关税待遇的原产货物的认定规则。在确保适用实质性改变原则的同时，突出了技术可行性、贸易便利性和商业友好性，以使企业尤其是中小企业易于理解和使用 RCEP。在本章第一节中，第二条（原产货物）和第三条（完全获得或者完全生产的货物）以及附件一《产品特定原产地规则》（PSR）列明了授予货物“原产地位”的标准。协定还允许在确定货物是否适用 RCEP 关税优惠时，将来自 RCEP 任何缔约方的价值成分都考虑在内，实行原产成分累积规则。在第二节中，规定了相关操作认定程序，包括申请 RCEP 原产地证明、申请优惠关税待遇以及核实货物“原产地位”的详细程序。本章有两个附件：①产品特定原产地规则；②最低信息要求，列明了原产地证书或原产地声明所要求的信息
第四章 海关程序和贸易便利化	本章制定了确保海关法律和法规具有可预测性、一致性和透明性的条款，以及促进海关程序的有效管理和货物快速通关的条款，目的是创造一个促进区域供应链的环境。本章包含高于 WTO《贸易便利化协定》水平的增强条款，包括：对税则归类、原产地及海关估价的预裁定；为符合特定条件的经营者（授权经营者）提供与进出口、过境手续和程序有关的便利措施；用于海关监管和通关后审核的风险管理方法等
第五章 卫生和植物卫生措施	本章制定了为保护人类、动物或植物的生命或健康而制定、采取和实施卫生与植物卫生措施的基本框架，同时确保上述措施尽可能不对贸易造成限制，以及在相似条件下缔约方实施的卫生与植物卫生措施不存在不合理的歧视。虽然缔约方已在 WTO《卫生与植物卫生措施协定》中声明了其权利和义务，但是协定加强了在病虫害非疫区和低度流行区风险分析、审核、认证、进口检查及紧急措施等执行的条款
第六章 标准、技术法规和合格评定程序	本章加强了缔约方对 WTO《技术性贸易壁垒协定》的履行，并认可缔约方就标准、技术法规和合格评定程序达成的谅解。同时，推动缔约方在承认标准、技术法规和合格评定程序中减少不必要的技术性贸易壁垒，确保标准、技术法规和合格评定程序符合 WTO《技术性贸易壁垒协定》规定等方面的信息交流与合作
第七章 贸易救济	本章包括“保障措施”和“反倾销和反补贴税”两部分内容。关于保障措施，协定重申缔约方在 WTO《保障措施协定》下的权利义务，并设立过渡性保障措施制度，对各方因履行协议降税而遭受损害的情况提供救济。关于反倾销和反补贴税，协定重申缔约方在 WTO 相关协定中的权利和义务，并制订了“与反倾销和反补贴调查相关的做法”附件，规范了书面信息、磋商机会、裁定公告和说明等实践做法，促进提升贸易救济调查的透明度和正当程序
第八章 服务贸易	本章削减了各成员影响跨境服务贸易的限制性、歧视性措施，为缔约方间进一步扩大服务贸易创造了条件。包括市场准入承诺表、国民待遇、最惠国待遇、当地存在、国内法规等规则。部分缔约方采用负面清单方式进行市场准入承诺，要求现在采用正面清单的缔约方在协定生效后 6 年内转化为负面清单模式对其服务承诺做出安排。本章包含 3 个附件：金融服务、电信服务、专业服务

续表

章节名称	主要内容
第九章 自然人移动	本章列明了缔约方为促进从事货物贸易、提供服务或进行投资的自然人临时入境和临时停留所做的承诺，制定了缔约方批准此类临时入境和临时停留许可的规则，提高人员流动政策透明度。所附承诺表列明了涵盖商务访问者、公司内部流动人员等类别的承诺以及承诺所要求的条件和限制
第十章 投资	本章涵盖了投资保护、自由化、促进和便利化四个方面，是对原“东盟‘10+1’自由贸易协定”投资规则的整合和升级，包括承诺最惠国待遇、禁止业绩要求、采用负面清单模式做出非服务业领域市场准入承诺并适用棘轮机制（未来自由化水平不可倒退）。投资便利化部分还包括争端预防和外商投诉的协调解决。本章附有各方投资及不符措施承诺表
第十一章 知识产权	本章为本区域知识产权的保护和促进提供了平衡、包容的方案。内容涵盖著作权、商标、地理标志、专利、外观设计、遗传资源、传统知识和民间文艺、反不正当竞争、知识产权执法、合作、透明度、技术援助等广泛领域，其整体保护水平较《与贸易有关的知识产权协定》有所加强
第十二章 电子商务	本章旨在促进缔约方之间电子商务的使用与合作，列出了鼓励缔约方通过电子方式改善贸易管理与程序的条款；要求缔约方为电子商务创造有利环境，保护电子商务用户的个人信息，为在线消费者提供保护，并针对非应邀商业电子信息加强监管和合作；对计算机设施位置、通过电子方式跨境传输信息提出相关措施方向，并设立了监管政策空间。缔约方还同意根据 WTO 部长级会议的决定，维持当前不对电子商务征收关税的做法
第十三章 竞争	本章为缔约方制定了在竞争政策和法律方面进行合作的框架，以提高经济效率、增进消费者福利。规定缔约方有义务建立或维持法律或机构，以禁止限制竞争的活动，同时承认缔约方拥有制定和执行本国竞争法的主权权利，并允许基于公共政策或公共利益的排除或豁免。本章还涉及消费者权益保护，缔约方有义务采取或维持国内法律和法规，以制止误导行为或在贸易中作虚假或误导性描述；促进对消费者救济机制的理解和使用；就有关保障消费者的共同利益进行合作
第十四章 中小企业	缔约方同意在协定上提供中小企业会谈平台，以开展旨在提高中小企业利用协定并在该协定所创造的机会中受益的经济合作项目和活动，将中小企业纳入区域供应链的主流之中。协定强调充分共享 RCEP 中涉及中小企业的信息包括协定内容、与中小企业相关的贸易和投资领域的法律法规，以及其他与中小企业参与协定并受从中受益的其他商务相关信息
第十五章 经济技术 合作	本章为实现 RCEP 各国的共同发展提供了框架，为各方从协定的实施和利用中充分受益、缩小缔约方发展差距方面作出贡献。缔约方将实施技术援助和能力建设项目，促进包容、有效与高效地实施和利用协定所有领域，包括货物贸易、服务贸易、投资、知识产权、竞争、中小企业和电子商务等，同时将优先考虑最不发达国家的需求

续表

章节名称	主要内容
第十六章 政府采购	协定认识到政府采购在推进区域经济一体化以及促进经济发展中的作用，将着力提高法律、法规和程序的透明度，促进缔约方在政府采购方面的合作。本章包含审议条款，旨在未来对本章进行完善，以促进政府采购
第十七章 一般条款 和例外	本章规定了适用于整个 RCEP 的总则，包括缔约方法律、法规、程序和普遍适用的行政裁定的透明度、就每一缔约方行政程序建立适当的审查与上诉机制、保护保密信息、协定的地理适用范围等。同时，本章将 GATT1994 第二十条和 GATS 第十四条所列的一般例外作必要修改后纳入本协定。缔约方可以采取其认为保护其基本安全利益所必需的行动或措施。本章还允许缔约方在面临严重的收支平衡失衡、外部财政困难或受到威胁的情况下采取某些措施
第十八章 机构条款	本章规定了 RCEP 的机构安排，以及部长会议、联合委员会和其他委员会或分委员会的结构。联合委员会将监督和指导协定的实施，包括根据协定监督和协调新设或未来设立的附属机构的工作
第十九章 争端解决	本章旨在为解决协定项下产生的争端提供有效、高效和透明的程序。在争端解决有关场所的选择，争端双方的磋商，关于斡旋，调解或调停，设立专家组，第三方权利等方面作了明确规定。本章还详细规定了专家组职能、专家组程序、专家组最终报告的执行、执行审查程序、赔偿以及中止减让或其他义务等
第二十章 最终条款	本章主要包括关于附件、附录和脚注的处理；协定与其他国际协定之间的关系；一般性审查机制；协定的生效、保管、修订、加入及退出条款等。指定东盟秘书长作为协定的保管方，负责向所有缔约方接收和分发文件，包括所有通知、加入请求、批准书、接受书或核准书。条约的生效条款规定，协定至少需要 6 个东盟成员国和 3 个东盟自由贸易协定伙伴交存批准书、接受书或核准书后正式生效

资料来源：作者根据协定文本整理。

（3）汽车相关核心条款分析

1）原产地规则

RCEP 整合并拓展了 15 国间多个自由贸易协定，削减了关税和非关税壁垒（NTM）。从汽车产业看，部分汽车产品尤其是零部件产品纳入了关税减让范围，虽然降税幅度与成员国之间已生效的自由贸易协定（FTA）相比暂未进一步升级，但 40% 的本地化率允许区域累积规则有利于促进多边贸易，带动区域汽车产业合作并促进投资。

2）汽车产品降税安排

RCEP 签署之前，区域内已经有了很多双边 FTA。从汽车产品来看，自 2018 年 7 月 1 日起，我国整车最惠国税率分别由 25% 和 20% 降至最高 15%，大部分最惠国税率分别为 8%、10%、15%、20%、25% 的汽车零部件关税降至 6%。因此 RCEP 协议中的承诺关税并不一定在所有产品上都比现有的双边协定更低，需参照目前已生效的双边 FTA 中的协定税率或者我国的最惠国（MFN）税率来判定（见表 4-2）。

表 4-2　RCEP 框架下汽车产品降税安排对比

国别	产品类型	降税安排
中国	整车	根据 RCEP 现有降税安排，中国整车多数产品为例外（不参与降税），或高于相关协定税率（已生效 FTA）、最惠国税率（MFN 税率）。占汽车进口总量 98% 左右的乘用车在 RCEP 框架下均不降税，短期对整车进口没有影响。整体来看，RCEP 降税周期较长且不及中国与各成员国签署的 FTA 的降税力度，因此，需结合 FTA 或 MFN 税率来判定整车进口税率
	零部件（8707/8708）	2018 年 7 月 1 日起，中国大部分汽车零部件 MFN 税率已降至 6% 的较低水平。在中—澳、中—新及中国—东盟 FTA 框架下，中国相关进口零部件关税已降为 0。在中—韩 FTA 框架下，中国对韩国汽车进口零部件税率已处于较低水平。在 RCEP 框架下，长期（10 年之后开始）对日韩汽车零部件逐步下降至 0
其他成员国	整车	澳大利亚、新西兰整车产品的协定税率以及日本整车产品最惠国税率均已降为 0，韩国整体最惠国税率已处于中低水平（8%~10%）。泰国、马来西亚、印度尼西亚、菲律宾和越南等东盟国家对汽车产品仍采取一定保护措施，如马来西亚对排量为 1000 ~ 2000 cc 的大部分乘用车保持 10%、30% 或 35% 的基础税率，其他产品在 15 年内逐步降为 0（如排量不超过 1000cc 的救护车、房车）；排量超过 2000 cc 的乘用车 15 年内逐步降为 0；新加坡和文莱的整车进口关税已降为 0；在中国—东盟 FTA 框架下，缅甸和老挝客车、载货汽车及特种车已降至 0% ~ 3% 的较低水平；在 RCEP 框架下，缅甸、老挝、柬埔寨三国对部分汽车产品做出降税安排，但降税周期较长。如柬埔寨除个别乘用车为例外产品或保持 35% 基础税率外，其他大部分产品在 15 年或 20 年内降为 0
	零部件（8707/8708）	在中—澳、中—新及中国—东盟 FTA 框架下，大部分国家对中国 8708 零部件产品已实施零关税或较低税率（0% ~ 5%）。在 RCEP 框架下，韩国对我国 8708 产品做出降税安排，除电控制动件、变速器、方向盘、转向管柱为例外产品（保持 8% 的基准税率），其他产品逐年降税，第 10 年降至 0

资料来源：作者根据协定文本整理。

2.《全面与进步跨太平洋伙伴关系协定》（CPTPP）

《全面与进步跨太平洋伙伴关系协定》（CPTPP）是美国退出《跨太平洋伙伴关系协定》（TPP）后该协定的新名称。协定于2018年12月30日正式生效，成员包括日本、加拿大、澳大利亚、智利、新西兰、新加坡、文莱、马来西亚、越南、墨西哥和秘鲁11个国家。生效后的CPTPP占全球经济总量的13%，占全球出口的27.3%、进口的27.5%，覆盖5亿人口。其中，约90%的关税削减计划自签署国立法机构批准后立即实施，未来还会逐步取消98%的商品关税。

（1）概况

CPTPP全文包括30个章节，主要内容包括货物贸易、服务贸易、海关管理与贸易便利化、原产地规则、技术性贸易壁垒、金融服务、政府采购、电子商务、知识产权、竞争政策、国有企业、劳工与环境、中小企业、人员流动、透明度、贸易救济与争端解决机制等。

CPTPP与TPP文本最大的不同之处是对富有争议的条款进行搁置。暂停条款由日本推动，根据CPTPP成员的官方表述，一共22条，大多是TPP谈判时由美国提出的。CPTPP成员暂停条款的初衷是为了敦促协定的尽快达成并换取进入美国市场的机会。一旦美国重返CPTPP，恢复暂停的条款将需要现有各方重新达成意见。

（2）协定主要内容

CPTPP每个类别下所涵盖的细分议题及内容简介详见表4-3。

表 4-3 CPTPP 文本议题分类框架主要内容

类别	议题		主要内容	特点
传统议题的深化	货物贸易及相关议题	货物贸易	大幅度削减成员国间工业品的关税和非关税壁垒，在 CPTPP 实施后，绝大部分成员国零关税的比重都将达 80% 以上。取消对再制造产品的进口限制措施。首次提出提高出口许可程序要求的透明度	1. 以大幅度促进区域内贸易自由化为目标，各项规定立足于促进区内商品的自由流动； 2. CPTPP 关税的减让力度的确大幅高于已有 FTA，致力于取消世界贸易组织（WTO）多边框架下的货物关税； 3. 促进区域内价值链形成，维护 TPP 对区域内成员的利益； 4. 在贸易自由化中，强调一定程度的灵活性，增加不同发展程度的成员国对 TPP 的适应性； 5. 促进管理规则的一致性、透明性和科学性
		纺织品和服装	取消绝大部分纺织品和服装的关税，发挥该行业对区域内国家经济增长的贡献作用。提出促进区域内供应链和投资融合。列出“短缺清单”，以允许成员国在适用原产地规则方面的灵活性	
		原产地规则	体现了构建成员国间区域价值链的目的。特别是规定了“累积原则”，即在某一 CPTPP 缔约方生产产品时，任一 CPTPP 缔约方提供的原材料将与其他 CPTPP 缔约方的原材料同等看待。明确规定了一套通行的原产地规则	
		海关管理和贸易便利化	旨在通过采取更加细致的便利化和透明措施及深化合作，来保证海关当局公正地对待商品和减少海关管理的利益冲突，从而使得成员国的商品贸易能够快速通关，以促进区域供应链发展，推动包括中小企业在内的商业发展。 与 TPP 文本不同之处在于 5.7 条款：规定在正常情况下，对于价值或数量等于或低于缔约方法律中所设定的一固定数额的快运货物不征关税。每一缔约方应定期审议该数额，同时考虑相关影响因素。条款设计的初衷是为了推动贸易便利化、增加企业福利，搁置该条款会影响贸易便利化进程，尤其会对跨境电商的发展产生不利影响。搁置该条款使谈判难度降低，但是在复谈时，免税数额的确定、依据及成员国间的协调难度不小。（富有争议的 22 条搁置条款之一）	
		卫生和植物卫生措施（SPS）	在 WTO 规定基础上进行了推进。提高了对科学依据和透明度的要求，促进风险分析的使用。允许进口国家对出口国家的食品安全规则系统进行审核	
		技术性贸易壁垒（TBT）	体现了降低贸易壁垒、增加透明度的要求。首次对特定产品拟定了专门的附件，以促进区域内立法路径的一致性	
		贸易救济	规定了过渡性保障措施，允许缔约方在特定时间段内，对因 CPTPP 实施关税削减引发进口激增而导致对国内产业的损害实施至多可达两年的保障措施。本章内容与 WTO 相关条款规定相比，并没有全新的内容和规则，故而在规则层面没有形成更高的标准或者更高的开放度	

续表

<table>
<tr><th>类别</th><th colspan="2">议题</th><th>主要内容</th><th>特点</th></tr>
<tr><td rowspan="3">传统议题的深化</td><td colspan="2">投资</td><td>为确立投资规则，缔约方要求非歧视性投资政策与保护确保基本法治准则，但同时保障缔约方政府实现合法公共政策目标的能力。
CPTPP 规定了在其他与投资相关协议中出现的对投资的基本保护，如国民待遇、最惠国待遇、符合习惯国际法原则的最低标准待遇等。对投资的管理引入负面清单机制。投资章节还规定了中立、透明的国际投资争端解决安排，以确保预防滥用求偿程序，保障政府在公共利益方面的监管权力。
与 TPP 文本相比，以下内容为搁置条款：① 9.1 中对中央政府主管机关、外国投资管理机关的范围放松了；② 9.1 中对“书面协定”、国家掌握自然资源的范围、公共服务的内涵、投资授权的内涵进一步扩大，协定约束范围增加；③对已经缔约和生效的原始协定及其续约在 TPP 项下是没有约束力的，但 CPTPP 搁置该条款后，说明已缔约和生效的原始协定及其续约是存在约束力的，约束范围增加</td><td>1. CPTPP 投资条款力求在双边投资协定（BIT）条款的基础上增加附加条款，强化对投资者权利的保护。主要条款的标准与美国 BIT2012 范本相似甚至更高；
2. 搁置条款后，规则变得更加模糊，可行性降低，但约束范围更大。成员国暂时不用去谈，但是复谈时难度不小</td></tr>
<tr><td rowspan="2">服务贸易</td><td>跨境服务贸易</td><td>CPTPP 对跨境服务贸易的规范比现有双边和区域 FTA 更全面、更细致。彻底采用了负面清单，而非服务贸易协定（TiSA）的混合清单制。对国有企业采取了无原则的“歧视”对待。强调成员国所享有的各种优惠和利益可以拒绝让成员国的国有企业享有，专业服务首次被作为附件列入条款，为专业技术人员的跨境服务创造条件。
与 TPP 文本相比，以下内容为搁置条款：① 10-B.5，缔约方不得允许邮政垄断所涵盖的服务提供者用其通过邮政垄断服务获得的营业收入，对其自身的快递服务或其他任何竞争者提供的快递服务进行交叉补贴；② 10-B.6，在提供快递服务时，不得违反国民待遇和市场准入的承诺。条款设计的初衷是对邮政的垄断行为进行约束、有利于促进贸易公平</td><td rowspan="2">1. 以促进服务贸易自由化为目标，在各方面都做出了较大的推进；
2. 致力于促进新经济发展，为电子商务等领域提出了新规则框架；
3. 10-B.5 和 10-B.6 搁置条款不利于消除邮政服务的垄断地位，也不利于贸易公平。但是对邮政处于垄断地位的国家而言是利好，因为降低了邮政处于垄断地位的国家的谈判难度，给予它们更长的过渡期；</td></tr>
<tr><td>金融服务</td><td>对跨境电子支付服务进行了规定，对邮政部门出售保险进行了严格的规定。同时规定了多项保障措施，来保护 CPTPP 成员的不同利益诉求。从 CPTPP 金融服务的负面清单及相关内容的比较分析来看，成员国的开放程度各不相同，体现了差异性。</td></tr>
</table>

续表

类别	议题		主要内容	特点
传统议题的深化	服务贸易	金融服务	与 TPP 文本相比，以下内容为搁置条款：11.2 条范围条款中 TPP 投资章节的“最低待遇标准”的条款适用于本章。最低待遇标准为：各缔约方按照国际法原则给予涵盖投资公平公正待遇和全面保护与安全待遇，即不得拒绝司法公正和提供治安保护。最低待遇标准在金融业的运用在文莱、智利和秘鲁将推迟 5 年执行、在墨西哥推迟 7 年执行	4. 金融服务中相关条款设计的初衷是为了给金融服务提供一个更好的、可以预见的、稳定的投资环境，并给予文莱、智利、秘鲁过渡期。将 11.2 条款搁置，增加了金融投资在东道国的风险，给特殊国家的特殊待遇也一并消除，不利于金融服务的开放。最低待遇标准在部门里面应该属于国民待遇限制，取消了该条款，国民待遇限制承诺减少，谈判难度降低； 5. 电信服务是谈判的重要领域，13.21 条款的搁置明显是电信监管机构权威对企业利益博弈的胜利，促使谈判难度降低
		商务人员临时入境	以促进 CPTPP 成员国商务人员的便利通行为目标，在透明度、增进合作等方面进行了规定。该章的内容较少，但具有较为重要的意义，属于新章节，单独列章凸显了在全球价值链生产模式下促进成员国商务便利化的目标	
		电信	本章体现了促进 21 世纪新经济发展的特点。电信是数字经济发展的重要平台，高水平的电信服务将促进增长和创新。新规则将促进网络准入竞争规则扩展到移动通信服务商，并对促进国际移动漫游服务的竞争等方面进行规定。 与 TPP 文本相比，以下内容为搁置条款：13.21 条，复议。任何企业因该缔约方电信监管机构的裁定，导致其合法、被保护利益受到不利影响时，可要求复议。当然，该条款不得成为企业不遵守电信监管机构裁定的借口。条款设计的初衷是为了保护电信企业的权利，更好地平衡电信企业在与监管机构沟通中的弱势地位。将此搁置，对电信机构会产生负面影响，且不利于电信投资和贸易的发展。但是会维护电信监管机构的权威以及保证争端解决的效率	
		电子商务	本章提出了 21 世纪数字贸易发展的新规则框架，其标准比美韩 FTA 的电子商务章节有较大的推进。对在线消费者保护和商业信息自由跨境传输条款由非强制性条款提升为强制性条款。对国内电子交易监管框架、个人信息保护、计算机设备的位置、垃圾商业电子信息、源代码进行了规范。该标准远高于中澳 FTA 和中韩 FTA 中电子商务的标准	

续表

类别	议题	主要内容	特点
深度一体化议题	政府采购	政府采购条款以促进 CPTPP 成员国间商品和服务贸易出口为目标。在该议题的附件中，规定了各国所承诺的政府采购条款覆盖的范围，并以混合清单形式列出，越南等国均做出了开放承诺。 与 TPP 文本相比，以下内容为搁置条款：15.8 条，政府采购条款的实施必须符合“透明度与反腐败”章节的规定，且不妨碍缔约方推动经认可的劳动权利的相关法律。但上述措施的遵循不得成为国际贸易的变相限制或歧视；15.24 条，进一步谈判	1. 增加了适用于争端解决的机制，给这些条款加上了牙齿； 2. 对促进创新、新经济发展等提出了更高标准的规定； 3. “知识产权”相关搁置条款体现了美国等发达国家的商业价值观，是维护美国国际地位的体现； 4. “政府采购”相关条款设计的初衷是为了增强政府采购过程的透明度，并预防腐败，推进政府采购条款在缔约国的谈判进程。将此搁置，不利于政府采购的透明度、反腐败以及贸易自由化进程。政府采购是各国都非常重视的领域，很多国家进行了相应的贸易保护。而且该领域极易发生腐败现象，是谈判的重要且有争议的领域。此条款搁置，降低谈判难度；
	竞争政策	竞争政策强调在各国的竞争法实施过程中确保程序公正，为 CPTPP 各成员国建立或维持法律体系、确保禁止商业欺诈活动提供地区性的准则	
	知识产权	本章力图促进创新产品和服务的贸易和投资，对互联网服务、制药等领域做出了新规定。同时，规定了强有力的执行体系。 与 TPP 文本相比，以下内容为搁置条款：具体内容包含国民待遇条款的相关规定（18.8 条）、保护对象的相关规定（18.37 条、18.52 条、18.79 条）、保护期的相关规定（18.46 条、18.48 条、18.63 条）和保护措施的相关规定（18.68 条、18.69 条、18.82 条）	
	劳工	规定推行严格的、可强制实施的劳工标准。最核心的是三点：遵守国际劳工组织关于劳工权利的核心要求，不允许为促进投资和贸易而放宽国内法的劳工标准（不毁损原则），建立相关的争端解决制裁机制	

续表

类别	议题	主要内容	特点
深度一体化议题	环境	对环境问题建立可执行的承诺机制，强调了其适用于争端解决机制。在禁止某些渔业补贴、增加渔业补贴项目透明度、野生动植物非法交易等方面做出了更高标准的规定。环境条款存在于许多 FTA 中，本条款没有涉及气候变化等问题，标准低于美国环保主义者的预期。 与 TPP 文本相比，以下内容为搁置条款：20.17 条规定了野生动物非法获取和非法贸易适用的法律。不仅不能违反缔约国的相关法律，而且也不能违反获取或贸易发生地的法律。条款设计的初衷是给予野生动物更多的保护	5. “环境”一章中的搁置条款，使得野生动物非法获取和非法贸易的适用法律范围缩小，降低了对野生动物的保护力度。虽然降低了谈判的难度，但是野生动物保护意识强烈的国家可能不欢迎此条款
横向新议题	监管一致性	本章设立的主要目的是推动缔约方建立有效的跨部门磋商和协作机制，以促进监管一致性，从而确保 CPTPP 成员国市场上的商业主体享有开放、公平、可预期的监管环境。由国内监管一致性向 CPTPP 成员国的区域监管一致性扩展。这一章多是框架性的主张，各国实施中具有灵活度。虽然以实现 CPTPP 的经济效益为目的，但并没有对贸易的相关问题有直接涉及，而是对监管的内部机制和程序进行规范	1. 横向新议题第 7 章体现了 TPP 的“高标准、高质量、高层次、面向 21 世纪”的特征。这些议题将国内规则向区域规则扩展，一方面，通过协调与合作来降低国内管制政策导致的市场分割效应；另一方面，参与国通过协商自愿放弃在特定国内法律或管制政策上的管辖裁量权来获得谢林（Thomas C.Schelling）意义上的“自行捆住手脚之后更大的经济自由”。至于如何保持国家经济管理的独立性，并不完全被美国的商业价值观所牵制，则需要进一步探讨；
	合作和能力建设	合作与能力建设的领域广泛，不仅包括农业、工业和服务业等传统领域，还包括促进教育、文化和性别公平的合作以及灾害风险管理等新领域。强调技术和创新在促进合作和能力建设中的重要性，并明确私人部门的参与在促进合作和能力建设中的重要性	
	国有企业和指定垄断	这是新增加的章节，将双边、区域 FTA 与国内制度和改革相联系，将政策影响向“边界内措施”推进，规范成员国政府和企业行为。CPTPP“国有企业和指定垄断”条款是促进公平商业活动、维护市场运行机制、创造公平竞争市场环境的竞争政策领域的重大进展。对非歧视性对待及商业考虑、非商业支持（non commercial assistance）、强调透明度原则进行了规定，针对不同国家特点规定了豁免权和例外条款	

续表

<table>
<tr><th>类别</th><th>议题</th><th>主要内容</th><th>特点</th></tr>
<tr><td rowspan="4">横向新议题</td><td>中小企业</td><td>在 TPP 及 CPTPP 框架下，美国及世界历史上首次将“中小企业”议题添加到贸易协定文本当中，并在文本其他章节中多次提及中小企业问题。对重视信息分享、建立中小企业委员会等方面进行了规定，从而促进中小企业能够切实享受 CPTPP 所带来的巨大利益，帮助这些企业从全球贸易中获益</td><td rowspan="4">2.“透明度和反腐败”中的搁置条款虽然降低了谈判的难度，但是重新谈判起来难度不低。缔约方腐败的现状不同，对肃清腐败的决心也有差异。有的缔约方坚决拥护，但有的国家受到利益集团的阻碍，谈判难度增加</td></tr>
<tr><td>竞争力和商务便利化</td><td>本章以适应价值链发展、促进竞争力为目标。缔约各方成立竞争力和商务便利化委员会，建立有竞争力的环境，探讨促进供应链的发展、促进贸易便利化、降低自贸区内经营成本的方法</td></tr>
<tr><td>发展</td><td>TPP 曾是美国第一份包含发展章节的协定。随着美国退出协定，在 CPTPP 成员国经济发展程度差异较大的情况下，本章反映了发展中国家的发展诉求。本章规定了框架性的内容，并没有规定有约束力的义务，只是描述了可能获得的利益及获得这些利益的可能方法</td></tr>
<tr><td>透明度和反腐败</td><td>本章建立了反贿赂与腐败的最高标准。要求各缔约国应遵守 2003 年《联合国反腐败公约》等公约。体现更强的硬性约束，并规定了详细和具体的反腐败措施。反腐败条款更为规范、全面和深化。
与 TPP 文本相比，以下内容为搁置条款：主要内容体现在 26-A.2 条：程序公正。本条款主要是对新药品和医疗器械列入报销清单的程序公正做了相关规范。条款设计的初衷是增加药品报销的透明度和预防腐败。将其搁置不利于规范药品的报销过程，降低了透明度和反腐败的力度</td></tr>
</table>

资料来源：作者根据《揭开 TPP 的面纱：基于文本的分析》（中国社会科学院世界经济与政治研究所，Working Paper No. 201604）及 CPTPP 协议文本整理。

（3）与汽车相关核心条款分析

CPTPP 全文 30 个章节中，与汽车直接相关或对汽车产业影响较大的有原产地规则及各成员国对汽车产品具体的降税安排。

1）原产地规则

CPTPP 框架下，汽车的区域价值成分（Regional Value Content，RVC）要求为 45%，汽车零部件 RVC 要求为 35%~45%。每一缔约方应规定，本章、包括相关附件中、所规定用于确定货物是否属原产货物的区域价值成分（RVC）要求应按下列公式计算。其中，对汽车产品的 RVC 提出单独的计算方法，即净成本[1]法。如特定产品原产地规则规定，RVC 要求用于确定子目 8407.31 至 8407.34、8408.20、8409.91 至 8409.99、品目 87.01 至 87.09 或品目 87.11 所列的一汽车产品是否为原产货物，则每一缔约方应规定根据下列净成本法确定汽车产品的原产地的要求。

$$\text{RVC}=\frac{\text{净成本（NC）}-\text{非原产材料价格（VNM）}}{\text{净成本（NC）}}\times 100$$

2）汽车产品降税安排

CPTPP 框架下，所有国家都将取消对整车产品的关税。零部件方面，马来西亚和越南将在 10 年内取消高达 50% 的关税；澳大利亚将在 3 年内取消 5% 的关税；新西兰将在 7 年内取消 10% 的关税；文莱将在 7 年内取消 20% 的关税，详见表 4-4。

表 4-4 CPTPP 框架下汽车产品降税安排

国家	降税安排
澳大利亚	汽车产品降税分为两类，一类是立即降为零，降税代码为 EIF，另一类是 3 年降为零，降税代码为 AU3-A。整车产品中，除汽车底盘 3 年降为零外，其余类别整车均立即降为零。旧车的基准税率为 5% 的从价税和 1.2 万美元的价外税，其降税安排为从价税部分立即降为零，价外税部分不降税
加拿大	主要汽车零部件产品税率均立即降为零。整车产品中，大多数产品基准税率为 6.1%，极少数产品基准税率就为零，降税类别有立即降为零、分 5 年和 10 年等比降为零及分 4 年和 10 年不等比降为零。其中，客车自协定生效之日起分 10 年降为零，乘用车分 4 年不等比降税。货车、特种车、底盘中包含各种降税类别不一

1 净成本：指总成本减去促销、市场营销和售后服务费、特许权使用费、运输和包装费以及包含在总成本中的不可扣除的利息费用。

续表

国家	降税安排
马来西亚	大多数 CKD 进口车辆关税为零，但有配额限制。高尔夫球车、卡丁车、救护车等也有关税配额限制。8702 客车项下 CBU 进口基准税率为 30%，降税类型为 B11，分 11 年等比降为零，从第 11 年 1 月 1 日起取消关税。8703 乘用车项下 CBU 进口基准税率为 10%~35%，分为 3 年、6 年、11 年、13 年四个档等比降为零，其中基准税率为 30%，降税时间为 6 年和 11 年这两个档的产品最多。8704 项下客车产品基本上基准税率都为 30%，降税类别为 B11，即分 11 年等比降为零，从第 11 年 1 月 1 日起取消关税。8705 特种车基准税率为 30%，降税类别为 B6，即分 6 年等比降为零，从第 6 年 1 月 1 日起取消关税
秘鲁	所有整车及主要零部件产品均自协定生效之日起关税立即降为零
墨西哥	对除日本外的 CPTPP 成员国，整车新车产品关税均自协定生效之日起立即降为零，旧车及二手车的降税类别为 MX-R7，即货物关税自协定生效之日起由 50% 的基准税率降税至 47.5%，此后停止降税。对日本整车产品降税，除符合上述降税安排外，8702 客车及 8704 货车还有额外的降税安排，降税类别有 MXR4、MXR5、MXR6 三种。MXR4 是指自协定生效之日起，关税分 8 年非等比削减至 7.75%，第 9 年 1 月 1 日起再削减至 7.5%，此后不再降税。MXR5 是指自协定生效之日起，关税分 9 年非等比削减至 3.87%，第 10 年 1 月 1 日起再削减至 3.75%，此后维持此税率。MXR6 是指自协定生效之日起，关税分 9 年非等比削减至 1.28%，第 10 年 1 月 1 日起削减至 1.25%，此后维持此税率
日本	所有整车及主要零部件产品基准税率就为零，降税类别均为 EIF，即自协定生效之日起立即降为零
文莱	整车产品进口关税本身就为零，所以降税安排均为 A 类别，即自协定生效之日起完全取消关税。主要零部件产品基准税率均为 20%，除 8408 柴油发动机降税类别为 BD6 外，其他主要零部件产品降税类别均为 BD7-C。BD6 是指分 5 年降为零，前三年税率为 20%，第 4 年和第 5 年税率为 15%，第 6 年 1 月 1 日起税率降为零。BD7-C 是指分 6 年降为 0，前三年税率为 20%，第 4 年和第 5 年税率为 15%，第 6 年税率为 10%，第 7 年 1 月 1 日起税率降为零
新西兰	整车及主要零部件产品进口关税为 0%~10%，除 87089108 其他散热器及零件降税类别为 B7 外，其余产品降税类别都为 EIF，即自协定生效之日起关税就降为零。B7 是指自协定生效之日起分 6 年削减关税，自第 7 年 1 月 1 日起免除关税
智利	所有整车及主要零部件产品基准税率为 0%~6%，大部分为 6%，这些产品降税类别均为 EIF，即自协定生效之日起关税就降为零
越南	8702 客车、8703 乘用车、8704 货车基准税率为 5%~70%。其项下旧车及二手车产品关税由价内税和价外税两部分组成，且有关税配额，从价税即为基本关税税率，价外税为 10000~15000 美元。8702 客车新车降税类别为 B12，8703 乘用车新车降税类别以 B8 居多，有少数 B12 类别，8704 货车降税类别基本上为 B12，极少数有 B13。8705 特种车产品基准税率在 0 到 10% 之间，税率为零的降税类别为 EIF，其余产品降税类别为 B4 或 B8。8706 底盘基准税率在 10% 到 32%，降税类别为 B11

资料来源：作者根据协定文本整理。

3.《中欧全面投资协定》（CAI）

（1）概况

《中欧全面投资协定》（CAI，以下简称“中欧协定”）于2014年1月开启首轮谈判。历经7年35轮谈判后，2020年12月30日，中欧双方领导人共同宣布协定谈判完成。中欧协定生效后，将取代中国与欧盟成员国之间现行有效的26个双边投资协定，继而为中欧双向投资提供一个统一的法律框架。与传统双边投资协定不同，中欧协定是一份全面的投资协定，不仅涉及投资问题本身，还包括知识产权保护、可持续发展等相关问题，涵盖范围更广，标准和水平也更高。

中欧协定对标国际高水平经贸规则，着眼于制度型开放，是一项平衡、高水平、互利共赢的协定。中欧协定涉及领域远远超越传统双边投资协定，谈判成果涵盖市场准入承诺、公平竞争规则、可持续发展和争端解决四方面内容。互利共赢主要体现在，双方都拿出了高水平和互惠的市场准入承诺，所有的规则均双向适用，将为企业打造公平竞争的环境，惠及中欧双方企业乃至全球企业。

2021年5月20日，欧洲议会以压倒性的票数通过了冻结《中欧全面投资协定》的议案，该议案虽然决定不了中欧协定的最终命运，但它意味着欧洲议会将停止相关审议，这是该协定走向生效需要经过的中间一环。我国商务部表示，中欧协定是一项互惠互利的协定，这样的做法不符合双方共同利益。

（2）协定主要内容

2021年3月12日，欧盟公布了中欧协定全文内容。中欧协定包括六小节及两个附件，涵盖了市场准入承诺、公平竞争规则、可持续发展和争端解决四方面内容（见表4-5）。

表 4-5　中欧协定框架及主要内容

章节	章节名称	主要内容	类型
第一节	宗旨及名词解释	1. 签订协定的宗旨 2. 部分名词解释	
第二节	投资自由化	1. 适用范围 2. 中欧双方在设置市场准入条件时应该遵循的原则 3. 市场准入后，中欧双方对外商企业的设立、运营进行管理时应该遵循的原则 4. 中国籍、欧盟籍公民进行商务访问的规定	公平竞争规则
第三节	监管框架	1. 中欧双方在制定和执行国内的监管规则时应遵循的原则 2. 中欧双方在信息公开方面应遵守的原则，以保证外方能够及时了解本国的法律法规、部门规章、司法裁决、行政裁决等内容 3. 金融服务管理方面的特殊要求	
第四节	投资及可持续发展	1. 劳工权益保护 2. 环境与气候保护	可持续发展
第五节	争端解决	解决争端原则	争端解决
第六节	机构设置及最终条款	1. 机构设置，包括设置投资委员会、可持续发展工作组等 2. 快速响应机制，比如修改条约、争端解决流程等 3. 其他规定，包括税收、安全等	
附件（2个）	中欧市场准入清单	《中方市场准入清单》（中方承诺） 《欧方市场准入清单》（欧方承诺）	市场准入承诺

资料来源：作者根据协定文本整理。

（3）与汽车产业相关的核心条款分析

1）公平竞争规则中与汽车相关内容

公平竞争规则与汽车产业相关性较强的规定主要体现在技术转让、出口及本土化要求、国有企业管理、标准法规等方面（见表 4-6）。

表 4-6　公平竞争规则方面主要内容

公平竞争规则相关内容	具体规定
禁止强制性技术转让	中欧任何一方不得采取以下措施：强制要求外资企业向其境内的自然人或企业转让技术、生产工艺或其他专有知识，干涉双方企业之间的技术转让或许可活动（技术转让或许可应基于双方自愿）等

续表

公平竞争规则相关内容	具体规定
禁止设置出口比例，以及本土化研发、生产和采购要求	中欧任何一方不得对在其境内投资的外资企业设置以下条件：一定水平或比例的出口、本土化研发及国产化要求；必须购买、使用或优先考虑在其境内生产的货物，或向其境内企业购买货物；要求外资企业将区域或全球总部设置在其境内等
对国有企业的运营进行了规定	此处的“国有企业”是指符合以下任一条件的企业：①政府持有股比超过 50%；②政府拥有 50% 以上的投票权；③政府拥有任命大多数董事会或其他同等管理机构成员的权利；④政府能够控制企业决策。对于国有企业的运营，中欧双方均应确保：其国有企业完全基于商业考虑作出决策，国有企业在向缔约方企业购买、销售商品或服务时不歧视缔约方企业
对标准法规透明度进行了规定	中欧双方均有义务允许缔约方企业参与中央政府机构（包括标准化工作组和各级技术委员会）的标准制定工作，并给予缔约方企业不低于其境内企业的待遇。中欧双方还应公开其标准化工作组和技术委员的名称及其成员名单，应以及时和透明的方式向缔约方企业提供标准化机构的申请程序要求，包括准入条件和成员要求

资料来源：中国汽车技术研究中心有限公司（CATARC）根据协定文本整理。

2)《中方市场准入清单》(中方承诺)与汽车相关内容

在《中方市场准入清单》中，中方承诺文件长达 93 页，包括 5 个附件：附件 1，中国时间表(含 36 个子条目)；附件 2，中国时间表(含 17 个子条目)；附件 3，中国市场准入具体承诺和限制一览表；附件 4，商务访客；附件 5，在华设立新能源汽车公司的相关规定。详见表 4-7。

表 4-7 市场准入方面中方承诺主要内容

中方承诺	协定内容	具体分析
明确对外开放时间表	《中方市场准入清单》“附件 1 条目 6 运输设备制造业”中对汽车领域的开放时间表作出了明确规定，即“2022 年取消传统燃油乘用车外资股比限制以及合资企业不超过两家的限制”	与《外商投资准入特别管理措施（负面清单）(2019 年版)》中的规定一致

续表

中方承诺	协定内容	具体分析
对外商在我国投资汽车整车项目进行了规定	一是禁止新建燃油汽车（不包括插电式混合动力汽车，简称 PHEV）投资项目	与《汽车产业投资管理规定》（简称“22 号令”）相比，协定将 PHEV 从燃油车类别中剥离，纳入新能源汽车类别进行管理，允许新建
	二是现有汽车企业扩大燃油汽车生产能力投资项目应满足的条件。现有汽车企业扩大燃油汽车生产能力投资项目应满足：①上两个年度汽车产能利用均高于同产品类别（乘用车、商用车）行业平均水平；②上两个年度新能源汽车产量占比均高于行业平均水平；③项目所在省份上两个年度汽车产能利用率均高于同产品类别行业平均水平，且不存在行业管理部门特别公示的同产品类别燃油汽车企业	与“22 号令”相关，删除了“上两个年度研发费用支出占主营业务收入的比例均高于 3%”“产品具有国际竞争力”两个要求，这是对“公平竞争规则”中禁止强制技术转让、禁止强制本土化研发、禁止强制出口等条目的落实
	三是新建独立纯电动汽车企业投资项目（不含新建投资额超过 10 亿美元的合资纯电动汽车企业，详见《中方市场准入清单》最后一页）所在省份应符合的条件	①上两个年度汽车产能利用率高于同产品类别行业平均水平；②现有新建独立纯电动汽车企业投资项目均已建成且产量达到建设规模。与“22 号令”相比，新建投资额超过 10 亿美元的合资纯电动汽车企业可不受地方产能利用率和已有项目达产限制
	四是外商投资者有权查阅产能利用率、新能源汽车产量占比等数据	—

资料来源：中国汽车技术研究中心有限公司（CATARC）根据协定文本整理。

3）《欧方市场准入清单》（欧方承诺）与汽车相关内容

在《欧方市场准入清单》中，欧方承诺文件长达 175 页，包括 4 个附件：附件 1，对适用于欧盟现有措施的保留；附件 2，对适用于欧盟未来措施的保留；附件 3，市场准入的具体承诺和限制一览表；附件 4，中国籍、欧盟籍公民进行商务访问的规定。详见表 4-8。

表 4-8 市场准入方面欧方承诺主要内容

序号	相关内容	分析
1	附件 1 和附件 2 在国民待遇、最惠国待遇、被禁止的业绩要求和对高级管理层和董事会的非歧视性要求等承诺方面采用了负面清单法	除那些被明确排除在外的部门，或在保留的情况下，所有部门都要作出相关承诺。任何保留都必须基于现有的（不符合规定的）措施，必须明确指出如果某个部门没有被列入清单，则该部门已根据相关义务作出充分承诺
2	在附件 2 中，缔约方列出它们保留减损这些承诺的权利的部门，包括在目前不存在不符合规定的措施的情况下	此部分内容可能为今后欧盟各种出台政策提供“政策空间”
3	附件 3 对影响市场准入的数量限制（如所谓的“经济需求测试”或有限数量的许可等）的承诺采取肯定列表的方式	双方只要在其报价中列出相关部门，就会作出承诺（不设数量限制）
4	附件 4 说明了适用于中国籍、欧盟籍公民进行商务访问的规定	—

资料来源：作者根据协定文本及欧盟中国商会（CCCEU）相关解读整理。

长期以来，欧盟是全球汽车产业发展水平最高的地区之一，对汽车产业投资准入持较为开放的态度。在汽车产业方面，涉及内容较少，主要体现在以下方面：附件 1 中，瑞典和斯洛伐克对欧盟现有措施设置了环保服务保留条款；附件 2 中，以欧盟为整体以及保加利亚、克罗地亚、捷克、立陶宛、斯洛伐克和西班牙 6 个国家，分别就未来措施中公路运输的运输服务、过境许可、道路税优惠等方面作出规定。

（三）汽车领域区域经济合作的国际实践与基本趋势

1. 国际实践及启示

横向地、历史地看，美国、日本、欧洲等国家汽车产业的发展不仅离不开区域市场一体化和贸易投资自由化的制度安排，而且程度在不断加深。

（1）美国与北美自贸区

1）主要背景

美国是全球吸收外商投资和对外直接投资最多的国家，一直提倡投资自由化，实行准入前国民待遇加负面清单的管理模式。

在全球推行高标准贸易和投资规则。美国试图通过签订自由贸易协定（FTA）和双边投资协定（BIT）在全球范围内推行其高标准的外商投资负面清单管理模式，形成世界标准和惯例。自 2001 年以来，美国开始积极推进投资自由化进程，截至目前，已与 20 个国家签订 FTA 并已生效。美国已生效的多数 FTA 是两国政府之间的双边协定，如美—澳，美—韩等。但有些协定，如《美墨加协定》（USMCA）和《多米尼加共和国—中美洲—美国自由贸易协定》，是若干缔约方之间的多边协定。美国贸易协定的另一个重要类型是贸易和投资框架协定（TIFA），TIFA 为各国政府在早期阶段讨论和解决贸易与投资问题提供了框架。这些协定也是确定能力建设并酌情开展能力建设工作的一种手段。此外，美国还签署了一系列双边投资条约（BIT）帮助保护私人投资，在伙伴国家制定面向市场的政策，并促进美国的出口。

《北美自由贸易协定》（NATFA）推动北美三国产业融合发展。进入 20 世纪 90 年代以后，美国政府开始重点实施产业复兴，改革汽车产业生产方式，将日本精益生产方式与大批量生产方式相融合。同时，积极推进投资自由化谈判，1994 年，美国与加拿大、墨西哥签订的《北美自由贸易协定》（NAFTA）正式生效，规定汽车产品逐渐取消关税，美国从墨西哥进口的乘用车关税待协定生效即取消（1993 年进口关税率为 2.5%），轻型载货汽车关税即时下降 10%，余下在 5 年内取消；墨西哥从美国进口的乘用车关税即时取消，轻型载货汽车关税即时下降 50%，余下在 5 年内取消，其他车辆关税在 10 年内取消；美国和加拿大之间的汽车关税，仍按《美加自由贸易协定》实行。在此基础上，美国还与韩国等其他国家签订了自由贸易协定，实现了优势互补，改善了投资环境，使美国汽车产业降低了生产成本，扩大了产销规模和效益。

《美墨加协定》（USMCA）排外特色鲜明，汽车产业尤为明显。为了进一步推进投资自由化，美国通过《跨太平洋伙伴关系协定》（TPP）和《跨大西洋贸易与投资伙伴协定》（TTIP）降低关税水平，推进贸易自由便利化，实现高标准的服务和投资政策、负面清单、政府采购等措施；2020 年 7 月 1 日，《美墨加协定》（USMCA）正式生效并取代《北美自由贸易协定》（NAFTA），针对能够享受优惠关税的条件，以及原产地规则方面尤其是汽车领域的内容做了较大变更，比原来的条件更为严格和复杂（见表 4-9）。北美地区的汽车生产和贸易格局正在发生重大调整。

表 4-9 《美墨加协定》中对汽车产业相关条款的变更

规则	内容
区域价值成分（RVC）	新协议规定：为了享受特惠关税，必须使区域价值成分（RVC）达限值以上。针对乘用车 / 轻型载货汽车（整车），以净费用（NC）方式计算要求 RVC 的首年度限值达 66%。RVC 限值将每年上调，2023 年（第 4 年）以后将为 75%。此外，针对超级关键零部件、核心零部件、主要零部件、补充零部件，要求以净费用方式计算达 65% ~ 75%。 针对乘用车 / 轻型载货汽车（整车）的 RVC 限值，NAFTA 将其设定为 62.5%。RVC 的计算方法被限定为净费用（NC）方式。新协议变更了 RVC 计算方法，因而不能进行单纯比较，但新协议比 NAFTA 的 RVC 限值更为严格
劳动价值含量（LVC）	新协议新增了“劳动价值含量”（Labor Value Content，LVC）的思路和框架。针对被认定为高工资工厂（整车组装工厂和零部件工厂），要求创造一定比率的附加值（劳动价值）； 若想被认定为高工资工厂，要求满足有关直接雇员的平均工资（基于时薪、仅基本工资、不含福利费用等）、生产规模（适用于动力总成组装工厂）的标准。从平均工资的标准来看，建于美国的工厂为时薪不低于 16 美元，建于加拿大的工厂为时薪不低于 20.91 加元，建于墨西哥的工厂为时薪不低于 304.31 比索

续表

规则	内容
变更关税分类标准（CTC）	新协议变更了关税分类标准（Change in Tariff Classification，CTC）。就汽车领域，核心零部件（除锂电池）和部分汽车零部件不能适用 CTC； CTC 规定：如果生产该产品时使用的非原产材料与该产品之间的指定关税分类编码（HS 编码）有变更，仍将相应产品视为原产品
产品溯源制度	新协议废止了产品溯源制度（NAFTA 曾经适用产品溯源制度）。 产品溯源制度在 NAFTA 中是一项适用于整车（除大型车）及汽车零部件的特别规则。当从区域外进口已纳入溯源名单的产品时，必须将其计入 RVC 的非原产材料费用（Value of Non-originating Materials，VNM，不能结转）； 对于未纳入溯源名单的品种，允许不计入非原产材料费用
超级关键零部件	新协定规定：超级关键零部件（Super Core）原则上如果不是全部属于区域内原产品（满足 RVC 条件），就不承认该整车的原产地比率； 超级关键零部件包括：发动机、变速器、车身 / 底盘、车桥（驱动桥 / 非驱动桥）、悬架系统、转向系统、EV 驱动用先进电池（计 7 种）； 在计算超级关键零部件的 RVC 时，规定可将 6 种（除 EV）或 7 种（EV）超级关键零部件视为 1 组，只要满足区域价值成分（RVC）要求的救助措施
强制整车制造商采购钢铁和铝产品	新协议针对整车制造商采购的钢铁、铝产品，强制要求区域内原产品达 70% 以上。此处判断钢铁、铝产品的原产地比率的标准为：是否在该区域内开展了铸造工序（melted and poured）。该规则也适用于开展乘用车、轻型载货汽车、重型载货汽车的生产和组装业务的整车制造商，不影响汽车零部件制造商有关自家产品的钢材原产地规则； 在 2019 年 12 月 10 日签署的修订议定书中决定，针对强制采购钢铁的要求给予 7 年缓冲期。同时，暂时取消了强制采购铝产品的要求（不过，将在协议生效 10 年后重新研讨）
根据第 232 条加征关税的措施（汽车）	根据第 232 条加征关税时可豁免的汽车产品：从墨西哥进口的乘用车（260 万辆以内）、全部轻型载货汽车及汽车零部件（1080 亿美元以内）；从加拿大进口的乘用车（260 万辆以内），全部轻型载货汽车及汽车零部件（320 亿美元以内）
针对个别汽车零部件的原产地规则	针对汽车零部件，基本上如果能够达到各品种原产地规则（Product-Specific Rules of Origin，PSR）所规定的区域价值成分（RVC）限值，将能享受特惠关税； 从汽车零部件的原产地规则来看，设定了核心零部件 (Core Parts)、超级关键零部件（Super Core）、主要零部件（Principal Parts）、补充零部件（Complementary Parts）、其余零部件等类别； 没有劳动价值含量（LVC）和强制采购钢铁、铝产品的内容

资料来源：作者根据协定文本整理。

2）美国汽车企业在墨西哥、加拿大的发展

得益于《北美自由贸易协定》（NAFTA）等一系列优惠便利条件，美国主要汽车公司早已在加拿大、墨西哥两国布局，并实现了深度的本地化发展。福特、通用、克莱斯勒集团[1]均已在加拿大和墨西哥设立总部、研发、生产、销售等机构。特朗普上台之前，由于北美自由贸易协定的优惠关税，加之墨西哥拥有明显的劳动力成本优势（仅相当于美国的1/5）、汽车产业链完备发达，加拿大拥有汽车企业赋税较低、能源价格低廉、技术工人水平较高等优势，美国主要汽车企业持续加大对墨西哥和加拿大汽车产业投资。然而，在特朗普制造业回流呼声下，加之《美墨加协定》新规促使制造业回流美国。2017年2月，福特公司宣布取消16亿美元的墨西哥圣路易斯波托西新厂（投资16亿美元）的建设计划，而在2019年12月，福特公司宣布将在美国密歇根州东南部的两个制造工厂投资逾14.5亿美元，并新增3000个工作岗位。为应对特朗普威胁称将对墨西哥产皮卡征收25%的制造税，FCA决定终止道奇公羊在墨西哥工厂的生产进度，并让经济型小车重上流水线。2018年，为了满足2019年款道奇公羊皮卡不断上升的产能需求，FCA曾试图将其底特律工厂一条用来生产滞销轿车的生产线改造生产公羊皮卡，但却遇到技术阻碍，因此FCA决定重开墨西哥工厂。

（2）欧盟与德国

1）主要背景

1957年3月，比利时、法国、联邦德国、意大利、荷兰和卢森堡6个“欧洲煤钢联营”成员国，在罗马共同签署《欧洲经济共同体条约》和《欧洲原子能共同体条约》（统称《罗马条约》）。《罗马条约》的签署被认为是欧洲一体化进程的关键一步，为日后正式建立欧盟奠定了重要基础。1993年11月1日，《马斯特里赫特条约》正式生效，标志着欧盟正式成立。欧

1　2021年1月，标致雪铁龙集团与菲亚特克莱斯勒集团合并成立斯特兰蒂斯集团。

盟总部设在布鲁塞尔，由欧洲共同体发展而来，现拥有 27 个成员国。

欧盟自贸体系完备发达且成效明显。欧盟贸易协定在取消商品关税的同时开放了服务市场。日本与欧盟的经济合作协定（日欧 EPA）生效后，2019 年欧日双边贸易增长 6%。关税下降最明显的产品，如葡萄酒和肉类及纺织品、服装和鞋类的贸易增长了 10%。欧盟—加拿大自由贸易协定（CETA）生效后，双边贸易增长了 9%，2017—2018 年，欧盟面向加拿大的服务贸易增长了 12.3%。2019 年，欧盟与已与其签署 FTA 的 60 多个国家和地区的货物贸易增长了 3.4%，而与世界其他地区的增长率为 2.5%。

欧盟一体化进程遭遇重大挑战。自 2009 年以来，欧盟先后经历了主权债务危机、移民危机、英国“脱欧”等一系列危机事件。随着欧盟危机的持续爆发，“欧洲去一体化”作为一个新概念不仅经常成为欧洲媒体的标题语，而且进入了一体化研究的重要议程。2020 年 1 月 30 日，欧盟正式批准了英国“脱欧”。英国“脱欧”是欧洲一体化进程遭受的一次重大挫折，将对欧盟的未来和欧洲国际关系产生深远影响，至今未有实质性进度。

欧美 TTIP 谈判未获进展。2013 年 2 月，欧盟与美国已就尽快启动双边自由贸易协定（FTA）谈判达成一致。2013 年 6 月欧美自贸区谈判正式启动，截至 2015 年 5 月底，已举行 9 轮谈判。欧美有望建成世界最大的自贸区，涵盖全球 40% 的经济产出和 50% 的贸易活动。欧美谈判尚未取得实质性突破，且《跨大西洋贸易和投资伙伴协定》（TTIP）在欧盟内部遭遇了反对和质疑。2016 年特朗普上台之后，以“美国优先”为主导思想的贸易保护主义成为美国经济的主轴，特朗普直接叫停了 TTIP 的所有谈判还挑起了与欧盟的一系列贸易战，TTIP 谈判就此搁浅，至今未有实质性进展。

日渐重视与亚洲国家的 FTA 建设。2012 年以来，欧盟还相继宣布与马来西亚、泰国等启动自贸协定谈判。欧盟和新加坡的自贸协定谈判已于 2012 年 12 月结束，双边投资协定谈判于 2014 年 10 月 17 日结束。投资部分内容已作为投资章节纳入双边自贸协定。目前，协定尚未完成内部报批程序。欧盟与印度的自贸谈判也已取得一定进展，但双方在农产品、汽车市场开放，服务业特别是银行业开放，政府采购、环境及劳工等问题上存在分歧。《中欧全面投资协定》已于 2020 年 12 月 30 日完成谈判，目前尚未生效。

在日欧 EPA 框架下，由于长期以来日本对汽车产业持开放的态度，因此协定主要涉及欧盟对日本进口汽车产品的降税安排（见表 4-10）。

表 4-10 日欧 EPA 框架下欧盟对日本汽车产品的降税安排

<table>
<tr><th>乘用车</th><th>载货汽车</th><th>客车</th><th>汽车零部件（含车身）</th></tr>
<tr><td rowspan="5">10%，8 年内降为 0</td><td>汽油载货汽车≥ 2800cc（22%）</td><td>汽油客车≥ 2800cc（16%）</td><td rowspan="5">3%~4.5%，90% 以上零部件立即降为 0</td></tr>
<tr><td>柴油载货汽车≥ 2500cc（22%）</td><td>柴油客车≥ 2500cc（16%）</td></tr>
<tr><td>汽油载货汽车 < 2800cc（10%）</td><td>汽油客车 < 2800cc（10%）</td></tr>
<tr><td>柴油载货汽车 < 2500cc（10%）</td><td>柴油客车 < 2500cc（10%）</td></tr>
<tr><td>8 年内降为 0</td><td>13 年内降为 0</td></tr>
</table>

资料来源：作者根据协定文本整理。

欧盟—越南自由贸易协定生效时，欧盟立即消除对越南 85.6% 的关税，7 年后消除对越南 99.2% 的关税；越南将对欧盟出口商品消除 48.5% 的关税，7 年后消除 91.8% 的关税，10 年后消除 98.3% 的关税（见表 4-11）。越南和欧盟还达成了关于汽车及汽车零部件的附加协定，对标准法规协调、市场准入、行业监管等方面作出安排。

表 4-11 欧盟—越南自由贸易协定框架下双方汽车产品降税安排

车型	欧盟	越南
客车（8702）	当前税率为 10% 或 16%，协定生效后到第 8 年（2027 年 1 月 1 日）均等降为 0	自协定生效后 11 年（2030 年 1 月 1 日）均等降为 0
乘用车（8703）	雪地车目前为 5%，协定生效后到第 4 年（2023 年 1 月 1 日）均等降为 0；其他乘用车目前为 10%，到 2027 年 1 月 1 日均等降为 0	自协定生效后 10 年（2029 年 1 月 1 日）或 11 年（2030 年 1 月 1 日）均等降为 0

续表

车型	欧盟	越南
货车（8704）	非公路自卸车、总重不超过 5 吨的装有压燃式活塞内燃发动机的货车、专为高放射性物质（Euratom）的运输而设计的货车自协定生效即降为 0（2020 年 8 月 1 日）；其他协定生效后到第 8 年（2027 年 1 月 1 日）均等降为 0	自协定生效后 11 年（2030 年 1 月 1 日）均等降为 0。（总重超过 45 吨的非公路自卸车、部分特殊用途货车自协定生效即降为 0）
特种车（8705）	自协定生效即降为 0（2020 年 8 月 1 日）	起重车、钻探车、救火车自协定生效即降为 0；混凝土搅拌车、医疗车等自协定生效后 11 年（2030 年 1 月 1 日）均等降为 0
带有发动机的汽车底盘（8706）	客、货车用底盘目前为 19%，协定生效后到第 8 年（2027 年 1 月 1 日）均等降为 0；乘用车用底盘自协定生效即降为 0	自协定生效后到第 8 年（2027 年 1 月 1 日）均等降为 0
车身附件（8707）	自协定生效即降为 0	自协定生效后到第 8 年（2027 年 1 月 1 日）均等降为 0
机动车零附件（8708）	自协定生效即降为 0	自协定生效后到第 8 年（2027 年 1 月 1 日）均等降为 0
发动机（840733/34）	自协定生效即降为 0	协定生效后到第 8 年（2027 年 1 月 1 日）均等降为 0
轮胎（4011/4012/4013）	自协定生效即降为 0	机动小客车新的充气橡胶轮胎协定生效后到第 8 年（2027 年 1 月 1 日）均等降为 0；其他自协定生效后 11 年（2030 年 1 月 1 日）均等降为 0

资料来源：作者根据协定文本整理。

2）德国汽车产业在欧盟的发展

德国是现代汽车产业的发源地，是生产汽车历史最悠久的国家，经历了发明试验、不断完善、迅速发展和高科技广泛应用四个发展阶段，并拥有戴姆勒、宝马和大众三大汽车集团。目前，德国汽车行业主要被五大公司垄断，即戴姆勒、宝马、大众、欧宝和美国福特公司在德国的子公司。作为欧盟成员国，所有欧盟对外签订的自由贸易协定和优惠贸易协定，德国都受到其权利义务约束。

在欧盟区域一体化推动下，加快在欧洲布局。德国汽车厂商拥有庞大的海外产能，汽车制造商和供应商遍布世界主要国家和地区。根据全球汽车信息平台 MarkLines 数据，德国汽车企业已在欧洲 15 个国家建立了数十家整车及零部件企业，主要集中在英国、法国、西班牙、捷克、匈牙利、奥地利、斯洛伐克、波兰等国。同时，奔驰、宝马、大众等企业也在加紧新能源汽车的产能布局。

德国汽车零部件业加速转移至中东欧。21 世纪初期开始，德国汽车工业由于成本原因加速将生产基地向东欧转移。以捷克、波兰、斯洛伐克、斯洛文尼亚等为代表的中东欧国家有着较成熟的汽车工业基础，是世界上成长最快的汽车制造业中心之一。加之汽车工业是中东欧国家的优势产业，中东欧国家出台了一系列政策鼓励外商投资汽车产业政策，且中东欧劳动力整体水平较高，促进了德国汽车产业向中东欧国家的转移（见表 4-12）。

表 4-12　德国汽车产业向中东欧国家转移情况

国家	汽车产业情况及优势
捷克	1991 年和 2000 年，大众集团先后两次收购斯柯达 70% 和 30% 的股份，至此斯柯达成为大众集团旗下第四大品牌。在整车制造方面，乘用车领域，捷克拥有斯柯达、丰田—标致雪铁龙和韩国现代三家乘用车制造龙头企业，其中斯柯达是捷克的工业百强企业之首和贸易额最大的出口企业，也是大众集团在全球的第三大研发中心。捷克的劳动力成本仅为德国的 1/3
波兰	在整车制造方面，几乎 98% 的波兰汽车生产用于出口，波兰汽车出口的最大市场是德国，是大众集团的东欧策略基地，拥有大众集团在欧洲地区最重要的两个发动机工厂，大众集团在欧洲市场近 50% 的产量是波兰制造
斯洛伐克	在欧盟新成员国中，斯洛伐克汽车产量仅次于捷克和波兰。在整车制造方面，斯洛伐克拥有欧洲最先进的汽车组装生产线，大众、标志雪铁龙和起亚三大世界知名汽车制造厂均在斯洛伐克投资建厂
斯洛文尼亚	斯洛文尼亚汽车产品主要以出口为主（约占 90%），整车制造主要出口市场包括德国、意大利、法国、奥地利、匈牙利及东南欧地区，汽车零部件主要出口市场包括德国、法国、意大利、奥地利、英国、美国和西班牙等

资料来源：作者根据公开资料整理。

知识密集型产业保留在国内。长期以来，德国汽车工业一直处于欧洲汽车产业链的核心地位。德国汽车产业链的特点是，以整车原始设备制造商（OEM）为前端，辅以大量的中小型零部件供应商（一级～三级），组成庞大的供应商体系，这些中小型企业包括许多在细分领域的龙头企业。整车企业在政府的支持下深度绑定供应链上的零部件供应商、当地学校资源及跨界公司。德国汽车产业投入大量的成本于国内核心工厂进行高端技术研发、整车设计、质量把控等，并在国外寻找劳动力低廉的国家设厂进行简单生产或直接将部分生产外包给国外工厂。

（3）日本与东盟

1）主要背景

日本自 20 世纪 50 年代实施“贸易立国”战略以来，一直是世界自由贸易的最大受益国。起初，日本一直致力于推进全球多边贸易体制的发展，回避包括自由贸易区在内的双边及少数国家间的经济合作。

日本积极推动双边自由贸易协定（FTA）。进入 21 世纪，为确保自身利益，日本不断调整本国的贸易政策，开始关注以 FTA 为代表的双边贸易体制。在不断发展过程中，日本确立了较为明确的 FTA 战略，并积极在东盟和其他区域内推进。20 世纪 90 年代末以来，全球 FTA 特别是双边自由贸易迅速发展。面对国际环境的新变化，出于推进国内经济结构改革的需要，日本对双边自由贸易的态度越来越积极。

东盟逐渐成为日本最为重要的 FTA 推进区域。2002 年，日本外务省制定了“日本的 FTA 战略”，决定以东盟和韩国为中心，在东亚和全球开展双边自由贸易。随后，日本的 FTA 战略不断得到充实和细化，战略目标更明确，可操作性更强。2006 年，日本内阁会议审议通过了经济产业省提出的国家战略“经济全球化战略”，将与东盟及成员国缔结经济伙伴关系协定（EPA）作为首要目标，进一步明确了在东盟实施 FTA 战略的重要地位。

在日本 FTA 战略指导下，日本与东盟的双边 FTA 呈现出迅速发展的局面。

积极参与区域大型自贸协定。日本成为全球唯一同时与重要大型自贸协定建立自贸关联的发达国家。目前，日本已于 2019 年与欧盟签署日欧 EPA，日本既是 CPTPP 成员国，也是《区域全面伙伴关系协定》（RCEP）成员国，并积极参与中、日、韩自贸区等其他自贸协定。日欧 EPA 的经济圈规模超过 2018 年包括日本在内 11 国参加的《跨太平洋伙伴关系协定》（TPP）。剔除日本重复部分后，日欧 EPA 与 CPTPP 成员国的 GDP 合计约占全球 GDP 的 35%，人口覆盖超过 10 亿；RCEP 覆盖总人口达 22.7 亿，GDP 合计达 26 万亿美元，出口总额达 5.2 万亿美元。

2）日本汽车产业在东盟的发展

日本开拓东盟汽车市场始于 20 世纪 60 年代，以廉价节油的策略迅速抢占当地市场，并积极进行海外布局。

大力实施本地化生产，整零企业协同发展。20 世纪 70 年代以后，东南亚各国为了保护本国汽车产业而大幅度提高了整车进口关税，日本车企对此采取在当地投资建厂的策略，逐渐提高了在东南亚生产的本地化率，进一步占据东南亚市场。20 世纪 80 年代后期，东盟汽车市场随经济的迅速发展而逐渐扩大，众多日系零部件制造商进入泰国，形成投资热潮。20 世纪 90 年代，日本经济泡沫破灭后，日本汽车企业对国内的经营体系进行了调整，加强了海外工厂的生产能力，特别是在东盟地区的生产。日本汽车企业调整了对东南亚的战略，重新整合生产资源，将分散在几个国家的汽车生产基地进行整合，增强产能提高规模效益；在零部件生产方面，为了在同欧美的竞争中取胜，日本提出并实施了把东南亚地区建成高品质的零部件生产和出口基地的战略举措，主要原因在于东盟汽车市场需求旺盛、工业化进程加快以及劳动力成本低廉。

日本汽车在东盟占据绝对市场优势。日本汽车企业在东盟地区深耕细作数十年，日本汽车在东盟地区已占据绝对市场优势。2020 年，日本汽车企业在马来西亚的市场份额达近 30%，在泰国的市场份额超过 85%，在印度尼西亚的市场份额达 95% 以上（见表 4-13）。

表 4-13 日本汽车企业在东盟布局情况

国家	日本汽车企业发展情况
泰国	由于泰国实施开放的产业政策和投资准入措施，吸引了大批日本汽车制造商来泰国投资设厂，主要是丰田、本田、五十铃、三菱等，其中以丰田在泰国的产能最大。近年来，泰国政府鼓励投资生产电动汽车政策的项目正在相继落地，预计电池等零部件的当地生产能力也将逐步提升；丰田、本田已在当地投产 HEV 车型，丰田、三菱等日本汽车企业也将陆续在当地投放 PHEV 车型，日产已在泰国开展 EV 车型的生产
印度尼西亚	以丰田、三菱、铃木、本田、日产等为代表的日本汽车企业处于绝对统治地位。为应对印度尼西亚“低成本绿色车型”（LCGC）政策，日本汽车企业纷纷投放了相应的 LCGC 车型。2019 年开始，日本汽车企业开始向该国投放电动车型
马来西亚	由于马来西亚本土汽车品牌北鹿大和宝腾的绝对优势地位（合计市场份额 60% 以上），因此日本汽车产品（丰田、本田、马自达等）在马来西亚市场约占据 35% 左右的市场份额。目前，日系汽车企业也在该国投放了新能源汽车产品，如本田投放了 HEV 产品，日产投放了 EV 产品（Leaf 聆风）
越南	本田、五十铃、日产、三菱、铃木、日野、马自达、丰田等日本汽车企业均已在当地投资设厂，日系产品占据该国市场绝对优势，销量最大的车型有丰田 Vios、三菱 Xpander、马自达 Mazda3 等
菲律宾	丰田和三菱参与该国政府出台的《全面汽车振兴战略》（CARS），通过生产符合政策的车辆并有效利用产能，进一步扩大市场份额；而本田则在 2020 年初退出了当地生产

资料来源：作者根据公开资料整理。

东盟一体化促进日本汽车产业与东盟融合发展。2003 年 1 月，东盟自由贸易区内的零部件和整车的关税降至 5%，日本各大汽车企业充分利用这个关税优惠政策，纷纷在东盟区域内进行集中生产和加强贸易，促进东盟国家的汽车生产专业化，协同并进。丰田、三菱、马自达等汽车企业均把泰国、菲律宾、印度尼西亚作为其重要的零部件生产和出口基地，东盟国家的重要性日益凸显（见表 4-14）。

表 4-14 日本汽车零部件企业在东盟三国布局情况

国家	代表企业	概要	主要产品	主要客户	其他企业
泰国	高冈爱信泰国集团（ATTG）	1977 年成立，是泰国汽车钢铁及铝制品的领军集团	发动机、变速器、底盘零部件	—	电装、IHI、AGC、ATTG、EXEDY、THOKAI RIKA 等
印度尼西亚	PT Advics Manufacturing Indonesia	汽车制动产品生产商，属于爱信集团	电子稳定控制、防抱死制动系统、制动盘、制动鼓等	本田	电装、AICHI STEEL、爱信、爱信化学、EXEDY、TAKAT、KYB、MUSASH 等
马来西亚	电装	1946 年成立，全球领先的汽车科技企业	空调系统、车身、发动机零部件、车身部件、电机、ECU 等	—	NTN、NSK、NWB、ICHIKOH、JTEKT、ENKEI、EXEDY 等

资料来源：作者根据公开资料整理。

各国实践表明，汽车产业是市场、资本、技术、信息、法规标准、基础设施、人力资本、公共政策等各类要素与资源高度开放、高度融合和充分竞争的产业体系和产业生态，市场分割与贸易投资保护不利于全球汽车产业的长远发展。世界百年未有之大变局正加速演变，新一轮科技革命和产业变革带来的激烈竞争前所未有，汽车和交通领域的“四化”革命将全球市场、资本、技术等更紧密地联结在一起，区域性贸易与投资合作进一步发展成为高度一体化的制度安排是互利共赢的战略选择。做好各项预案，应对可能出现的贸易失衡、市场波动、就业变化等经济与社会影响。

2. 基本趋势

一是各国更加依赖通过参与区域合作框架来确保自身产业安全与经济利益，应对外部冲击与市场波动。RCEP 框架下的区域成分累积原则及部分产品的降税安排，将强化区域汽车产业链供应链优势。由于 RCEP 涉及 15 个国家，区域成分累积原则将显著提高协定优惠税率的利用率，并将进一步加速区域内汽车产业链供应链的融合，RCEP 红利将得到充分释放。成员国之间已有的其他 FTA 税率（零关税或较低税率）以及 RCEP 框架下对部分零部件做出的降税安排，加之多个成员国的中间品都能叠加计入增值标准，有利于促进 RCEP 区域内汽车及零部件贸易，提升区域内汽车产业链优势，确保区域内汽车产业链供应链安全高效运行。

二是国家与国家之间、厂商与厂商、联盟与联盟之间的竞争转变为几大区域合作体系之间竞争。这一竞争态势在亚太地区体现得最为明显。以中国的视角来看，这一区域的竞争主要体现在中美及中日之间。在亚太地区除了有 CPTPP，还有 RCEP 及 FTAAP（亚太自由贸易区）。RCEP 在很长一段时间内被认为是 CPTPP 的竞争对手，由于中国在 RCEP 中，虽尚未加入 CPTPP，但中国已于 2021 年 9 月正式申请加入 CPTPP。美国退出 TPP 之前，RCEP 和 CPTPP 被视为中美之间在大型自贸区谈判中的竞争。中美之间的竞争还体现为美国致力于将 TPP 打造成亚太自由贸易区（FTAAP）的范本，而中国则在 2014 年 APEC 峰会上宣布 FTAAP 将启动进入实质阶段。

三是一个经济体可能同时加入不同的区域性贸易投资自由化制度安排。如越南在东盟框架下已经单独签署了共 14 个自贸协定和 2 个在谈自贸协定（越南—以色列、越南—欧洲自由联盟）。越南同马来西亚、文莱、新加坡一样，既是 CPTPP 成员国也是 RCEP 成员国，此外，越南与欧亚经济联盟和欧盟的自贸协定也分别于 2016 年和 2020 年生效。越南工贸部认为，自贸协定在促进贸易及开拓新的商品和服务市场方面发挥着重要作用。2019 年，越南与 CPTPP 的 10 个成员国之间的贸易额达到 774 亿美元，比 2018 年增长 3.9%。越南向全球出口了 395 亿美元的商品和服务，同比增长 7.2%，进口 379 亿美元，同比增长 0.7%。如智利，既是 CPTPP 成员国，也是南方共同市场（MERCOSUR）成员国。一方面积极推动与南方共同市场其他成员国，如巴西、阿根廷、秘鲁等通过取消贸易壁垒、改善合作与互联实现更大程度一体化，另一方面通过加入 CPTPP 不断增进与世界最有活力的经济领域——亚太地区的联系，促进了货物、服务和投资的流动更加开放。

四是涵盖范围不断扩大。除货物贸易、市场准入、国民待遇、投资便利化、原产地规则、海关程序、技术标准、争端解决机制等传统领域外，还涵盖了服务贸易、知识产权、环境与劳工标准、数字贸易等新兴领域。近年来，服务贸易已成为全球贸易最具活力的组成部分，在经贸发展中发挥着越来越重要的作用。RCEP 提升了服务贸易开放水平，将推动成员间服务贸易规模进一步扩大，就开放水平而言，15 方均作出了高于各自“10+1”自贸协定水平的开放承诺。中方服务贸易开放承诺达到了已有自贸协定的最高水平。CPTPP 制定了高标准的劳工、环境和知识产权保护规则，环境规则中还涉及濒危野生动植物贸易、臭氧层保护等规则，为我国今后加入此类高标准自贸协定指明了发展方向，我国应当将现行国际劳动标准中尊重和保障工人权利的有益成分吸纳到我国劳动法中，推动我国法制建设，并逐步完善公众参与环境保护的机制。

五是复杂博弈和利益妥协过程，存在一定的阻力和困难。经济性因素、政治性因素、社会性因素等都会影响决策与实施。2021 年 4 月，澳大利亚单方面撕毁“一带一路”协议，恐将对 RCEP 正式生效产生负面作用；5 月，欧洲议会通过相关决议冻结了《中欧全面投资协定》批准程序，欧盟此举是将中欧经贸问题政治化，给中欧关系带来负面影响，并且无法推动协定正式生效。此外，对于发展中国家来说，要充分发挥已加入的自贸协定的全部潜力，必须解决许多挑战和问题。例如，越南许多当地产品质量不高，无法达到各国进口产品准入标准；越南出口产品 80% 以上是原材料，附加值低；尤其是越南复杂的贸易法律框架和政策不能满足新一代自贸协定的要求；与此同时，越南出口产品面临中国、印度以及东盟国家同质产品的激烈竞争。

（四）中国汽车产业高质量发展：战略机遇与挑战

1. 中国融入新区域经济合作协定的战略机遇

推动中国汽车强国目标的实现。通过货物贸易、服务贸易、投资、金融服务、电子商务、竞争政策等方面的自由化、便利化，将扩大中国汽车产品的市场渗透率，提高整个中国汽车制造业在更大范围内的资源优化配置，改变传统的以扩大生产能力、追求产销量、培育营销网络和融入全球供应链等为主要驱动力的外延式发展模式，转向以质量、技术、服务、高附加值、绿色和供应链安全等为主要驱动力的内涵式发展模式。推动中国汽车产业质量变革、效率变革和动力变革。

推动汽车产业制度开放与创新向纵深推进。通过推动与国际高水平经贸规则的全面接轨，特别是在市场准入、关税减让、取消外资股比限制措施和非关税措施（如进口许可证管理）、实施原产地规则、简化优化通关流程和口岸监管等方面进一步开放，促进我国汽车产业的制度型开放。

推动中国汽车产业技术创新能力迈上新台阶。通过在 RCEP 范围内对标日本和韩国，以及在《中欧全面投资协定》框架下对标德国、法国、意大利、英国等传统汽车技术强国，找到关键核心技术上的差距与短板，瞄准关键核心技术“卡脖子”问题，整合优质生产要素与资源，完善产业创新体系、技术标准、产品质量与管理、知识产权保护水平，推动我国汽车产业技术升级能力。

推动中国汽车产业全面融入和引领国内国际双循环发展。通过贸易投资自由化便利化措施，推动中国汽车制造企业更大范围、更深程度融入国内和国际汽车产业大循环，在区域经济范围内优化配置资源，包括汽车产业链布局（包括跨境直接投资和企业收购）、供应链管理、价值链掌控、产品线分布、研发网络布局、适应性开发、营销网络构建等，有助于增强中国汽车产业的国际话语权。

推动中国汽车产业增强抵御供应链、产业链和数据链等外部冲击的长远能力。在区域合作框架下构建自主安全、灵活高效、互利共赢的中国汽车制造各类生产要素的安全供应体系。突破少数国家在汽车产业高端环节和重点上（如车用高端芯片、车载基础软件、汽车设计软件、车用关键材料等）的“卡脖子”威胁，将中国汽车产业大厦建构在更加厚实、更加坚实的地基之上。

2. 中国融入新区域经济合作协定面临的主要挑战

传统的以贸易与投资保护为主要政策工具的汽车产业政策体系面临严峻挑战。加入区域经济一体化进程，进一步削弱了通过传统的关税、非关税和投资保护等政策工具来保护国内汽车产业发展的能力，国内汽车产业的某些短板（如整车平台开发能力和汽车服务业）将不可避免地直接处于激烈的外部竞争环境中。中国汽车产业政策将面临由选择性政策体系转向功能性政策体系的历史性转折，这种功能性产业政策将更多地倾向于促进产业技术创新与提升生产效率、促进商业模式创新、激发企业家精神、助推消费结构升级、推动绿色低碳发展、保护消费者安全等。针对上述领域的功能性汽车产业政策，是一种无歧视、无差别的普适性产业政策，对内资企业与外资企业、国有企业和民营企业均一视同仁，这也是区域贸易自由化协定的主基调。对于汽车产业的行业管理者而言，产业政策的着力点将是如何确保在公平透明无歧视、公共利益至上的制度环境和原则下，推动本国汽车产业高质量发展。

中国汽车产业面临高标准国际经贸与投资规则的挑战。与现行的以WTO规则为基础的国际经贸规则相比，新的区域贸易与投资自由化便利化协定水平更高、开放度更大。中国汽车厂商将面临来自各缔约成员的法律法规、贸易管制、投资准入、技术标准、环境标准、知识产权、政府采购、项目审查、通关流程等游戏规则，面临不同目标市场的政策、消费市场、投融资、价格、同业竞争、雇工、贸易、土地供应等发展环境，面临各种新型的显性和隐性贸易与投资壁垒（如滥用国家安全之名），面临在本土市场上无法掌控的多重风险和不确定性。

中国本土汽车企业将同时面临传统跨国汽车公司（如日、韩、德企业）和新兴汽车企业（如东南亚国家企业）双面夹击的严峻挑战。加入新的区域贸易投资自由化便利化协定，意味着中国本土汽车企业继加入 WTO 之后，又一次更深层次、更宽领域地融入区域经济一体化和全球化进程当中，同时也又一次撤掉了惯用的政策“保护伞”。对于中国汽车企业而言，一方面，他们既要在中高端市场上直接面对丰田、现代、大众等传统跨国汽车公司在技术、品牌、服务等方面的高端竞争压力，包括原有合资企业新增投资更倾向于以独资方式进行；另一方面，还要面对低成本国家汽车企业（包括跨国汽车公司在东南亚国家投资建立的企业）挤压的低成本竞争压力。如果处理不好，就会面临国内既有市场份额被外国企业侵蚀而国外市场又进不去的风险。最不乐观的局面是：国内高端整车市场更多地被进口汽车所占据，而我们期望国内品牌整车进军国外市场的局面却被各种隐性壁垒所阻挡。

对中国汽车制造商如何在区域合作框架下跨境优化整合要素资源供给提出了严峻的挑战。中国汽车产业要通过新的高水平区域经济合作机制实现高质量发展，一方面必须要具备在区域内优化整合产业链、供应链、价值链、创新链、数据链、人才链、政策链等的体系化支撑能力，另一方面还要求缔约成员具备鼓励与支持中国汽车厂商进行上述战略行为的主观真实意愿。但目前来看，要达到上述两个方面的要求，中国汽车厂商还有相当长的路要走。

跨国汽车厂商对华投资与贸易转移和替代性竞争带来长期性挑战。中国汽车市场近年来进入中低速增长阶段，劳动力、土地、资金等要素成本开始上升，日本、德国、韩国等汽车厂商开始将低端产品产能向中国周边市场潜力大、要素成本较低的东盟国家转移。RCEP 框架下，不排除日本、韩国等汽车厂商在东盟国家投资扩能，再利用 RCEP 和其他自贸协定下的低关税优势向中国市场输出的可能性。

（五）总体判断与影响因素

1. 总体判断

长期来看，利大于弊、机遇大于挑战、合作大于竞争、共赢大于零和；产业发展的主动权始终在中国汽车厂商自己手中；中国由汽车大国向汽车强国迈进，处于由以国内大循环为绝对主导地位的旧发展格局向以国内大循环为主体、国内国际双循环相互促进的新发展格局转变的重要历史阶段；国家间利益均衡稳定，有效运转的格局需要一定时间来沉淀和固化，短期内可能面临新的风险挑战和不确定性（如短期的贸易失衡或产业链某些环节受到抑制）；等等。

2. 有利因素

中国积极履行扩大对外开放的承诺，包括持续降低汽车整车和零部件等工业制成品的关税水平；大国市场优势主要体现在规模大、多样化、可持续、综合性等方面；中国拥有庞大而完整的产业体系和若干强大的汽车产业集群，国际分工地位不断上升；本土厂商具备较强的综合实力，产品力不断提升，跨境投资、跨境收购和整合资源能力不断增强；新能源汽车领域走在世界前列；已经与 26 个国家和地区签署 19 个自贸协定，通过“一带一路”建设，对目标市场有了初步了解；设立了 21 个自贸试验区（含海南自贸港），地方政府招商引资竞争，政策稳定，营商环境不断完善；自贸协定设定了一定期限的缓冲期和争端解决机制；贸易投资自由化便利化成为国际社会共识，越南与欧盟签订的自贸协定中 99% 的货物享受零关税；等等。

3. 不利因素

目标市场上面临显性与隐性的投资保护、关税与非关税措施壁垒、不公平竞争和政府补贴；少数国家以产业安全为借口阻碍和限制中国汽车厂商的市场准入；中国汽车厂商与日本丰田、德国大众和韩国现代等跨国汽车公司相比，全球布局较晚，综合实力还不强，品牌、技术、金融服务、营销网络等也不占优势；存在区域内个别成员因全面履行降低关税、减少非关税措施而造成一定的贸易失衡现象，并最终招致贸易保护措施的风险；未完全摆脱在关键技术领域被“卡脖子”的挑战，其中产业链和供应链的短板制约了产品和资本“走出去”的能力，如汽车芯片、汽车设计软件、高端测试与生产设备；等等。

（六）深化区域经济合作助推中国汽车产业高质量发展的战略对策

1. 主导思想

以区域自贸与投资协定为平台载体和约束条件、以市场为导向、以企业为主体、以政策为推动力，立足新发展阶段，从推动全面形成新发展格局和构建高水平开放型经济新体制的战略高度出发，积极对标高水平国际经贸规则，大力推进中国汽车产业全方位、宽领域、高水平地融入区域贸易投资自由化便利化进程，引领塑造区域汽车产业发展利益共同体。加强顶层设计和战略谋划，积极推进区域内汽车产业全要素、全链条的耦合和共振，积极谋划区域汽车产业一体化发展的蓝图。以市场准入、贸易、投资、金融和数据等自由化便利化为重点，积极推进通关效率、电子商务、知识产权、原产地管理、公平竞争与反垄断、政府采购、环境与劳工标准、国有企业、政府补贴等领域更开放、更规范和更深度的合作。聚焦重点领域和重要市场，巩固原有优势领域和传统市场，积极开拓新兴领域和市场（如中日韩自贸区、“一带一路”沿线国家和地区自贸区），迅速形成突破口，以点带面，带动全面扩大开放。以对外开放促进汽车产业发展动力变革、技术变革和制度变革，推动汽车产业发展模式转换，从追求产销量的规模扩张和数量驱动型增长，转向追求经济效益、社会效益和环境效益兼容的高质量驱动型发展，助力中国汽车强国战略目标的实现。

2. 基本原则

坚持以我为主，主动谋划、积极融入、协同引领；谋求长远发展和合作共赢，巩固和扩大“朋友圈”，不求赢者通吃、一时之利和一企之私。

坚持合作与竞争并举理念。合作促进竞争，竞争深化合作；合作是发展的基础，竞争是发展的手段；合作要拓展和深化、竞争要公平和规范，才能使区域经贸合作机制行稳致远。

坚持对标先进国际规则，循序渐进地推进。积极稳妥，既积极有为，对标先进国际规则，积极履行开放承诺，又量力而行、循序渐进、动态调整，既要放得开，又要管得住。

坚持底线思维和风险意识。积极防范和化解可能出现的贸易与投资壁垒以及知识产权、市场准入、公平竞争等方面的风险。建立贸易安全与产业安全审查与监测预警机制。

坚持发达市场和发展中市场“双轮驱动”。一方面，要在贸易与投资自由化框架下，通过与日本、德国、韩国等汽车强国的贸易、投资和技术等全方位合作，提升中国汽车厂商的综合竞争力；另一方面，通过面向东盟市场的贸易与投资自由化，推动中国庞大而成熟的汽车产业链供应链“走出去”。

3. 应对举措

用好用足现有贸易投资自由化便利化政策，充分发挥中国汽车产业多年来积累的雄厚产业基础，特别是在传统燃油车产业链和供应链方面的优势，在鼓励传统整车厂商“走出去”的同时，推动零部件厂商“走出去”、投资“走出去”（生产能力）、资本“走出去”（收购重组、资本市场融资等）、服务“走出去”（营销、物流、信息服务等）、技术“走出去”（当地建立研发中心、合作开发）、人才“走出去”（人才双向流动），在区域经济合作框架下实现更大范围的优化配置资源。

利用好自贸与投资协定中规定的市场与投资保护缓冲期和过渡期，瞄准国内厂商在高端车用芯片、高速轴承、IGBT、高端自动变速箱、功率半导体器件、高性能复合材料、汽车开发平台软件等诸多核心供应链、产业链与创新链上的“卡脖子”环节和短板，用好国家先进制造产业投资基金、国家制造业转型升级基金、国家集成电路投资产业基金等政策资源，打造政产学研介用金等的产业联合体，力争在缓冲期内不仅要补足短板，更要补强长板，转劣势为优势，为区域自贸投资协定的升级版打下产业基础。

紧紧抓住全球汽车产业“四化”的战略转型机遇，以电动化、智能化、网联化和共享化为突破口，利用区域自贸与投资协定提供的贸易、投资、标准、信息服务、知识产权等方面的现有机制，以需求侧为牵引，打通区域内各经济体“四化”领域涉及的产业链、供应链和数据链，以点带面，培育起中国汽车产业“四化”新优势。

借助区域经济合作的便利条件，积极参与国际标准法规的制修订与协调，推动我国具备先发优势的新能源汽车和智能网联汽车的标准“走出去”，特别是要在“一带一路”沿线国家和地区为中国汽车企业“走出去”服务。同时也要深化国际法规协调合作，争取在自动驾驶与网联车辆、自动驾驶功能要求、电动汽车安全、电动汽车与环境、燃料电池电动汽车等方面，积极贡献“中国方案”，助力中国汽车高质量发展。

在全面履行区域自贸与投资协定框架下货物贸易、服务贸易和投资领域开放等方面各项承诺的基础上，与协定成员方的当地汽车厂商（包括当地中小企业）建立紧密的战略合作伙伴关系，包括共建区域性采购、物流、金融、人力资源、生态环境、技术研发和法律咨询等合作机构，形成“你中有我、我中有你”的利益共同体，避免单打独斗和对立冲突。以汽车产业的跨境贸易与跨境投资为重点和牵引，带动中国与“一带一路”沿线国家和地区签订贸易与投资自由化协定，推动汽车贸易、投资、交通、技术、减碳、信息等方面的互联互通。

充分发挥协会、学会等行业组织的作用，打造各协定成员方政府和企业之外的第三极推动力。RCEP、CPTPP 等涵盖了全球最大的汽车市场（除北美地区外），在这些市场上，汽车产业具有高度自组织特征。既有汽车厂商和汽车产业工人的行业协会，也有专事各类研发活动、学术交流和消费者权益保护等性质的社会组织。随着汽车产业的行业边界和职业边界的不断扩展，信息通信、数据处理、互联网应用、交通服务、标准认证等非传统厂商开始大规模加入，社会组织在协调各方利益上不可替代的作用更加突出。中国汽车厂商一方面要通过自组织形式组建由国内主要厂商参加的联合“舰队”共同“出海”，避免陷入彼此间的恶性竞争；另一方面要与目标市场和投资对象国的行业性中介组织形成战略联盟，共同应对目标市场的风险、摩擦与冲突。

建立国家级汽车产业安全审查以及市场运行监测、监管与预警机制。建议由国家工业和信息化主管部门会同国家商务、发展改革、市场监督等主管部门研究建立针对汽车产业的国家级产业安全、运行监测、市场监管和风险防控机制。其中，产业安全审查机制包括市场准入环节的空间布局、供应链、企业与产品型式认证（生产许可）等；产业运行监测主要是跟踪分析汽车行业产业规模、贸易规模、就业规模、价格水平、从业人员收入、外资占比等经济性指标的异常变动与趋势；市场监管的主要对象是公平竞争、环境安全、交通安全、就业安全、金融安全、企业收购、信息安全、知识产权、消费者权益保护（质量安全与缺陷召回），以及数据采集、存储、处理与传输等；风险防控机制包括风险识别、风险预警、风险阻止、风险对冲等应对机制。

探索与欧盟、美国和拉美地区等大规模成熟市场建立高水平的贸易与投资自由化便利化制度安排。尽管短期内中国与美国之间的经贸摩擦、科技脱钩与战略围堵还在继续，中国与欧洲之间也只是签订了投资协定且还面临着因政治性因素被迫暂停的风险，中国与拉美国家还缺乏高水平、广覆盖的自由贸易与投资协定，但从汽车产业的长远发展来看，中国与北美、欧盟和拉美地区建立高水平的贸易与投资自由化便利化制度安排，是符合各方利益的。中国汽车产业终将大规模、深层次、高水平地融入全球市场。

三 “走出去”为汽车产业高质量发展描绘新蓝图

（一）我国汽车产业“走出去”步伐不断加快

2000 年 10 月，党的十五届五中全会审议通过《中共中央关于制定国民经济和社会发展第十个五年计划的建议》，其中首次明确提出实施“走出去”战略。2001 年 3 月，九届全国人大四次会议批准《中华人民共和国国民经济和社会发展第十个五年计划纲要》，进一步明确了实施“走出去”战略的目标要求和方式方法。同年，我国正式加入世界贸易组织，由此翻开了对外贸易新篇章，汽车产业“走出去”随之起步。在这之后的十余年中，清晰的发展战略和良好的国际环境推动汽车产业“走出去”实现了高速发展，特别是近年来，在“一带一路”建设全面提速、新能源汽车产业蓬勃发展等内外多重利好因素的共同作用下，汽车产业的“走出去”发展步伐不断加快，逐渐成为带动汽车产业高质量发展的新引擎。

1. 出口规模实现跃升，市场版图日益扩张

进入21世纪以来，特别是2001年中加入世界贸易组织以来，我国汽车出口增速迅猛，以高达43.42%的年平均增长幅度在2012年首次突破了百万辆大关，其间受全球金融危机影响，我国汽车出口出现过短期下滑，但整体处于高速增长状态。2012年后，受世界经济复苏乏力、主要出口市场贸易壁垒抬头、国际车企加速扩张等多重因素影响，我国汽车出口出现了较为明显的持续性下滑，出口量一度跌至2008年水平。近年来，随着逐渐复苏的全球经济带动市场需求回暖、逐步扩大的“一带一路”市场带来新的海外发展机遇、日益成熟的汽车产业特别是新能源汽车产业实现质量、品牌、技术全面提升，我国汽车出口贸易逐渐回暖并稳定在百万辆级（见图4-1）。

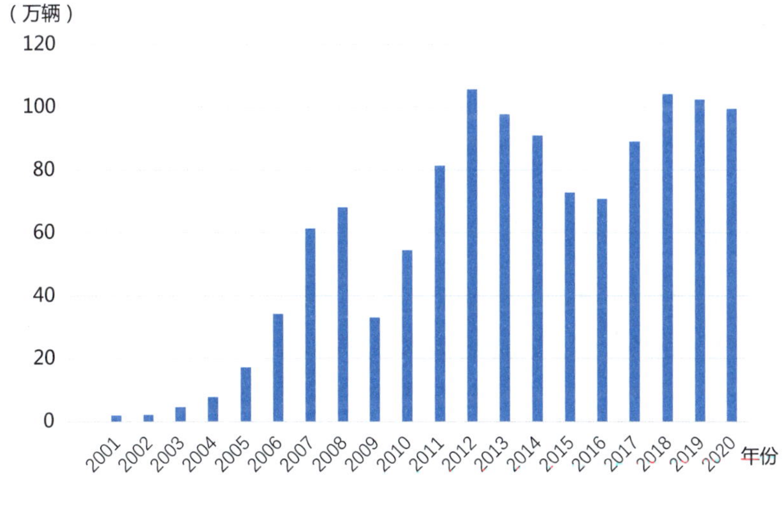

图4-1 2001—2020年中国整车出口量

数据来源：中国汽车工业协会。

从整体来看，我国汽车出口在过去20年实现了规模跃升。相较于2001年"入世"伊始，2020年我国整车出口量达到99.5万辆，同比增长近49倍；整车出口额达到157.36亿美元，同比增长近75倍；零部件产品出口额达到565.2亿美元，同比增长近34倍，增速均高于同期全球主要汽车强国。值得一提的是，过去20年中，我国出口额在1000万美元以上的自主企业已由2001年时的5家增长至2020年的超过200家。

整车出口的产品结构发生了全方位的改变。过去由商用车主导的整车产品出口逐渐被乘用车主导，乘用车出口占整车出口的比例由2001年的13.79%提高到了2020年的74.44%；整车产品出口"缺重少轻基本无轿"的窘境发生了根本性改变，特别是在轿车出口方面，轿车占整车出口的比例已由2001年时的3.07%提高到了2020年的37.15%；整车出口均价显著提升，由2001年的8383美元/辆提升至2020年的14547美元/辆，增幅达到73.53%；新能源汽车逐渐成为新的出口业务增长极，自2015年我国成为全球第一的新能源汽车产销国以来，新能源汽车出口增速持续攀升，且始终高于全部整车产品出口增速，至2017年达到十万辆级后，增速进一步提升，仅用时两年便实现出口量翻番。进入2021年，新能源汽车对单月整车出口增长贡献度一度超过30%，已高于同期新能源汽车的国内市场占比。

零部件始终是汽车产业出口贸易的核心，产品出口开始向高附加值、高端方向转移。近20年来，汽车零部件产品在全部出口汽车产品中的比例整体呈上升趋势，目前这一比例已达到78.23%（见图4-2）。零部件产品结构由前期以点火线圈、继电器、轴承等为主，逐步发展至目前以汽车轮胎、轮毂、车架、制动系统、车身覆盖件等为主，产品技术含量和附加值有所提升，出口结构开始逐步向更加合理的方向调整。此外，动力电池、驱动电机等具备高附加值的新能源汽车关键零部件正逐渐成为零部件"走出去"新的发展亮点，以宁德时代为代表的龙头企业已成功进入欧美主流厂商供应链，产品配套集中在中高端。

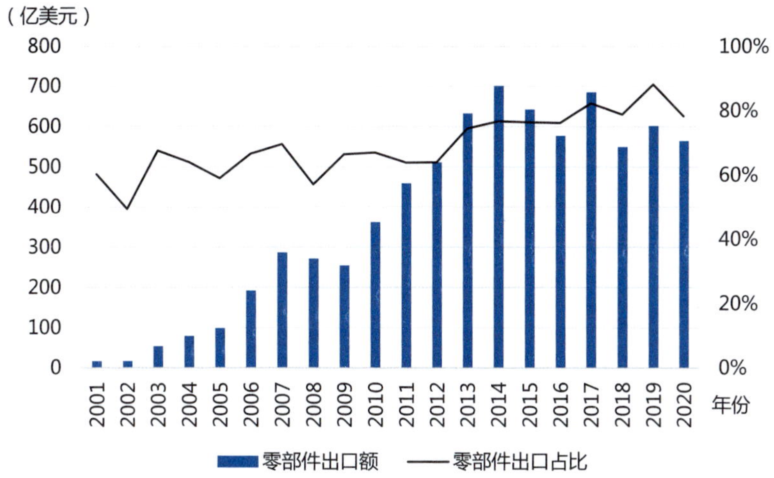

图 4-2　2001—2020 年中国汽车零部件产品出口额及占比

数据来源：海关总署。

专栏一　宁德时代新能源科技股份有限公司

宁德时代动力电池配套量已连续 4 年蝉联世界第一，在全球市场占据优势地位。2020 年，宁德时代海外市场营收达到 79.1 亿元，同比增长近 3 倍。近年来，宁德时代陆续与宝马、大众、特斯拉、戴姆勒等国际知名整车企业签订战略合作协议或供货协议，产品配套奔驰 EQS、宝马 i8 等众多高端新能源车型，已成为我国汽车产业为数不多的拥有较高国际影响力的核心零部件厂商。

核心技术是宁德时代持续占据市场优势的关键。2020 年，宁德时代研发投入达到 36 亿元，约占营业收入的 7.09%，同比增长 19.29%，研发投入远超国内外同业企业。其研发的 CTP[1] 成组技术、超级快充技术、电池自加热和电池管理系统（BMS）技术等均已具备世界先进水平；前瞻布局的钠离子电池单体能量密度达到全球领先水平，其在低温环境下的优异充放电表现对解决整车冬季续航降低的产业发展难题具有重要意义。

出口产品的经营主体越发多样。自主企业在汽车产品出口中依然占据主导地位，但出口产品的经营主体已不再仅限于内资企业。一方面，合资企业出口产品在全部出口产品中的比例快速提升，目前已达到约 1/4。自主企业出口量排名第一位的上汽集团，旗下合资品牌出口量已占据集团出口总量的近四成，大庆沃尔沃近年来多次进入我国汽车出口企业前十名。另一方面，新能源汽车股比限制放开推动外商独资企业实现了规模化出口。成立仅三年的特斯拉上海超级工厂正加速成为其全球出口中心，2021 年 1—8 月，特斯拉汽车出口量达到 9.75 万辆，在全部出口汽车企业中排名第四位。

出口市场逐步拓展至欧美发达国家。21 世纪初，我国的汽车产品出口主要集中于亚洲、非洲及南美洲发展中国家，这一现象在整车出口领域尤为突出。2001 年，我国整车出口达到 300 辆以上的国家和地区仅有 14 个，除美国、沙特阿拉伯和我国香港地区外均为发展中国家和地区。其中，对美国出口的 4728 辆整车中，4387 辆为平均单车价格不足 700 美元的雪地行走专用机动车和高尔夫球车，其余均为货车，出口额不足 427 万美元；对亚洲、非洲及南美洲国家的出口额占据汽车出口总额的 94%，出口额超过 1000 万美元的国家和地区仅有伊拉克、朝鲜、苏丹和我国香港。经过 20 年的高速发展，我国汽车产业在主要出口市场方面发生了翻天覆地的变化。海关数据显示，2020 年，在新冠肺炎疫情肆虐导致国内产能骤降、国际市场需求下滑的情况下，我国对至少 20 个国家和地区的汽车产品出口额超过了 10 亿美元，其中 12 个为包括德、美、日等汽车大国在内的发达经济体。对美出口总额超过 140 亿美元，其中整车出口接近 40 亿美元，产品涵盖各类乘、商用车。值得一提的是，2020 年，依托新能源汽车领域的出口增长，我国对欧洲地区的整车出口数量接近 17 万辆，同比增长 40%，对经济发达的北欧、西欧地区出口增速分别达到 196% 和 92%，欧洲自此超越南美洲和非洲，成为继亚洲之后我国第二大汽车出口地区。

1　全称为 cell to pack，即动力电池无模组技术。

专栏二 比亚迪股份有限公司

比亚迪公司是全球少数掌握新能源汽车完整产业链的汽车企业，依托全球领先的动力电池、电驱动系统及整车核心技术，成功推出了多款对标国际先进技术指标、具备较强竞争力的新能源汽车产品，并依托位于美国、荷兰、法国等地的海外工厂、研发中心，因地制宜开展本土化的项目研发和产品优化工作，进一步增强产品在本地市场的竞争力，推动比亚迪逐渐站稳发达国家市场。

具体来看，比亚迪 K9 车型在立项之初便将欧美相关认证标准作为产品研发的重要参考，由此顺利获得欧盟整车型式（WVTA）认证、美国加州销售许可，并成为全球首款通过美国 Altoona 客车测试的 12 米纯电动客车，确立了技术和产品优势。值得一提的是，比亚迪后续引入的 K11M、K8M 等车型均顺利通过 Altoona 测试，其中 K8M 车型在这一全美最为严苛的客车测试中创造了历史最高成绩。为拓展日本客车市场，比亚迪针对日本道路普遍狭窄、社会老龄化倾向严重等特点，推出了车身小、底盘低的 J6 车型，已成为日本续航里程最高的小型纯电客车，且整车购置成本与同级柴油竞品相当。

“一带一路”沿线国家和地区成为最重要的出口市场。自 2013 年“一带一路”国际合作倡议提出以来，我国对相关国家汽车产品出口增速持续提升，特别是最近几年发展尤为迅速。2020 年，我国对俄罗斯、伊朗等 18 个“一带一路”沿线主要市场的汽车产品出口额达到 176 亿美元，较 2016 年增长 18.9%，已明显高于汽车产品对全部海外市场的出口总额增速，对沙特阿拉伯和乌克兰的出口额，五年来分别增长了 170.6% 和 146.3%（见图 4-3）。进入 2021 年，我国对“一带一路”沿线国家和地区出口增速进一步提升，2021 年 1—8 月，我国出口到相关国家的汽车商品累计金额达到 423.9 亿美元，同比增长 51%，占汽车商品出口总额的 52.5%，出口汽车 90.3 万辆，同比增长 1.1 倍，占同期我国出口汽车总量的 68.6%。奇瑞、江淮等厂商对“一带一路”市场的出口量已达到其出口总量的 75% 以上。

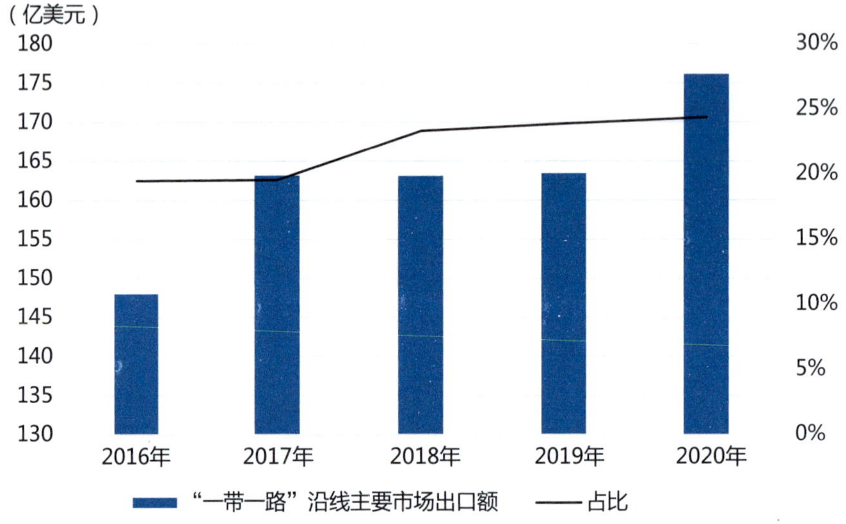

图 4-3　2016—2020 年我国对 18 个“一带一路”沿线主要市场的汽车产品出口额及在出口总额中的占比

数据来源：海关总署。

在一系列突出成绩之外，我们也要看到，近两年来，我国汽车出口量虽然稳定在百万辆级，但仍然显现出小幅走低趋势，出口量在国内产量中的占比也呈现相似趋势，2020 年降至 3.9%，较同期德国（70.4%）、日本（46.3%）、韩国（53.8%）等国存在较大差距，即便是同样拥有广阔国内市场的美国，汽车出口量在国内产量中的占比也在 20% 左右，其中差距可见一斑。此外，我国汽车品牌国际知名度仍然较低，出口汽车产品仍以中低端产品为主，单车出口均价虽已大幅提升至 1.45 万美元 / 辆，但较德、美、日、韩四国 2.83 万美元 / 辆的单车出口均价仍有不小差距。零部件出口同样以低附加值产品为主，仅在玻璃、内饰件等领域培育了福耀、延锋等国际知名企业，在乘用车发动机、变速器等核心领域的国际市场中罕见我国自主品牌。与此同时，出口市场对亚非拉国家依然存在较强依赖性，自主轿车、SUV 产品难以打开发达国家市场，仅部分品牌的 MPV、皮卡等乘商两用车型拥有一定欧美市场，但销量仅在千余辆级。

2. 内外合作不断深化，“出海”方式日益多元

近年来，我国汽车产业的国内外经营合作模式发生了深刻变化。一方面，汽车企业的海外市场发展方式由单一的产品出口向全产业链“协同出海”、各环节一体化、属地化配套方向发展。另一方面，外资企业与我国自主企业的合资合作动因，由寻找合作伙伴以合法合规进入国内市场，逐渐演变为寻找国内技术优势企业以赋能本企业整体发展。由此，我国汽车产业特别是新能源汽车产业积累的先进经验、技术成果，以影响外资企业自身发展的方式实现了对外输出。

企业海外发展方式日益多元。中国企业的海外市场进入方式由直接出口逐渐拓展为海外建厂、合资合作、海外并购及建设海外研发基地等，头部自主企业普遍实现了由单一出口贸易向本地化研发、测试、生产、物流、营销、售后的一体化配套方向发展，同时积极布局汽车金融、融资租赁、二手车、出行服务等领域。海外基地逐渐成为自主企业重要的业务增长源泉，奇瑞、江淮、长城等企业的海外生产基地数量均超过 10 个，上汽集团的印度、泰国、印度尼西亚三大海外生产基地在 2021 年上半年为上汽带来 5.03 万辆的整车销量，同比增长 115.96%，已占同期上汽全部海外销量的 19.0%，其中上汽印度尼西亚公司的销量达到 1.1 万辆，同比增速达到 367.64%。海外并购也在不断为汽车产业“走出去”创造发展亮点，吉利以一系列高水平海外并购为牵引，实现了竞争力、影响力的大幅提升，核心品牌在过去五年中的出口年复合增长率达到了 27.3%。

专栏三 浙江吉利控股集团

过去十余年中，浙江吉利控股集团（以下简称“吉利控股集团”）依靠高水平的资本运作能力，陆续收购了沃尔沃、宝腾、路特斯、戴姆勒的全部或部分股份，特别是对沃尔沃的收购曾一度成为受到全球汽车产业广泛关注的热点事件，后续对路特斯和戴姆勒部分股份的收购也进一步扩大了吉利控股集团的国际影响力。

通过一系列海外收购，吉利控股集团以较低的成本获得了高质量发展亟须的国际品牌、核心技术和国际营销渠道，并将其有效转化为旗下核心自主品牌吉利汽车的发展推动力。具体来看，沃尔沃等品牌的高端形象及产品口碑对提升吉利控股集团品牌形象及国际市场知名度发挥了积极作用，也由此带动了商标、名称与母公司相近的吉利汽车知名度显著提升，而吉利汽车与沃尔沃共同研发的 CMA 平台实现了双方共享，使得使用 CMA 平台的吉利汽车各品牌在相对较低的价位拥有了与高价位沃尔沃车型相同的核心技术，市场竞争力迅速提升。

“协同出海”发展模式逐渐形成。近年来，中国企业抢抓发展机遇，深耕海外产业链建设，探索实现了不同形式的“协同出海”。上汽五菱品牌在完成整车产品、运营模式、知识产权、人才团队等的海外输出的同时，有效带动宝钢、凌云等国内零部件供应商“协同出海”，通过共建海外产业园的形式构筑了完整的海外供应链体系；以福田为代表的商用车企业抢抓“一带一路”建设发展机遇，与相关国际工程建设项目“协同出海”，目前已服务塞内加尔 TT 铁路、肯尼亚蒙内铁路、巴基斯坦 KKH 公路等“一带一路”重点工程项目，以商用车交付应用为核心，为相关工程企业提供了全价值链的解决方案，进一步推动了企业的海外业务增长。

外资企业的合作动因发生深刻变化。外资企业与国内企业的合资合作逐渐由“法规驱动”转为“技术驱动”，即由以往寻找合作伙伴以满足建厂相关股比要求从而开拓我国本土市场，逐渐发展为通过与我国电动化、智能化领域技术领先企业合作促进外资企业自身的发展转型和国际市场拓展。大众集团已同国轩高科达成战略合作框架协议，双方将共同在德国建立电池生产中心，围绕电池工厂生产布局、设备部署及生产工艺流程等开展深度合作，加速电芯工业化生产，携手开拓国际市场；大众集团旗下的奥迪品牌已与华为签署合作谅解备忘录，双方将在智能网联汽车领域开展深入合作，相互赋能，共同推动汽车自动驾驶和数字化服务发展；现代摩比斯与宁德时代签署技术许可与合作意向协议，由此获得了宁德时代 CTP 技术授权，并将在全球范围内获得宁德时代的 CTP 相关产品支持。

总的来看，我国汽车外贸已初步实现多元化发展，依托技术优势实现的合作模式转变正持续推动"走出去"向更高质量方向迈进。但也要看到，当前我国汽车产业的外贸发展仍以直接出口为主，海外本土化经营普遍处于起步阶段，组装生产仍是海外生产主要模式，汽车企业对海外营销网络建设运营参与度普遍较低，海外工厂对全球销量的支撑不足，面向海外的品牌建设推广工作力度不够，部分企业仍采取"贴牌"方式进军当地市场。头部自主企业虽已广泛布局海外研发基地，但从呈现效果看主要以反哺国内为主，未能有效支撑所在区域的本土化产品研发和市场推广。吸引外资合作的优势技术限于少数领域，且高度集中于几家头部企业，产业整体发展水平仍然有待进一步提高。

3. 产业影响显著提升，技术标准影响全球

近年来，在多方共同努力下，我国汽车产业的国际竞争力显著提升、自主品牌国际影响力日益增强，推动汽车产业"走出去"实现由产品输出向技术标准输出、技术方案输出、品牌软实力输出的转型升级，特别是新能源汽车产业发展形成了可复制推广的范本，正在加速全球汽车产业转型升级。

自主品牌建设工作成绩斐然。政府层面，国务院设立了“中国品牌日”，以国家级品牌宣传活动的高度推广中国品牌，工业和信息化部牵头开展了品牌向上发展专项行动，对引导行业企业加强品牌培育发挥了重要作用，国家市场监督管理总局（国家标准化委员会）发布《品牌价值评价 汽车制造业》国家标准，对汽车制造业的品牌货币价值测算方法、测算模型、测算指标等做出了规定，为我国汽车品牌评价工作提供了必要依据，也为未来与国际汽车品牌评价模式接轨奠定了基础；企业层面，越来越多的自主企业把品牌经营上升为企业核心战略，面向国际市场，不断突破品牌推广既有思路，从文化内涵的角度深耕品牌建设，上榜“全球最具价值汽车品牌100强”的企业逐年增加，至2020年已达到22家，企业整体排名显著提升。行业层面，中国品牌建设促进会牵头发起了汽车行业首个规范化的品牌建设促进组织——中国汽车品牌集群，为我国汽车品牌面向国际化发展的理论研究和实践探索提供了开放合作的平台。

专栏四 上海汽车集团股份有限公司

近年来，上海汽车集团股份有限公司（以下简称“上汽集团”）在加速“四化”转型、深耕海外基地的同时，持续开展“品牌焕新”工作，根据国内外市场需求的最新变化和企业自身目标愿景、价值理念的调整，陆续推出荣威新“狮标”、五菱全球“银标”等品牌新标志，特别是“银标”的推出及相关产品的全球投放，带动五菱以轻型商用车为主的品牌形象逐渐向乘商并行转变，助力五菱进一步开拓对乘商两用车型有较高需求的海外新兴市场。

在深耕“品牌焕新”的同时，上汽集团积极开展“品牌向上”工作，推出荣威新“R标”、宝骏“钻石标”等本品牌中高端产品专属标志，为MAXUS品牌推出覆盖澳大利亚等海外市场的C2B智能定制服务，并在上海、拉斯维加斯、伦敦同步发布高端新能源品牌“智己”，抢抓全球高端新能源汽车市场发展机遇，带动集团公司整体的品牌上扬。

文化软实力建设成效显著。近年来，我国汽车品牌文化软实力的对外输出已不再仅限于通过商业赞助形式出镜好莱坞电影或其他文化载体，而是结合产业、企业、产品自身的发展特色、需求、理念，以更为高效、务实而富有创造性的方式进行文化软实力的建设与输出。具体来看，G20杭州峰会、“一带一路”北京峰会等官方用车已由海外高端品牌全面转向以红旗汽车为代表的自主品牌，红旗汽车在海外消费者心中“中国图腾”式的豪华品牌形象得到进一步强化。以蔚来为代表的造车新势力企业将自身产品硬实力转化为国际化发展的软实力，蔚来车队在世界电动方程式赛车锦标赛（Formula E）上屡获佳绩，其EP9车型曾在世界著名的纽伯格林北环赛道创造电动汽车最佳圈速成绩，使得“高性能”成为蔚来重要的品牌符号；此外，蔚来EP9、ES8车型频繁出镜国际专业汽车媒体，特别是在国际顶尖汽车媒体The Grand Tour和Autocar的评测中获得不俗成绩，进一步提升了蔚来品牌在国际汽车产业中的影响力，为蔚来今后深耕国际市场带来更多流量基础。

技术标准逐渐影响全球。我国汽车产业的标准体系、技术路径、发展模式等不断受到全球汽车产业广泛关注，特别是新能源汽车领域已逐渐形成影响全球的中国发展方案。具体来看，我国已全面参与国际标准化组织道路车辆技术委员会（ISO/TC22）、国际电工委员会电动道路车辆和电动工业卡车技术委员会（IEC/TC39）等的国际标准化活动，已主导起草并发布2项新能源汽车国际标准，同时积极参与联合国车辆法规协调论坛（WP29）框架下的燃料电池汽车相关法规起草工作；中国汽车工程学会牵头编制的《节能与新能源汽车技术路线图》一经发布便引起全球汽车产业广泛关注，为全球主要汽车国家和地区规划低碳、零碳汽车技术路径提供了重要参考；工业和信息化部联合全球环境基金、联合国工业发展组织启动了中国新能源汽车和可再生能源综合应用商业化推广项目，已在相关地区开展了智能充电、车网互动（V2G）、智能可再生能源微网与动力电池梯次利用等模式的示范，正在逐渐形成可供他国借鉴的跨产业融合发展商业推广范本；智能网联汽车逐渐形成“单车智能 + 网联赋能”的中国方案，对引领全球智能网联汽车发展发挥了重要作用。

总的来看，技术、标准、方案等产业发展要素已日益成为我国汽车产业对外输出的重要内容，特别是在技术标准领域，对新能源汽车国际标准制定的深度参与，有效提升了我国在国际汽车标准体系中的话语权，提升了我国汽车产业的国际影响力。但也要看到，整体上，我国汽车产业的核心竞争力、国际影响力仍不及主要发达国家，产业仍然处于由“大国”向“强国”发展的初期，特别是在参与 AUTOSAR 体系、制定车规级芯片标准等方面，我国的国际话语权存在较大程度的缺失，严重影响我国汽车产业的自身发展和对国际市场的进一步探索。

4. 支撑能力逐渐形成，保障体系初步建立

经过二十余年发展，我国外贸支撑服务工作持续取得突破性进展，在贸易争端防范解决、海外发展资金支持、贸易壁垒对策研究等领域已逐渐形成服务保障能力，正在加速构建国际化服务保障体系。

外贸服务保障能力逐渐形成。一方面，针对我国企业在海外发展过程中遇到的各类纠纷频发问题，我国陆续出台《境外企业知识产权指南（试行）》《关于建立“一带一路”国际商事争端解决机制和机构的意见》等文件，并通过建立国际商事法庭、国家海外知识产权纠纷应对指导中心、企业境外商务投诉服务中心等平台，以及实施对外投资合作境外安全风险预警和信息通报制度等措施，提升企业境外风险防范意识，加强司法服务和保障，指导企业妥善应对境外商事纠纷，我国驻外使领馆充分发挥一线优势、主动作为，积极通过“领保进企业”等活动提高海外中资企业和员工的商贸和安全风险防范意识。另一方面，为更为高效地推动我国企业“走出去”发展，商务部建立了“走出去”公共服务平台，提供了涵盖政策法

规、风险防范、投资合作促进、业务指南等内容的对外投资合作信息服务，并适时发布对外投资发展报告。建立的投资项目信息库在提供对外投资项目检索服务的同时，对重点项目、高关注度项目进行汇总展示，并提供推荐项目清单。

多维度资金助推“走出去”。国家层面，相关部委依托《对外投资合作专项资金管理办法》等设立“走出去”专项补助资金及相应管理办法，同时出台《关于引导对外投融资基金健康发展的意见》等文件对各类海外发展资金进行指导；地方层面，各级政府推出了结合当地实际情况的扶持专项和保障措施，并以管理实施细则、资金分配方案等形式对相关措施进行了具体细化和落实，有效激发了本地企业的海外发展活力；社会层面，以商业银行为主的金融机构为中资海外企业发展定制信贷融资的专属方案，其他类型社会资本也在争相投资汽车行业企业海外项目，多维度成体系的资金保障体系初步形成。

对外贸易研究不断深入。部委层面，商务部国际贸易经济合作研究院“一带一路”经贸合作研究所、各区域研究所等对外研究机构在境外营商环境、外贸风险等的研究上取得了一系列丰硕成果，已成为指导企业海外发展的重要参考；社会层面，在国家社科、自科基金等的资助下，高校、学术社团积极启动海外投资、经贸研究项目，相关部委委托中国汽车工程学会等行业组织、研究机构以“汽车产业碳中和路线图”为依托，开展了面向欧盟碳贸易壁垒的研究工作，已逐渐成为疏通、优化贸易渠道，研究破解贸易壁垒的中坚力量。

总的来看，我国已初步建立政策引领的海外发展服务保障体系，推动构建了多层级的资金支持体系、形成了商事纠纷解决机制，但在汽车产业海外发展的顶层设计和具体落实方面尚有不足，在规范企业海外经营行为、完善投资保障制度、优化支持性资金配置等方面均存在一定短板。此外，我国汽车产业缺乏行业组织带动的规模化的汽车产业海外发展联盟，目前的各类联盟普遍以推动技术交流合作为核心工作，对促进汽车企业、产品海外市场发展的作用相对有限。

（二）“走出去”国际经验借鉴

纵观当今世界主要汽车国家，尤其是德国、日本等“二战”后汽车产业修复重建国家，以及以韩国为代表的汽车产业后发国家的“走出去”发展历程，汽车产业“走出去”之所以能发展壮大，主要由政府、企业和行业组织三方密切配合、协同推动。

1. 政府政策推动汽车外贸发展壮大

实施贸易保护政策。实施严苛的关税和非关税措施是日、韩等国保护和扶持本国汽车工业发展、积累出口发展动能的重要抓手。“二战”后，日本确立了贸易立国发展方针，并在一定程度上秉持“只有出口才对日本有利，进口则对日本不利”的传统观念，利用一切有利条件全力扩大出口，并竭力限制海外产品特别是以汽车为代表的工业产品进入日本。虽然日本于1955年加入了《关贸总协定》，并于1958年提出撤销贸易进口管制，逐渐由保护型贸易向自由贸易转型，但高额的汽车关税直至1978年才最终取消，外汇集中管理、外汇配额制、进口配额等非关税壁垒也在贸易转型前期为日本汽车产业创造了竞争压力相对较小的发展环境。韩国在汽车工业发展过程中实施了更为激进的抑制进口措施，1987年以前，韩国的进口汽车关税一直在50%以上，直至1995年，韩国汽车出口已达到110万辆时，韩国才最终将关税降至8%，与此同时，韩国采取了禁止进口汽车建立销售网络和打广告、实施进口豪华车车主税务调查等措施，同时发起了“买韩货”运动，对外来汽车产品“严防死守”，为本国汽车产业发展创造了规避外部竞争的发展空间。

注重战略规划顶层设计。顶层战略在主要汽车国家的“走出去”历程中发挥了核心引领作用。尤其对于韩国而言，由于自身地域狭小、资源有限，韩国政府早在20世纪60年代便提出“出口第一主义”口号，在70年代汽车工业实现出口零的突破后逐步加强了推动汽车产业海外发展的顶层规划，1979年，韩国政府将汽车列为十大出口产品，并在80年代初发布实施《汽车工业合理化措施》，通过优化产业结构提升韩国汽车工业整体竞争力，推动汽车产品进一步扩大国际市场，90年代初，韩国政府制定了侧重外贸发展的汽车工业中长期发展规划，通过三个阶段分步推进国际化进程，使韩国汽车外贸进入了稳定快速增长期，成为全球最重要的汽车出口国之一。

提升外贸支持力度。外贸支持保障政策在汽车产业外贸发展中扮演了重要角色。为促进本土汽车企业向海外发展，日本政府设立了“日本进出口银行融资制度”，依托日本进出口银行、日本开发银行等向包括汽车企业在内的工业企业产品出口提供低息融资以促进外贸产品生产，而企业境外投资也只需准备相当于投资总额10%的资金，其余部分可向上述金融机构申请外汇贷款。同时，日本政府在发展初期发布实施了外汇资金贷款制度、振兴出口税制等一系列推进出口的财税制度，利用政府开发援助和海外经济协力基金等构建了海外发展资金保障体系。此外，设立境外投资保险体系也是日本推动汽车产业“走出去”的关键一环，自1950年出台《贸易保险法》后，日本通商产业省专门设立海外投资保险部，通过实施《海外投资保险制度》《海外投资亏损准备金制度》等为企业的海外投资行为给予了充分保护。

强化外贸监管支撑。政府强化监管引导和支撑服务能力也是推动本国汽车外贸发展的重要举措。受工业基础雄厚、国土东西割据等多重因素影响，德国政府在“二战”后并未针对恢复汽车产业发展而采取激进的保护政策和强力推动手段，而是以辅助政策措施为主，仅在影响产业发展的关键时期、关键环节采取必要的短期调整措施，如在石油危机期间限制汽车企业盲目扩张。同时，德国政府重视先进技术方向引导和国际商贸情报信息收集，支持建设了一批具备技术竞争力的高水平科研机构和商贸咨询机构。这与日本政府采取的相关措施具有相似之处，特别是在海外市场情报收集方面，日本政府在外贸发展初期便设立了贸易介绍所议会、国际博览会协议会、海外市场调查会等组织，并在此后将上述组织合并为“财团法人海外贸易振兴会”，统一开展海外商情调查，为汽车企业分析海外市场、指定发展战略提供了坚实基础。与此同时，日本政府十分重视对出口企业、产品的质量管理，对汽车产品出口实行严苛的许可证制度，对于质量达不到要求的产品不予发放许可证，保障出口产品具备较高质量，推动形成了日本汽车在国际市场的高可靠性口碑。

2. 企业加强自身建设提升国际竞争力

重视目标市场分析。日本汽车企业普遍重视对目标市场的调研分析，在进入美国市场的进程中，日本相关汽车企业积极通过当地政府和市场研究公司及本国商情机构与时俱进地了解美国市场特征和竞争格局。20 世纪 60 年代，日本企业捕捉到了美国汽车消费者对低价位车型的迫切需求，并意识到福特、通用等占据的中大型车市场一时无法撼动，于是选择发展竞争相对较小、产品定位较低的小型车市场，并在后续石油危机带来的发展契机中迅速以低油耗小型车的差异化竞争力为先导逐渐发展壮大；20 世纪 90 年代，日本企业发现了美国消费者的市场偏好转向 SUV 车型，且中型车的份额在逐渐收缩，随即推出了一系列 SUV 车型，及时巩固了市场地位。以大众集团为代表的德国汽车企业同样重视目标市场研究，大众在进入我国汽车市场伊始便敏锐捕捉到了我国汽车消费者对大空间的刚性需求，随即对第一款合资生产的桑塔纳汽车进行了车身长度优化，助力其获得了历史性的市场成功，旗下奥迪品牌针对中国市场推出的长轴版 A6 车型成为中国市场第一款加长轴距豪华车，由此引领了后续二十年中国市场的“加长风尚”，奠定了 A6 车型在豪华车中的标杆地位。

重视核心技术研发。掌握关键核心技术是德、日、韩汽车企业能够纵横当今国际汽车市场的重要原因，德国作为汽车工业的诞生地，一直具备雄厚的汽车技术自主研发实力，这与在政府引导下各汽车企业海量的技术研发投入息息相关，在德国各领域工业企业研发投入中，汽车企业排名第一，且接近一半的专利申请来自汽车产业，对先进技术的重视有力支撑了德国汽车驰名国际市场。相比向来依托自主研发的德国汽车工业企业，日本、韩国汽车企业在发展过程中普遍选择了一条“技术引进—消化吸收—自主研发”的发展路线，但在发展过程中特别重视技术消化吸收过程中的自主创新而非盲目套用，如日本马自达在获得德国汪克尔公司转子发动机专利后对其进行了深入研究，并通过改进密封材料解决了发动机的振纹问题，使转子发动机性能得到了进一步提升。

重视产品质量品牌建设。质量是企业赖以生存的根本，品牌是企业发展壮大的基石，德国汽车企业从徒工培训便开始贯彻质量第一的思想，质量管理覆盖产品生命周期各大环节，特别是不以产品售出作为质量管理的终点，而是持续通过用户反馈改进优化后续产品，即便是在广阔的海外市场也会通过经销商网络针对重要市场重点产品开展跟踪研究。日本相关汽车企业在以“精益生产方式”等保障产品质量和生产效率的同时，通过赞助体育、公益、医疗事业，积极推动品牌形象建设，迎合欧美消费者的价值取向，而以现代、起亚为代表的韩国汽车企业也曾通过类似方式加深全球消费者对韩系品牌的认知。此外，日、韩主要汽车企业在具备了一定发展实力和市场基础的条件下，面向目标市场呈现的消费升级趋势推出了各自的豪华子品牌，有效推动了企业整体的品牌向上。

3. 行业组织支撑服务汽车外贸发展

推动产业交流合作。推动本国汽车产业的国内外交流合作是汽车行业组织的核心职能，德、日、韩汽车工业协会均为此做出了大量而富有成效的工作，在构建产业合作平台、深化技术交流等方面成效显著，德国汽车工业协会组织的 IAA 车展、日本汽车工业协会牵头的东京车展等，均已成为各汽车企业展示技术成果、深化交流合作、提升国际知名度的重要平台。

发挥产业协调作用。代表本国汽车产业开展协调工作，维护本国汽车产业整体利益是各国汽车行业组织的重要工作内容，尤其是在面对国际贸易争端时，除了政府间的协调，行业组织的作用也非常重要。美国与欧洲一度出现贸易争端，德国汽车工业协会就此积极发声，呼吁双方避免提高关税以殃及德国汽车企业；日本汽车产业与欧盟发生贸易纠纷后，相关汽车行业组织牵头开展了与欧盟相关机构的多轮谈判，最大限度地维护了本国汽车产业利益。

做好企业海外服务。为做好本国汽车企业“走出去”相关支撑工作，各国汽车行业组织均不同程度地涉及海外业务。德国、日本的汽车行业组织在本国汽车产业主要外贸市场均设有代表处，一方面进一步帮助本国行业企业收集、整理当地汽车市场的产业、技术、商贸信息，为相关企业制定发展战略提供支撑，另一方面通过主动出击、拓宽渠道，推动当地政府、产业、市场进一步了解本国汽车工业企业。

（三）新形势下的“走出去”发展策略

实行更高水平的对外开放，推动“走出去”向更高质量发展，是汽车产业构建新发展格局的关键要求，也是新形势下的必然选择。当前，新一轮科技革命驱动汽车产业加速变革，碳中和发展愿景进一步提升全球汽车产业转型需求，在此背景下，我国在汽车产业电动化、智能化、网联化、共享化转型方面的先发优势逐渐转化为差异化的国际竞争优势，伴随更高水平开放合作而来的自由贸易协定、“一带一路”建设等也将为我国汽车产业外贸发展带来更多机遇。面向未来，发挥差异化竞争优势，发展以新能源汽车相关产品出口为主体的汽车外贸，引领技术、标准、服务“协同出海”，将成为我国汽车产业决胜国际市场的关键所在。

1.“走出去”迎来新机遇

新一轮科技革命和产业变革带来发展新机遇。随着科技革命不断深入，汽车产业内涵不断丰富，外延持续扩展，技术支撑下的汽车产品仍然是竞争核心，但传统燃油汽车及其发动机、变速箱、底盘已不再是产业最为关注的焦点，面向未来产业竞争的电池、电机、电控技术、智能化与网联化技术及相关支撑技术正在构筑全球汽车产业以智能新能源汽车为核心的竞争新赛道，在这一赛道上，我国依托前瞻性的战略布局已然成为头部领跑者，而我国在 5G、物联网、大数据等智能新能源汽车关联产业取得的技术成果和市场突破则进一步支撑了智能新能源汽车产业发展，也进一步提升了我国智能新能源汽车产品竞争力，为我国汽车产品赢得未来汽车产业全面“四化”转型下的国际市场奠定基础。

“碳中和”愿景拉动发达国家汽车市场新需求。近年来，全球主要发达经济体陆续提出“碳中和”发展愿景，并为此针对道路交通和汽车产业提出了电动化转型目标，同时采取了一系列财税政策激励新能源汽车推广应用。欧盟提出至 2035 年乘用车和轻型商用车新车均需实现零排放,德国、法国等主要汽车国家近年来不同程度地提高了新能源汽车购置补贴；美国提出至 2030 年新能源汽车销量需占到市场的 50%，总统拜登提出的电动汽车扶持计划安排了 1000 亿美元用于新能源汽车消费退税补贴；日本近年来也针对新能源汽车提出了汽车税、重量税等方面的减免措施。受此影响，发达国家市场对新能源汽车的需求显著提升，2021 年上半年，欧、美、日新能源汽车销量同比分别增长 157.1%、115.86% 和 68.72%。发达国家骤然而升的市场需求为占据先发优势的我国新能源汽车“走出去”带来了空前机遇，特别是在欧洲地区，2021 年上半年，我国新能源汽车对欧出口量达到了 79675 辆，已超过 2020 年全年水平，发达国家集聚的欧洲成为我国新能源汽车出口最大的地区。

区域性贸易协定带来外贸发展新期许。受经济下行压力加大影响，全球汽车产业近年来增速放缓，但据 AC 尼尔森公司的相关研究，全球新兴经济体的市场消费信心和购车欲望并未因此受到严重影响，虽然新冠肺炎疫情加剧经济下行压力，影响全球消费信心，但从中长期看，千人汽车保有量普遍不足 100 辆的新兴国家市场未来的快速增长前景仍然是可以预期的，而随着“一带一路”建设持续推进，这一全球主要新兴经济体参与、被公认为“世界上最长、最具有发展潜力的经济大走廊”的合作倡议将为我国汽车产业进入新兴国家市场带来更多便利条件，特别是在海外投资建厂方面的众多利好因素，将为汽车产业实现更高质量的“走出去”带来更多期许。此外，RCEP 的签订也将助力我国汽车企业进一步抢占东盟十国市场，并为我国汽车产业链上下游“协同出海”带来更多政策红利。

2.“走出去”面临新挑战

主要汽车国家和地区加速新能源汽车产业布局。面向未来以新能源汽车为主体的汽车产业国际竞争，美国、欧盟等越发重视新能源汽车发展，特别是美国重新将新能源汽车定位为战略优先发展方向，积极围绕关键战略目标的实现给予研发资金支持和立法推动产业发展。2021 年 8 月 5 日，总统拜登签署的行政令提出 2030 年新能源汽车在轻型车中销量达到 50% 的发展目标，并在其 5 月发布的“基础设施经济恢复计划”中提出，投资 1740 亿美元用于支持电动汽车发展；同月，拜登在福特汽车工厂发表演讲，直言不讳地提出不会让中国赢得新能源汽车领域的竞赛；随后，以《美国锂电蓝图 2021—2030》为代表的系列政策规划发布实施，正在加速推进美国本地的新能源汽车产业发展。与此同时，欧盟针对新能源汽车领域也发布实施了多重政策措施。一方面，欧盟通过提高补贴额度、严苛的碳排放法规及绿色复苏政策，支持和推动本地具有传统优势的汽车产业发展转型；另一方面，欧盟以“碳中和”为切入点，发布《电池法规修订草案》，通过提高回收材料比例要求、引入供应链尽职调查和碳足迹管理等手段限制竞争对手、提升本土产业链竞争力。

国际汽车企业全面推动新能源汽车发展。在特斯拉以 Model 3、Model Y 等热销车型持续领跑全球汽车市场、压榨我国汽车企业市场份额的同时，传统汽车巨头也在政策激励和法规约束之下加速推进电动化转型进程，挑战我国新能源汽车企业先发优势。大众集团计划到 2030 年将纯电动车型在其总销量中的份额提升到 50%，计划未来五年投资 460 亿欧元用于电动化转型。宝马集团计划在未来 10 年在全球完成约 1000 万辆纯电动车的交付，至 2030 年，纯电动车型将占据宝马集团全球销量的 50%，MINI 品牌将只提供纯电动车型。奔驰集团将企业战略从“电动为先”调整为“全面电动”，计划到 2022 年在所有服务的细分市场均提供纯电车型，到 2025 年所有新车架构将均为电动平台，其每款车型均提供纯电动版本，到 2030 年实现全面电动化转型，为此，奔驰将在 2022—2030 年投入 400 亿欧元用于电动汽车技术研发。从全球市场来看，2021 年上半年，上述 4 家企业的新能源乘用车销量均已超过 10 万辆，其中特斯拉位居全球第一，销量达到 38.61 万辆，几乎为第二名上汽通用五菱的两倍，而大众已超越比亚迪位居全球第三，销量达到 15.38 万辆。

产业发展仍然存在短板问题。面向未来汽车产业全面转型背景下的市场竞争，我国汽车产业除在质量品牌、共性技术、支撑体系等方面存在一系列固有问题外，还面临一些新短板、新问题，阻碍汽车产业竞争力的提高。一方面，除少数头部企业及新势力企业外，我国汽车企业普遍缺乏全球化发展思维，发展重心仍然集中于本国市场。另一方面，我国虽然已经在支撑未来产业竞争的新能源汽车关键技术领域取得了一系列技术和产业化优势，但仍然面临前沿基础研究薄弱、关键瓶颈问题突出等问题，特别是在高端车规级芯片、开发工具链等领域存在“卡脖子”短板，在一定程度上制约了产品的进一步对外推广和产业竞争力的持续提升。

3．新形势下“走出去”的发展策略与建议

面向未来的国际汽车市场竞争，汽车产业应充分发挥政府监管和服务引导作用，推动企业转变发展思维和经营方式、强化行业组织纽带作用。一方面围绕阻碍汽车产业“走出去”的一系列固有问题，通过政策强化和机制创新疏通堵点、缓解痛点，另一方面围绕新机遇、新挑战发挥以新能源汽车为核心的新优势，凸显发展亮点，实现“换道超车”。

（1）政府政策层面

加强政策支持，规范外贸监管。在当前全球新能源汽车产业由政策推动向“政策＋市场”双轮驱动转型的阶段，政策仍然是贸易发展、产业发展的重要引领，政府应持续提升外贸政策支持力度，强化产业政策对“走出去”的推动作用，探索实施出口积分制度，通过与双积分等有效衔接，激励企业加速提升出口业务水平。完善优化《境外投资管理办法》等政策文件，持续开展境外投资年检工作，加大对年检高评分评级企业扶持力度，建立健全汽车领域境外投资协调机制，对企业境外投资项目进行宏观协调和统一规划，规范汽车企业海外投融资行为。优化出口资质管理手段，研究制定对标国际的汽车出口产品质量管理标准，推动新一代信息技术在汽车出口产品质量监管中的应用，切实落实企业质量主体责任，构建汽车生产出口企业（质量）诚信管理体系。在推动产业“走出去”的同时，考虑新能源汽车领域部分外商独资企业在我国收获的市场成功、通过我国实现的产能提升以及由此进一步增强的国际竞争力，行业主管部门应强化股比放开等方面的对策研究，对可能出现的特殊情况，在合理范围内通过机制创新对自主新能源汽车产业施以一定激励和保护措施，保障产业健康发

展，进一步增强企业“走出去”的内在核心竞争力。

集聚优势资源，推动品牌向上。从政府角度强化品牌意识，依托汽车行业组织联合汽车企业开展中国特色汽车品牌文化研究，强化中国汽车品牌文化内涵设计和推广工作，提升汽车品牌价值。充分利用中国国际进口博览会、中国品牌日、外交部全球推介活动等平台，设立中国品牌汽车专场活动，创新推广宣传模式，向世界展示中国品牌汽车代表性产品。引导企业形成全球化发展思维、实施面向国际的品牌经营战略，集中优势资源，重点推动红旗、蔚来等技术实力较强、产品口碑较好、市场定位较高的民族品牌实现高水平海外发展，成为中国汽车品牌角逐国际市场的先锋和旗帜，形成行业带动能力。

加强财税金融支持，提升支撑服务水平。进一步完善汽车产业“走出去”财税金融支持政策，对汽车企业特别是新能源汽车企业在出口退税、所得税、增值税等方面给予更大力度优惠，设立汽车产业境外投资促进机构，进一步丰富和完善多层次、多维度的资金保障体系，设立新能源汽车产业海外发展专项基金，引导民间闲散资本进入汽车产业境外投资市场，同时健全境外投资保险体系，制定海外投资保险相关法律法规，在法律框架下开放出口投资承保市场。提升现有国家级境外投资公共服务平台、技术性贸易措施公共服务平台的建设服务水平，开拓新能源汽车等战略性新兴产业专门业务并主动对接汽车企业需求。面向当前贸易保护主义抬头倾向，充分利用 WTO 争端解决机制、“一带一路”国际商事争端解决机制等，提升汽车领域外贸争端协调服务水平，进一步加强贸易壁垒研究工作，特别针对欧盟碳边境调节机制（CBAM）、电池修订案等开展持续性跟踪，拓宽驻外使领馆商事部门与海外企业的沟通渠道，完善应对贸易摩擦和境外投资等重大事项预警协调机制。

（2）企业发展层面

科学规划企业国际化发展战略。企业需要树立全球化的发展思维，但全球化发展并非一蹴而就，行动上的盲目跟风难以获得良好效果，纵观日、韩等后发汽车国家的国际化发展历程，均是以出口贸易的成功带动品牌、产品在当地市场形成口碑效应，进而开启产业的整体“出海”进程。海外收并购也非一劳永逸的发展举措，无论其目的是获取技术、掌握渠道，还是扩充品牌，均需要将其视作整体战略的一部分，并根据企业发展需要和目标市场特征不断加以内化和创新。当前，我国新能源乘用车和相关的零部件出口尚处于起步阶段，既迎来了突破欧美发达国家市场的历史机遇，又面临新型贸易保护主义抬头和国际企业加速转型带来的严峻竞争形势，在此背景下，自主新能源汽车企业应以加速形成出口效应、口碑效应为先导，更加科学地布局海外发展，系统规划“走出去”路径，加速抢占国际市场新赛道先发位置，为未来更加激烈的国际市场竞争奠定先发基础。

强化企业品牌建设。企业品牌建设是企业“走出去”的重要抓手，特别是对于当前我国新能源汽车产业而言，品牌建设对“走出去”的助推作用尤为突出，国内外主流汽车媒体、研究机构对我国新能源汽车产品的评测成绩显示，我国头部新能源汽车企业在乘用车领域已普遍具备一定技术实力和产品优势，但相关车型目前尚未能完全打开发达国家市场，与之相对的是，一批位居欧洲市场销量前列的纯电动车型在加速性能、续航里程等方面均不及同级我国自主品牌车型。虽然这一现象的产生是多重因素共同作用的结果，但品牌知名度、影响力确是其中的重要原因，面向新能源汽车带来的产业发展新机遇，我国汽车企业应将品牌战略摆在企业发展战略中更为突出的位置，重点开展针对目标市场的品牌营销和消费文化研究，实现“对症下药”。企业可通过发布高端新能源汽车子品牌、面向电动化转型优化核心品牌标识、名称等方式，推动品牌重塑，另可根据发展需要联合欧美主流厂商成立合资公司，推出全新品牌，在强调中国元素的同时，弱化发达国家市场对中国汽车品牌的既定思维和固有印象。头部企业应集中企业优势技术、优质资源，打通国内外媒体宣传渠道，探寻获得差异化竞争优势的切入点，打造面向国际市场的“明星产品”，带动企业产品线进入发达国家市场。

提升企业核心竞争力。技术水平和产品质量是企业“走出去”的发展根基和核心竞争力，汽车企业应充分依托国家科技专项、产业发展基金等，联合高校、科研院所等科研主体，围绕新能源汽车能源动力、电驱系统、智能化与网联化技术等持续开展技术攻关，巩固和扩大我国在新能源汽车技术领域的先发优势，面向市场痛点，优先突破动力电池高温安全性降低、整车低温性能受限等全球新能源汽车产业共同面临的瓶颈问题，并充分发挥海外技术研究中心一线优势，系统研究国际市场有别于国内市场的技术关注领域，寻找国际市场共性需求，围绕相关需求开展技术研发布局。同时，考虑当前新能源汽车在续航里程、补能效率等方面的短板以及不时发生的安全性问题，企业应更加重视新能源汽车产品的质量提升工作，在满足国家相关出厂、出口质量标准的同时，采取比传统燃油汽车更为严苛的研发制造标准。一方面，从产品质量角度保障新能源汽车可靠性、安全性，另一方面，通过提升产品质量补齐因当前新能源汽车技术瓶颈造成的产品力落差，进一步推动形成我国新能源汽车产品的质量优势，使高质量、高可靠性成为中国新能源汽车在国际消费者眼中的产品标签。

（3）行业服务层面

建设高水平海外发展联盟。面对新发展格局下的新需求，行业组织应牵头构建政府指导、企业参与、研究机构支撑的汽车产业海外发展联盟，打造面向汽车产业高水平海外发展的政产学研合作交流平台，统筹协调、有序布局我国汽车企业海外发展工作，提升我国汽车企业在“走出去”发展过程中的凝聚力。通过联合开展相关研究，支撑政府制定汽车产业“走出去”顶层规划，引导企业科学、合理制定“走出去”发展战略，在提升行业自律、强化国际化人才培养等方面强化体制机制创新，不断提升汽车产业海外发展水平。

推动标准规范国际互认。基于产业自身发展形成的先发优势，行业组织应充分利用其在国际合作领域的优势资源，在各类国际汽车标准法规协调组织中安排常驻人员，持续推动我国汽车产业参与新能源汽车、智能网联汽车领域的国际标准制定，并牵头开展车规芯片、车用操作系统等领域的中国标准制定和国际互认工作。系统总结我国加入《1998 年协定书》[1] 对汽车产业外贸发展的作用与影响，面向我国对欧盟市场的发展新形势，组织行业力量重新研讨论证我国加入《1958 年协定书》[2] 的可行性。

提升支撑服务水平。行业组织应充分发挥其在政府与企业、国内与国外关系中的纽带作用，主动对接企业需求，积极参与汽车贸易争端、海外知识产权纠纷调停工作，维护我国汽车产业利益。持续提升汽车外贸研究能力，全力支撑政府决策，开展新能源汽车“走出去”专项政策规划研究工作，面向全球碳中和发展趋势下各主要国家汽车外贸新要求，持续开展各层级的汽车产业碳中和相关研究。在我国汽车产品已实现批量化进入的欧洲、澳大利亚等发达国家和地区市场及新兴国家市场的背景下，相关行业组织应建立分支机构，强化中资企业及行业组织自身与当地政府、企业、市场的联系，同时，在具备发展潜力而企业普遍尚未进入的目标国家市场，依托当地使领馆设立办事处，超前布局信息渠道，主动对接当地产业、市场主管部门和相关企业，立足当地加强商贸信息收集和市场环境研究工作，协助企业做好海外公关和协调保障工作。

1 《1998 年协定书》：全称为《关于对轮式车辆、安装和/或用于轮式车辆的装备和部件制定全球性技术法规的协定书》，旨在规定世界各国在此法律框架下共同制修订全球统一的汽车技术法规的程序和规则。

2 《1958 年协定书》：全称为《关于采用统一条件批准机动车辆装备和部件并相互承认此批准的协定书》，旨在在整个欧洲范围内对汽车产品制定和实施统一的汽车技术法规，并执行统一的形式标准，以促进各国间汽车技术的交流和贸易的进行。

参考文献

[1] 贾新光 . 超越股比放开 汽车产业面临高质量扩大开放 [J]. 世界汽车，2019（4）：66-71.

[2] 皮上玉 , 王阳 , 王国庆 . 合资股比限制政策与合资方的市场进入——面向汽车产业的研究 [J]. 湖南师范大学社会科学学报 ,2020,49(3):149-156.

[3] 日本自动车部品工业会 . 海外事业概况调查报告 [R].2014.

[4] 刘宗巍 , 陈康达 , 郝瀚 , 赵福全 . 基于产业安全度模型的汽车产业合资股比政策调整影响评估及策略建议 [J]. 汽车工程学报 ,2018,8(04):239-249.

[5] Chao C C，Yu ESH. Are Wholly Foreign-owned Enterprises Better than Joint Ventures? [J] . Journal of International Economics，1996(40) : 225-237.

[6] 张方波 . 开放条件下我国汽车产业安全研究 [D]. 中国政法大学 ,2011.

[7] 傅红叶 . 国外汽车产业是否存在“合资股比”？[J]. 汽车纵横 ,2014(3):42-43.

[8] 曹晓昂 . 基于国家利益角度看合资股比 访中国汽车工业协会常务副会长兼秘书长 董扬 [J]. 汽车纵横 ,2014(3):38-41.

[9] 大众躁动 : 欲调合资股比 [J]. 汽车观察 ,2019(3):26-28.

[10] 王佳 , 吴松泉 . 新能源汽车股比放开后外资在华战略动向研究 [J]. 汽车工业研究 ,2019(2):22-25.

[11] 刘宇 . 如何看待中美贸易战背景下全面放开汽车行业外资股比限制的问题 [J]. 专用汽车 ,2018(5):40-42.

III

产业综述

第五章

“双碳”加剧产业变革，汽车产业转型提速

——2020—2021 年度中国汽车产业发展综述

杨耀坤　林艳　王冠[1]

摘要：随着全球新一轮科技革命和产业变革蓬勃发展，新能源汽车和智能网联汽车成为全球汽车产业转型发展的主要方向。本文主要从产业总体发展的宏观环境、汽车整体市场、节能汽车、新能源汽车及智能网联汽车的市场和技术发展状况、行业管理新动向等角度，对 2020—2021 年中国汽车产业的发展形势进行了回顾、分析和总结，并重点围绕汽车产业发展新形势进行了描述。

关键词：汽车产业　“双碳”驱动　汽车市场　新能源汽车　智能网联汽车

1　杨耀坤，中国汽车工程学会、国际汽车工程科技创新战略研究院战略规划部研究员，主要研究方向为汽车产业创新体系、产业技术创新战略、产业政策等。

林艳，中国汽车工程学会、国际汽车工程科技创新战略研究院战略规划部研究员，主要研究方向为汽车技术预见。

王冠，中国汽车工程学会、国际汽车工程科技创新战略研究院战略规划部研究员，主要研究方向为汽车产业战略和技术研究。

随着全球新一轮科技革命和产业变革蓬勃发展，汽车与能源、交通、信息通信等领域有关技术加速融合，新能源汽车和智能网联汽车成为全球汽车产业转型发展的主要方向。产业宏观层面，“双碳”目标推动汽车产业节能减排不断提速，产业规划引领新能源汽车迈入发展新阶段，《节能与新能源汽车技术路线图 2.0》为我国汽车产业在新形势下的发展指明了方向。市场方面，我国汽车市场整体回暖，但新冠肺炎疫情、芯片短缺等因素影响市场稳定，乘用车市场仍维持高端化趋势，自主品牌乘用车市场占比大幅回升，商用车市场增长减缓，“缺芯”危机对产能造成严重影响。节能汽车方面，混合动力汽车销量稳步提升，自主品牌突破 DHT 混合动力技术，将推动重度混合动力汽车销量大幅提升。新能源汽车方面，新能源汽车成为产业高质量发展新动能，我国产业规模持续领先全球，市场结构不断优化，自主品牌独立运营纯电智能高端品牌向上发展，造车新势力已获得市场认可，销量大幅提升，新一轮科技攻关持续推进，燃料电池汽车应用示范工作全面展开，基础设施建设加速完善。智能网联汽车方面，产业跨界协同发展，汽车、能源、交通、信息通信等跨领域合作，实现“车能融合”“车路协同”“车网互联”，PA 级智能技术大规模量产装车，移动出行行业加速洗牌，自动驾驶大范围开展示范运营。行业管理层面，双积分政策适时调整，更有效引导产业节油降碳，为保障我国新能源汽车和智能网联汽车安全，汽车标准体系大幅完善，支持我国汽车产业高质量发展，针对智能网联技术的快速进步，为加快智能网联汽车产业化进程，国家接连发布智能网联汽车道路测试和示范应用规划、智能网联汽车准入意见，为高级别自动驾驶汽车商业化应用做好铺垫。

一 “双碳”驱动、规划引领，产业坚定不移向自立自强奋进

（一）“双碳”目标推动汽车产业节能减排不断提速

2020 年 9 月 22 日，国家主席习近平在第七十五届联合国大会一般性辩论上发表重要讲话，提出“二氧化碳排放力争于 2030 年前达到峰值，努力争取在 2060 年前实现碳中和”的发展目标[1]，在描绘国家全领域低碳发展新蓝图的同时，也为我国汽车产业应对气候变化、绿色低碳发展明确了目标，指明了方向。

为推动我国碳达峰、碳中和目标如期实现，党中央、国务院开展了一系列工作部署。2020 年 10 月召开的十九届五中全会审议通过了《中共中央关于制定国民经济和社会发展第十四个五年规划和二〇三五年远景目标的建议》，明确提出降低碳排放强度，支持有条件的地方率先达到碳排放峰值，制定 2030 年前碳排放达峰行动方案；2021 年 3 月 5 日，李克强总理代表国务院在十三届全国人大四次会议上作《政府工作报告》，将扎实做好碳达峰、碳中和各项工作列为 2021 年重点工作；2021 年 4 月 30 日，中共中央政治局召开会议分析研究经济形势和经济工作，强调要有序推进碳达峰、碳中和工作，积极发展新能源。

发展新能源汽车、实现汽车产业低碳转型已被视为推动“双碳”工作的重要抓手。2021 年 10 月，国务院印发《2030 年前碳达峰行动方案》，明确提出大力推广新能源汽车，逐步降低传统燃油汽车在新车产销和汽车保有量中的占比，推动城市公共服务车辆电动化替代，推广电力、氢燃料、液化天然气动力重型货运车辆。在此之前，工业和信息化部主持召开的节

1 新华社：“习近平在第七十五届联合国大会一般性辩论上发表重要讲话”，2020 年 9 月 22 日，http://www.gov.cn/xinwen/2020-09/22/content_5546168.htm。

能与新能源汽车产业发展部际联席会议已将研究制定汽车产业落实碳达峰、碳中和行动路线图列为2021年度重点工作之一，并委托中国汽车工程学会等行业组织、研究机构开展汽车产业碳中和路线图的具体研究工作；科技部启动了“十四五”国家重点研发计划“新能源汽车”重点专项2021年度项目申报工作，以新能源汽车核心技术攻关为引领，带动汽车产业低碳化、清洁化转型升级，为汽车产业达成“双碳”目标提供重要科技支撑；交通运输部组织开展了交通运输碳达峰相关研究工作，提出进一步加快新能源、清洁能源推广应用，推进营运车辆能效提升，强化车辆排放检验与维护制度实施，促进包括道路交通在内的交通运输实现全面绿色低碳转型。

在顶层规划引领下，我国汽车企业积极行动，主动作为，争相提出碳中和发展愿景或电动化发展目标，加速推进低碳转型工作。长城汽车已宣布将在2045年实现碳中和，成为首个提出碳中和发展目标的自主企业；吉利汽车提出至2025年，碳排放总量减少25%，至2045年实现碳中和；一汽集团成立了集团层级的“双碳管理委员会”，计划到2028年较行业整体率先实现碳达峰，到2049年基本建成深度脱碳系统，到2053年基本达到净零排放水平，具备实现碳中和能力；东风汽车提出全面实施“绿色东风2025”行动，计划到2025年新能源汽车销量占比达到公司总销量的20%，万元产值综合能耗下降15%；长安汽车持续推进并迭代“香格里拉计划”，提出到2025年新能源汽车销量占比达到35%，2030年占比达到60%。此外，宁德时代、比亚迪等一批整车与零部件企业也陆续启动了碳中和规划研究。

（二）产业规划引领新能源汽车迈入发展新阶段

2020年10月，国务院办公厅印发《新能源汽车产业发展规划（2021—2035）》（以下简称《规划》），在提高技术创新能力、构建新型产业生态、推动产业融合发展、完善基础设施体系、深化开放合作方面提出了新的发展要求，围绕新能源汽车和高度自动驾驶汽车的推广应用、充换电服务网络及氢燃料供给体系建设等提出了面向 2025 年及未来 15 年的中远期发展目标愿景。

提升科技创新能力、实现科技自立自强。《规划》将提升技术创新能力作为首要任务，深化了“三纵三横”研发布局，以纯电动汽车、插电式混合动力（含增程式）汽车、燃料电池汽车为“三纵”，以动力电池与管理系统、驱动电机与电力电子、网联化与智能化技术为“三横”，进一步坚持了整零并重的技术创新思路，强化整车集成技术创新，并通过部署新能源汽车核心技术攻关工程，布局电池技术、智能网联技术及基础支撑技术攻关。

进一步优化资源配置，构建新型产业生态。《规划》提出支持生态主导型企业发展，培育若干上下游协同创新、大中小企业融通发展、具有国际影响力和竞争力的新能源汽车产业集群，同时，以车用操作系统生态建设行动为抓手，加快车用操作系统产业化应用，通过建设动力电池高效循环利用体系，推动动力电池全价值链发展，持续提高智能制造水平，加速推进质量品牌建设，不断健全安全保障体系，推动构建新型产业生态。

促进相关产业深度融合，开展协同创新。面向新能源汽车产业呈现的融合发展新特征，《规划》明确了加快新能源汽车与能源、交通和信息通信的深度融合发展的新思路，以高循环寿命动力电池技术、车网互动（V2G）技术、能源协同调度技术等关键技术攻关支撑新能源汽车与能源融合发展，以车路协同技术、智能交通管控技术、信息安全技术等保障新能源汽车与交通体系协同融合，通过实施智慧城市新能源汽车应用示范行动，开展智能有序充电、新能源汽车与可再生能源融合发展、城市基础设施与城际智能交通、异构多模式通信网络融合等综合示范，支持以智能网联汽车为载体的各类特定场景示范应用。

建设多种补能设施，充分满足新能源汽车发展需要。《规划》从充换电网络、智能路网设施、氢燃料供给体系建设三方面明确了完善基础设施体系的行动措施，提出加强智能有序充电、大功率充电、无线充电技术研发，开展多种形式氢气储运技术示范应用，通过建设智能基础设施服务平台统筹相关标准的制修订，开展充换电、加氢、智能交通等综合服务试点示范。

进一步推动开放合作，提升我国产业国际影响力。《规划》提出加强与国际通行经贸规则对接，全面实行准入前国民待遇加负面清单管理制度，对新能源市场主体一视同仁，建设市场化、法治化、国际化营商环境。针对产业更高质量的“走出去”发展，《规划》提出引导企业制定国际化发展战略，不断提高国际竞争能力，加大国际市场开拓力度，推动产业合作由生产制造环节向技术研发、市场营销等全链条延伸。

（三）《节能与新能源汽车技术路线图 2.0》为我国汽车产业在新形势下的发展指明了方向

明确了我国汽车产业整体发展目标。2020 年 10 月发布的《节能与新能源汽车技术路线图 2.0》（以下简称“技术路线图 2.0”），进一步确认了全球汽车技术“低碳化、信息化和智能化”的发展方向，深化描绘了汽车产品品质不断提高、核心环节安全可控、汽车产业可持续发展、新型产业生态构建完成、汽车强国战略目标全面实现的产业发展愿景，提出了面向 2035 年我国汽车产业发展的六大目标：我国汽车产业将于 2028 年左右先于国家碳达峰承诺提前实现碳达峰，至 2035 年，碳排放总量较峰值下降 20% 以上；新能源汽车逐渐成为主流产品，汽车产业基本实现电动化转型；中国方案智能网联汽车技术国际领先，产品大规模应用；关键核心技术自主化水平显著提升，形成协同高效、安全可控的产业链；建立汽车智慧出行体系，形成汽车、交通、能源、城市深度融合生态；技术创新体系基本成熟，具备引领全球的原始创新能力。

强调了我国以纯电驱动为主、多种技术路线并行的发展战略。技术路线图 2.0 进一步强调了纯电驱动发展战略，提出至 2035 年，新能源汽车市场占比超过 50%，燃料电池汽车保有量达到 100 万辆左右，节能汽车实现混合动力化，汽车产业全面实现电动化转型；进一步明确了构建中国方案智能网联汽车技术体系和新型产业生态，提出至 2035 年，各类网联式自动驾驶车辆广泛运行于中国广大地区，中国方案智能网联汽车与智慧能源、智能交通、智慧城市深度融合。

为各领域指出了未来技术发展路径。针对节能汽车、纯电动和插电式混合动力汽车、氢燃料电池汽车和智能网联汽车、汽车动力蓄电池、新能源汽车电驱动总成系统、充电基础设施、汽车轻量化、汽车智能制造及关键装备九个领域，制定了 2025 年、2030 年和 2035 年的近、中、远期整体发展目标，并针对目标的实现提出了各阶段技术实施路径，为我国汽车产业未来 15 年的技术发展提供了支撑。

二 市场整体回暖，“缺芯”暴露产业短板，产业整体开始由大到强蜕变

（一）整体市场逐步回暖，出口市场大幅增长

多项政策助力汽车市场总体回暖。为降低新冠肺炎疫情对汽车产业的影响，各级政府积极推出汽车置换补贴、汽车下乡、限购城市增加指标数量、保供应链稳定等多项措施，2020 年，我国汽车产量和销量分别为 2522.5 万辆和 2531.1 万辆，同比分别下降 2% 和 1.9%，降幅较 2019 年分别收窄 5.5 个和 6.3 个百分点，连续 12 年蝉联全球第一。2021 年 1—9 月，我国汽车

产量和销量分别为 1824.3 万辆和 1862.3 万辆，同比分别增长 7.5% 和 8.7%，与 2019 年同期相比，产量和销量同比分别增长 0.4% 和 1.3%，整体市场呈现回暖态势。如图 5-1 所示。

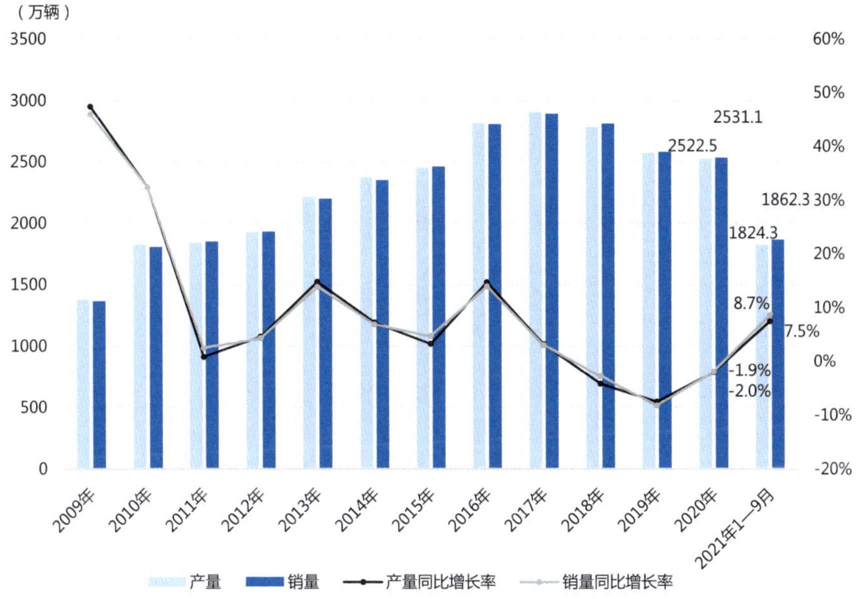

图 5-1 2009 年至 2021 年（1—9 月）汽车产销量走势

数据来源：中国汽车工业协会。

新冠肺炎疫情对汽车产业供应链仍有较大影响。综合来看，2020 年受疫情影响，2 月、3 月汽车产销量出现明显大幅下滑，但随着国内疫情得到有效控制，国民经济逐步稳定恢复，汽车产销量自 4 月开始触底反弹，市场呈现超预期的爆发式增长态势，全年产销量增速稳中略降，表现远好于年初预期，汽车行业总体表现出了强大的发展韧性和内生动力。2021 年，国家宏观经济形势总体平稳，工业企业生产持续稳定恢复，但也不断面临诸多考验。受全球新冠疫情不断反复、世界经济形势持续低迷的影响，全球大宗商品价格总体高位运行、国际物流成本增加、原材料持续涨价等诸多问题不断凸显，汽车产业受到一定影响。此外，汽车行业还受到芯片供应持续短缺的影响，供需两端放缓，导致市场销量自 5 月以来持续下滑，行业运行压力较大，预计第四季度仍难以得到缓解。如图 5-2 所示。

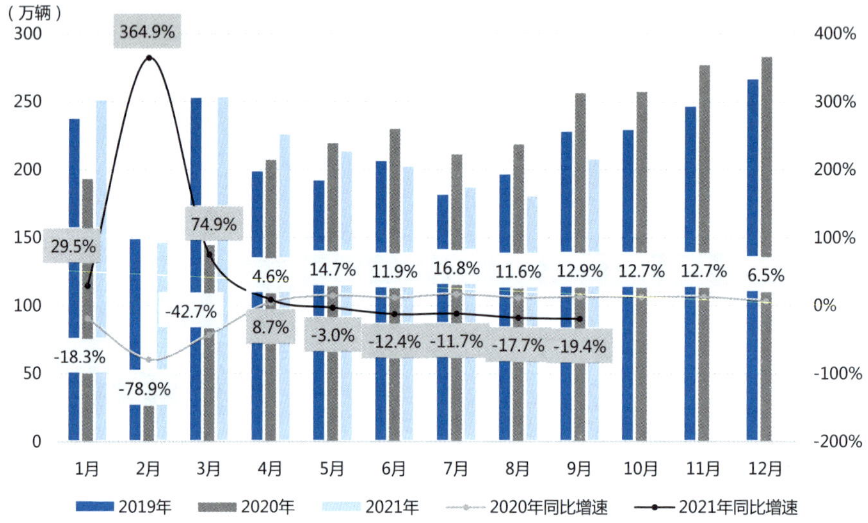

图 5-2 2019 年至 2021 年（1—9 月）我国汽车月度销量

数据来源：中国汽车工业协会。

汽车出口规模逐步增长，国际竞争力提升。2020 年，我国汽车出口呈现下降趋势。全年汽车企业出口 99.5 万辆，同比下降 2.9%。分车型来看，乘用车出口 76.0 万辆，同比增长 4.8%；商用车出口 23.5 万辆，同比下降 21.4%。2021 年 1—9 月，汽车企业出口 136.2 万辆，同比增长 1.2 倍。分车型来看，乘用车出口 105.9 万辆，同比增长 1.3 倍；商用车出口 30.3 万辆，同比增长 93.5%。如图 5-3 所示。整体来看，我国汽车出口在过去 20 年实现了规模跃升，2020 年的整车出口量较 2001 年同比增长近 49 倍，增速高于同期德、美、日等汽车大国。出口市场逐步拓展至欧美发达国家，2020 年在新冠肺炎疫情肆虐导致国内产能骤降、国际市场需求下滑的情况下，我国对至少 20 个国家和地区的汽车产品出口额超过了 10 亿美元，其中 12

个为包括德、美、日等汽车大国在内的发达经济体，国际竞争力进一步提升。

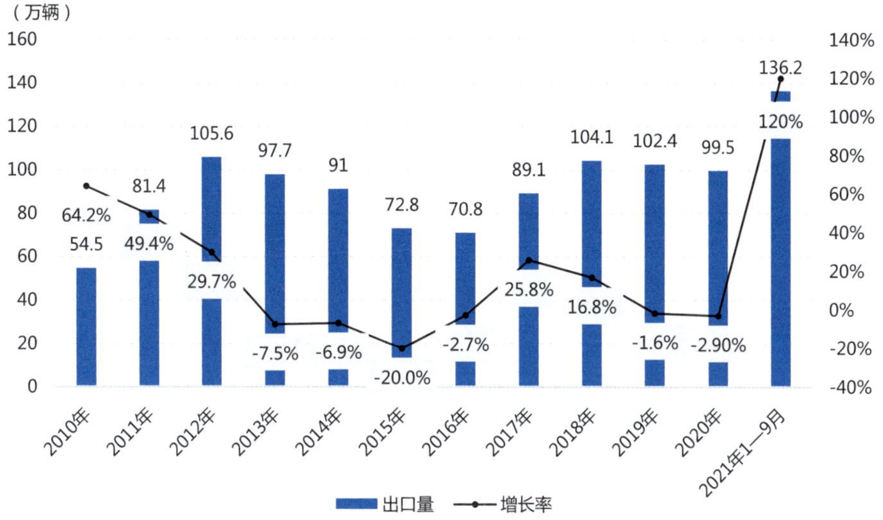

图 5-3 2010 年至 2021 年（1—9 月）我国汽车出口量走势

数据来源：中国汽车工业协会。

（二）芯片短缺影响乘用车供应，销量下降不改高端化趋势

乘用车整体市场呈现持续下滑趋势。2020 年，我国乘用车产量和销量分别为 1999.4 万辆和 2017.8 万辆，同比分别下降 6.5% 和 6%，降幅较 2019 年分别收窄 2.7 和 3.6 个百分点。2021 年 1—9 月，乘用车产量和销量分别为 1465.8 万辆和 1486.2 万辆，同比分别增长 10.7% 和 11.0%，与 2019 年同期相比，同比分别下降 2.9% 和 2.7%，低基数仍推升同比增速，但增幅持续放缓。自 2021 年 5 月以来，芯片供应短缺持续影响乘用车市场供需两端，且供给端生产受影响程度显著大于需求端。从供给端来看，我国乘用车产量已连续四个月呈现两位数下滑，2021 年 6—9 月产量较 2020 年同期累计减少 90 万辆，其中，2021 年 9 月产量为 177 万辆，同比下降 13.6%（如图 5-4 所示）。从需求端来看，受市场供给不足影响，需求

释放受到抑制，总体呈现“前高后低”趋势，市场增长主要得益于新能源汽车市场贡献（如图 5-5 所示）。短期来看，芯片短缺问题难以得到显著改善，产品供应不足问题依旧严峻，高基数下终端市场预计将延续下滑。

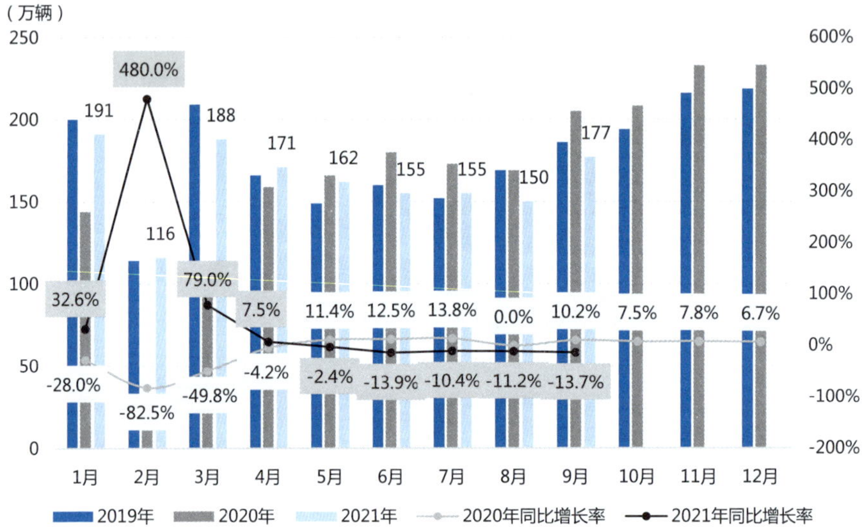

图 5-4 2019 年至 2021 年（1—9 月）乘用车月度产量走势

数据来源：中国汽车工业协会。

中高端市场份额保持增长。在消费升级背景下，自主汽车品牌加速向中高端级别车型升级，合资、外资汽车品牌持续推进国产化降价战略，加速引入高级别、大尺寸车型，以高配低价带动口碑、销量的提升，B 级及以上级别车型市场份额逐年扩张，豪华及高端产品仍为市场亮点，延续高增长态势（如图 5-6 所示）。

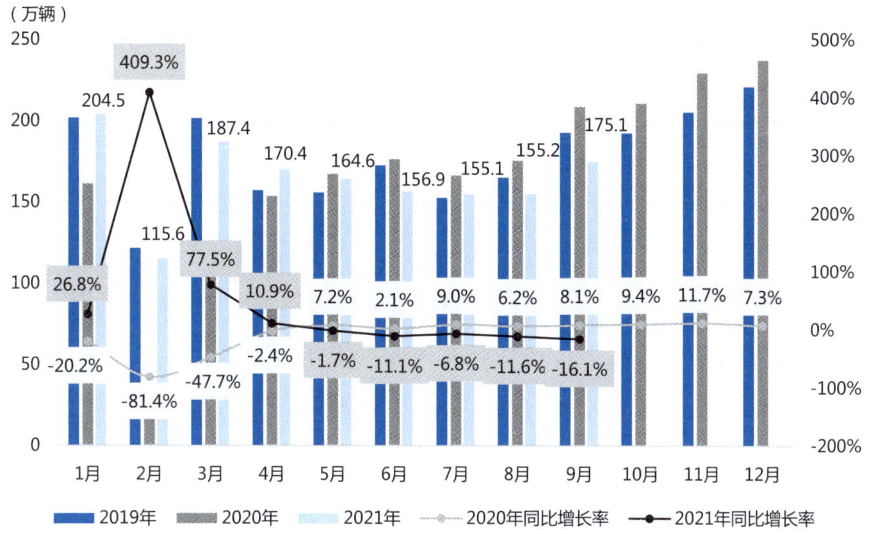

图 5-5 2019 年至 2021 年（1—9 月）乘用车月度销量走势

数据来源：中国汽车工业协会。

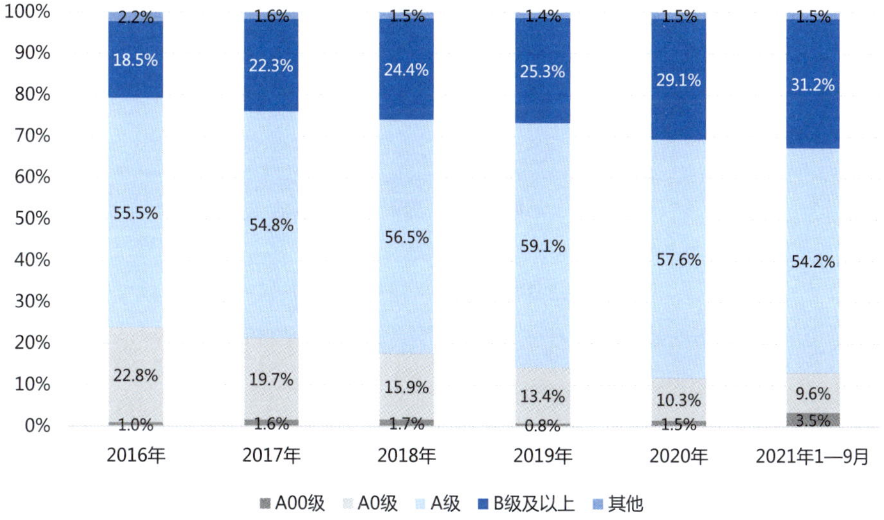

图 5-6 2016 年至 2021 年（1—9 月）乘用车分级别车型市场份额变化走势

数据来源：中汽数据有限公司。

（三）自主品牌技术质量提升推动品牌升级，收复市场失地

自主品牌加速转型升级，市场占比回升。经过近 20 年的发展，我国自主品牌从技术引进到自主开发，发展到目前，部分领域达到全球领先水平，已经在技术积累、质量保证、市场洞察、售后服务等多方面均取得了不俗的进步。传统乘用车在传统燃料产品上加速转型升级，长安、长城、吉利等品牌新产品、高端车型陆续推出抢占市场；新能源乘用车占据绝对领先地位，五菱、比亚迪等传统企业带来高增量，蔚来、理想等新势力品牌快速崛起，实现自主品牌的向上跃迁。如图 5-7 所示。

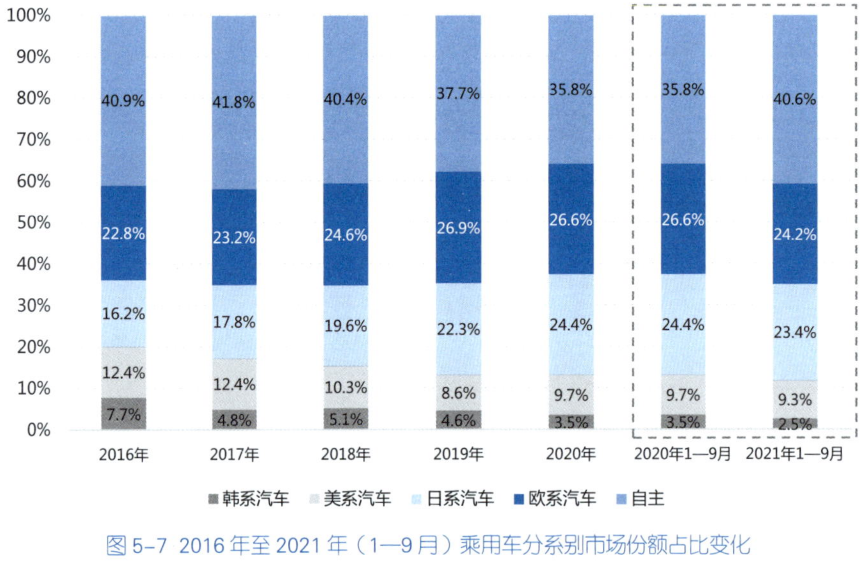

图 5-7 2016 年至 2021 年（1—9 月）乘用车分系别市场份额占比变化

数据来源：全国乘用车市场信息联席会。

自主开发的先进技术逐步为自主品牌树立起技术品牌优势。近年来，我国车企加大技术研发投入，在混合动力系统、纯电平台、动力电池、智能化技术等方面取得较大技术进步，DMi 混合动力、柠檬 DHT 混合动力、刀片电池、八合一电驱动总成、咖啡智能等先进技术达到国际领先水平。与此同时，各车企效仿科技公司，通过科技周活动、技术发布会等形式宣

传自身的先进技术，我国车企的技术品牌正在逐渐树立。

引进国际化设计团队，车身造型接近国际水平。红旗、长城、吉利、比亚迪等自主品牌通过聘用国外优秀设计人员与培养本土化人才双管齐下，产品造型有了极大提升，各品牌造型注重家族化设计，形成各自的鲜明特点，代表产品有红旗 H9、领克系列、WEY 咖啡系列、比亚迪汉、长安 CS75 PLUS 等。

自主品牌新能源技术引领全球，助力自主品牌向上突破。在我国汽车市场向大型化、高端化转变的趋势下，自主品牌紧跟行业发展趋势，推出高端车型，价格普遍超过 30 万元。此外，基于我国在新能源汽车领域的技术优势和完善的新能源汽车产业链，高端车型以新能源汽车为主，并且销量已占据一定市场份额（见表 5-1）。

表 5-1 我国高端新能源车型汇总

品牌	车型	指导价（万元）
红旗	H9	30.98~53.98
	HS7	26.08~45.98
	E-HS9	50.98~77.98
比亚迪	唐 EV	27.95~31.48
领克	领克 09 PHEV	31.59~37.09
极氪	001	29.9~36
岚图	FREE	31.36~36.36
理想	ONE	33.8
极狐	阿尔法 S	25.19~34.49
蔚来	ES6	34.18~50.8
	EC6	35.18~50.8
	ES8	45.18~60.6
	ET7	44.8~52.6

（四）商用车市场增长减缓，货车、皮卡市场表现差异化

商用车市场受货车影响出现较大波动。2020 年，受国三排放标准汽车淘汰、治超加严及基建投资等因素的拉动，商用车市场率先加速回升，4 月销量同比增速由负转正，连续 7 个月同比增速超过 30%，全年产销量呈现大幅增长，产量和销量分别为 523.1 万辆和 513.3 万辆，同比分别增长 20.0% 和 18.7%，创历史新高。2021 年 1—9 月，商用车产量和销量分别为 358.5 万辆和 376.1 万辆，产量同比下降 4.0%，销量同比增长 0.5%，产量增速由正转负（如图 5-8 所示）。从 2021 年销量走势来看，1—4 月，在工程项目大规模启动、国六排放标准实施带动提前集中购买等因素推动下，货车市场快速回暖，对商用车市场的贡献率超 90%。而随着重型柴油车国六排放法规切换期限的逐步接近，市场需求出现了较大波动，叠加 2020 年同期高基数因素，2021 年 5 月以来货车销量开始呈现下降态势，尤其是 7 月 1 日重型柴油车国六排放标准法规正式实施以后，市场销量连续三个月出现大幅度下滑，是商用车市场下滑的主要因素（如图 5-9 所示）。

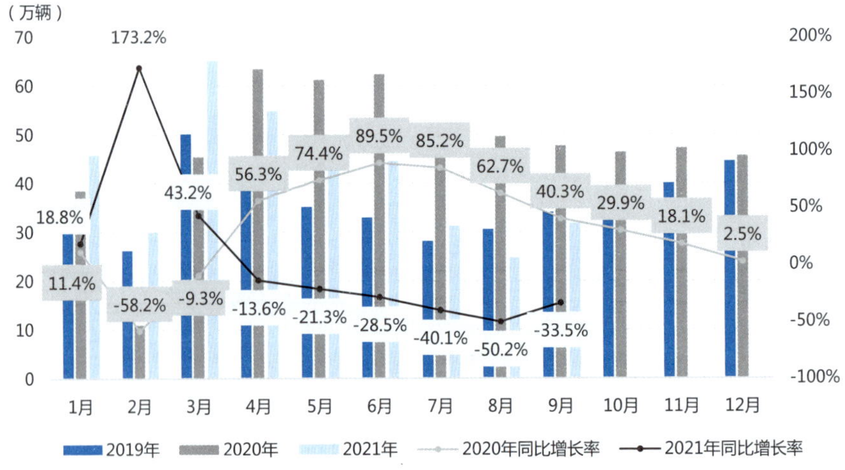

图 5-8 2019 年至 2021 年（1—9）月商用车月度销量走势

数据来源：中国汽车工业协会。

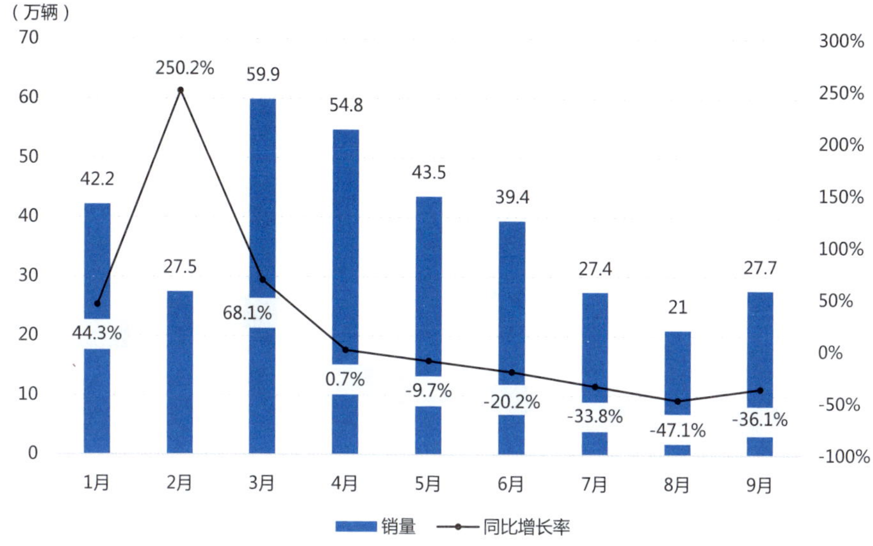

图 5-9 2021 年 1—9 月货车月度销量走势

数据来源：中国汽车工业协会。

自主企业集中发力推动皮卡市场增长。近年来，皮卡乘商结合的新消费特征推动皮卡市场快速发展。2020 年，皮卡产量和销量分别为 49.2 万辆和 49.1 万辆，同比分别增长 8.0% 和 8.6%；2021 年，皮卡市场持续表现亮眼，1—9 月皮卡产量和销量分别为 39.3 万辆和 40.2 万辆，同比分别增长 15.3% 和 17.7%，呈现出强于商用车的良好表现（如图 5-10 所示）。国内皮卡市场以长城汽车为龙头，江铃、郑州日产、福田、江淮、上汽大通和长安等企业也有出色表现。此外，上汽通用五菱等新进入企业也强势低价布局，并占据二线主力销量地位，皮卡市场总体增长势头强劲。目前，中端皮卡是皮卡市场的主流产品，而皮卡市场高端化发展趋势显著，尤其在江铃、长城等自主企业的集中发力影响下，预计高端皮卡市场将迎来快速增长。

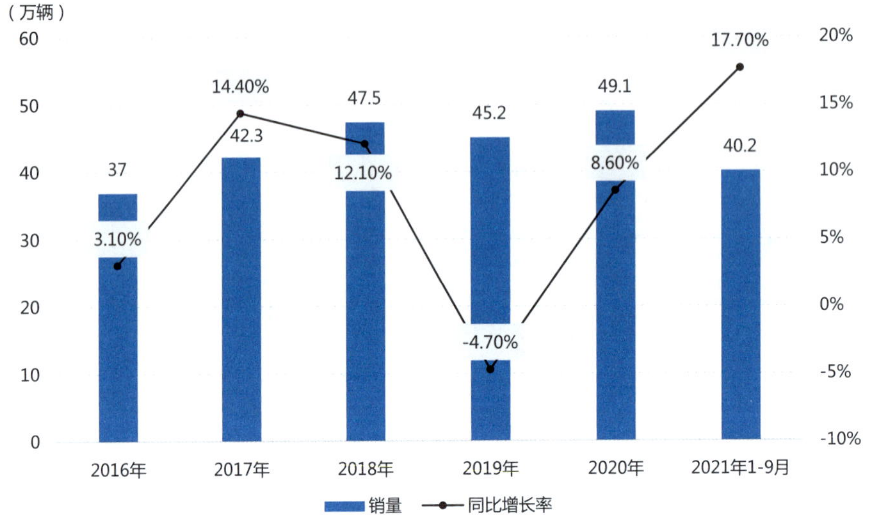

图 5-10 2016 年至 2021 年（1—9 月）皮卡年度销量走势

数据来源：中国汽车工业协会。

（五）"缺芯"危机对汽车产能造成严重影响

汽车产业面临严峻的"缺芯"危机。受新冠肺炎疫情和经贸环境变化等多重因素影响，自 2020 年起，全球芯片产业逐渐出现产能紧张情况，进入 2021 年，疫情反复伴随消费复苏致使全球芯片短缺情况进一步加剧，满足车规级要求的汽车芯片由于利润率和业务规模远不及消费电子产品，因而在排产方面被芯片上下游企业排在相对靠后的位置，最终引发汽车产业"缺芯"危机，对全球汽车产能造成严重影响。据波士顿咨询预测，芯片短缺将导致 2021 年全球汽车减产 700 万辆以上，而埃信华迈（IHS Markit）也于近日将其对 2021 年全球轻型汽车产量的预测下调 6.2%，即减产 500 余万辆。

"缺芯"危机对我国汽车产业的影响尤为深刻。当前，我国已进入常态化疫情防控阶段，社会生产生活秩序得到了全面恢复，但在芯片短缺等不利因素影响下，截至2021年8月，我国汽车产量已连续5个月出现环比下滑，连续4个月出现同比下滑。一直位居我国市场销量前列的德系、日系汽车企业在华合资品牌受“缺芯”影响尤为严重，进入第三季度以来已呈现出不同程度的高位下滑态势，自主品牌虽然在产能方面保持了相对较高的韧性，但受芯片短缺影响，以坦克300为代表的自主品牌中高价位热销车型仍然出现了多轮次的停产情况，严重制约了自主企业优势产品进一步向上突破和市场推广。

三 自主品牌突破DHT混合动力技术，混合动力市场将大幅提升

在“双碳”目标要求、双积分政策调整、乘用车燃油消耗量限值等政策标准下，国内车企纷纷将混合动力技术作为燃油车降低油耗的首选，特别是重度混合动力成为国内自主品牌主要的开发方向。

（一）我国节能汽车销量稳步提升，轻混和重混各占一半

根据中国汽车工业协会数据，2020年我国混合动力乘用车销量为74.5万辆，占传统能源乘用车的3.96%，其中轻中度混合动力乘用车41.4万辆，重度混合动力乘用车33.1万辆；2021年1—6月我国混合动力乘用车销量为47.74万辆，占传统能源乘用车的5.42%，其中轻中度混合动力乘用车23.04万辆，重度混合动力乘用车24.7万辆。由于油耗指标和双积分政策的要求，车企逐步推出混合动力车型，混合动力汽车销量逐年走高，平均每年增长60%~70%（如图5-11所示）。

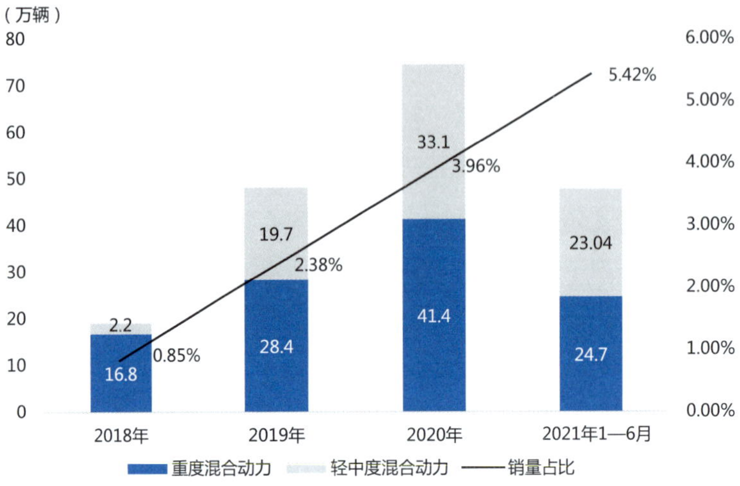

图 5-11 我国混合动力乘用车销量

轻中度混合动力乘用车销量主要由欧美合资品牌和我国自主品牌贡献，主要包括上汽通用、北京奔驰、一汽红旗、沃尔沃和吉利。重度混合动力乘用车销量主要由丰田、本田品牌贡献，我国自主品牌发展混合动力较晚，重度混合动力车型自 2021 年下半年开始逐步上市。如图 5-12 所示。

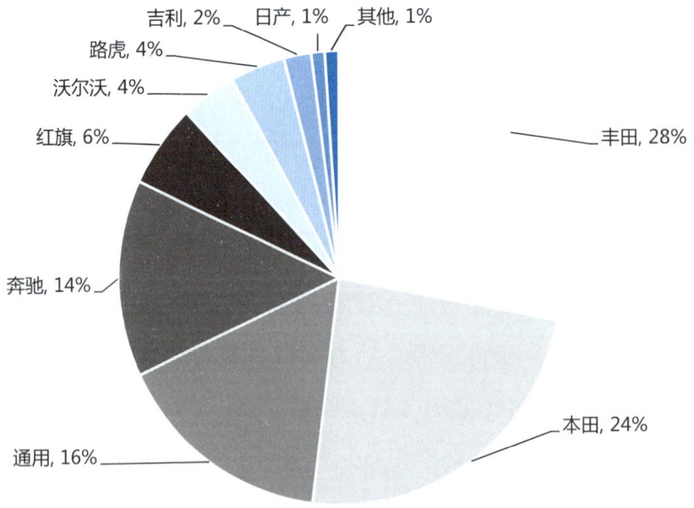

图 5-12 2021 年 1—6 月混合动力乘用车各品牌占比

（二）日韩主要发展重度混合动力，欧美品牌将 48V 轻度混合动力作为全面电动化的过渡

日韩汽车企业大幅提升混合动力车型占比。以丰田公司为代表的日本车企，常年深耕混合动力技术，技术实力雄厚，旗下所有车型均已推出混合动力版本，此外，丰田汉兰达、皇冠陆放、赛那等车型不再推出传统燃油型，全部为混合动力型。现代公司在 2020 年 7 月公布了未来战略计划，在节能汽车方面，计划 2025 年前开发 13 款混合动力车型。

欧美汽车企业将 48V 轻度混合动力作为短期符合油耗要求的路线。受欧盟和美国较高的碳排放和燃油经济性政策要求，加之在重度混合动力方面的技术积累较少，欧美主要厂商选择 48V 轻度混合动力作为短期满足政策要求的产品。以奔驰、奥迪等品牌为主的车企，大量推出 48V 混合动力车型。

（三）国内自主品牌加快重度混合动力技术开发，技术水平与日系产品持平

我国高效混合动力发动机搭配双电机 DHT 混合动力系统技术国际领先。在“双碳”目标要求、双积分政策调整、《节能与新能源汽车路线图 2.0》指引的背景下，自 2020 年下半年以来，国内汽车企业积极布局混合动力，比亚迪、长城、广汽、上汽、奇瑞、吉利等企业已推出混合动力系统。在重度混合动力方面，高热效率混合动力发动机搭配双电机 DHT 混合动力系统成为车企开发的主要选择，如比亚迪、长城、奇瑞等企业均选择此发展路线，节油率能够达到 30%。首款搭载 DHT 混合动力系统的自主品牌紧凑型 SUV——玛奇朵的工况油耗为 4.7L/100km，与同级别日系车型丰田 RAV4 荣放持平。

四 汽车产业供给侧改革开花结果，新能源汽车市场进入普及期

2020—2021 年，我国新能源汽车产业发展迎来了突破性进展。一方面，国家一系列顶层规划加速了汽车产业电动化转型进程，特别是“双碳”目标的提出为汽车产业指明了转型发展大方向，推动汽车企业纷纷加大新能源汽车技术研发投入和产品投放。另一方面，历经多年培育的新能源汽车产业链逐渐发展成熟，技术水平持续提升，产品供给日趋丰富，用车环境不断优化，叠加税收减免、财政补贴延续等利好因素，新能源汽车在新冠肺炎疫情影响下的低迷市场中实现了逆势上扬，进入“政策 + 市场”双轮驱动新阶段，逐渐成为推动汽车产业高质量发展的新动能。

（一）技术支持产业规模重新登顶全球，产业即将进入全面市场化

产业规模持续领先。2020 年，我国新能源汽车产销达到 136 万辆，虽然被欧洲反超，但 2021 年我国领先技术大规模应用推动新能源汽车产销量更上一层楼，1—9 月产销量突破 215 万辆，全年预计突破 300 万辆，全球销量占比重新回到 50% 以上（如图 5-13 所示）。

新能源汽车渗透率超过 10%，迎来市场化拐点。新能源汽车市场渗透率大幅度提升，2021 年 1—9 月市场渗透率达到 11.6%，9 月市场渗透率接近 17.3%，分别较 2020 年同期增长 7.3 个和 11.9 个百分点。自主新能源汽车市场渗透率表现尤为突出，2021 年 1—9 月市场渗透率达到 23.8%，产业迎来市场化突破拐点（如图 5-14 所示）。

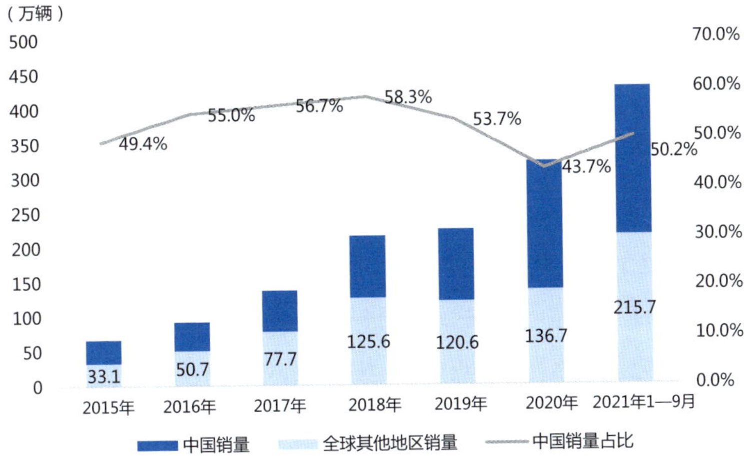

图 5-13 2015 年至 2021 年（1—9 月）我国新能源汽车市场规模

数据来源：2015—2019 年全球其他地区数据来自国际能源署（IEA）；2020 年数据来自 EV SALES Blog；各年份中国数据来自中国汽车工业协会。

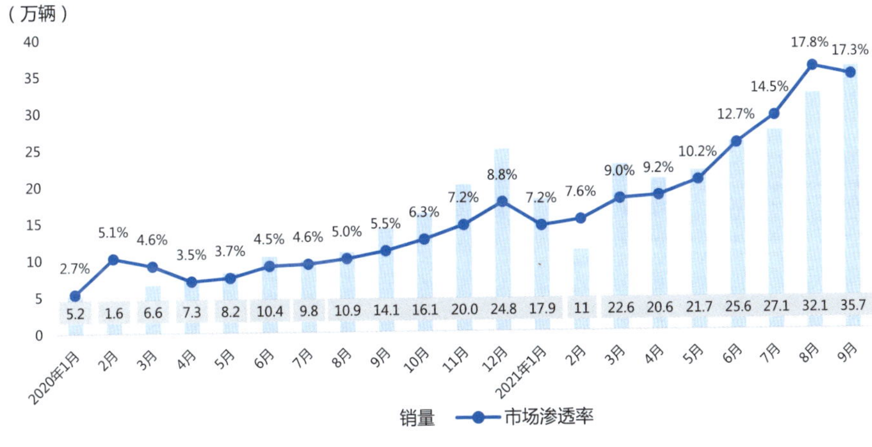

图 5-14 2020 年至 2021 年（1—9 月）新能源汽车销量及市场渗透率

数据来源：中国汽车工业协会。

纯电动汽车中端市场尚存较大缺口。纯电动汽车一直是我国新能源汽车市场的核心产品，2020 年以来，纯电动汽车市场持续呈现“哑铃形”销量分布。一方面，以五菱宏光 MINI EV 为代表的高性价比 A00 级车型引领低端市场销量持续走高。另一方面，价位相对较高的 B 级及以上车型越发受到消费者关注，这类车型以特斯拉 Model 3 为代表，在加速性能和智能化程度等方面较同级同价位燃油车拥有绝对优势，已具备较高的产品竞争力，带动中高端市场加速走量（如图 5-15 所示）。与此同时，中端纯电动汽车市场产品供给不断丰富，但尚未出现能够引领本级市场发展的“明星产品”，导致中端市场存在较大缺口，考虑到我国汽车市场整体对中端车型的明显偏好及当前各头部企业已公布的中端产品规划，未来中端市场或将成为我国纯电动汽车市场下一个发展亮点。

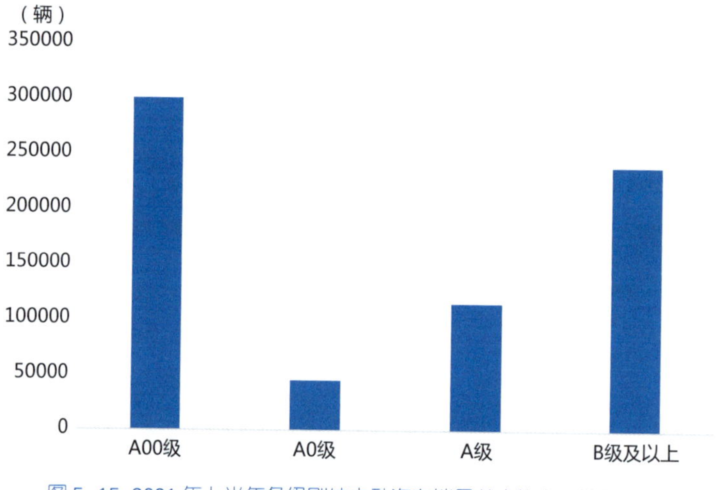

图 5-15 2021 年上半年各级别纯电动汽车销量前十位车型销量总和

数据来源：机动车上险数据。

插电混合动力技术已达到可与燃油车竞争的水平，车企加快插电式及增程式混合动力车型市场布局。以比亚迪 DMi 混合动力为代表的插电式混合动力技术，依靠大功率双电机、动力电池技术和动力耦合传动技术，使得国内插电式混合动力汽车在动力性、油耗水平、NVH 方面均超过同级别燃油车性能，插电式混合动力汽车开始在非限购城市抢占燃油车市场份额。比亚迪、长城、吉利等头部企业纷纷加大插电式混合动力车型布局，长城魏品牌插电式混合动力车型数量在其车型总数中的占比超过50%，比亚迪A级及以上乘用车型均提供插电式混合动力版本，其中，比亚迪秦DMi 2021年9月销量达到1.5万辆，进入当月全国轿车销量排名前十位。同时，增程式混合动力技术路线愈发受到新势力企业关注。东风旗下高端品牌岚图、华为技术加持的赛力斯等均发布了增程式混合动力车型并作为主推产品，理想在现有增程式车型持续取得市场突破的同时，正在进行基于下一代平台的全新增程式混合动力车型研发。

燃料电池汽车产业化进程加速。2020年，进入工业和信息化部《新能源汽车推广应用推荐车型目录》的燃料电池车型达到305款，同比增长165.2%，其中2020年6月发布的车型数量已接近2018年全年总和。大功率燃料电池系统的产业化进程进一步加快，60kW~80kW燃料电池系统超越40kW~50kW系统，在搭载车型数量中排名第一，搭载80kW以上大功率燃料电池系统的车型数量达到61款，较2019年的4款实现大幅提升。与此同时，燃料电池汽车市场关注度进一步提高，共有至少64家燃料电池系统供应商进入了2020年公告目录，其中有16家是当年首次进入。

配套基础设施建设加速完善。截至2021年9月，我国共建成公共类充电桩104.4万个，较2020年新增23.7万个，增量同比上涨164.5%，全国充电基础设施累计建设222.3万个,同比增加56.8%。在公共充电桩方面，全国现有直流充电桩42.8万个、交流充电桩61.6万个、交直流一体充电桩414个，已基本满足新能源汽车公共场所充电需求。在加氢基础设施方面，截至2020年底，我国建成运营加氢站共81座，分布于长三角、珠三角、京津冀等地区，加注压力为35MPa和70MPa，单日供给能力最大达到1900kg，为燃料电池汽车示范应用工作奠定了实施基础。

（二）传统车企独立运营高端电动品牌向上发展，新势力企业中高端定位获市场认可

传统车企打造全新智能电动品牌，加速品牌向上。2020 年以来，传统燃油汽车领域自主企业争相加速电动化转型进程，并以电动化转型为抓手，全力推动品牌向上工作。东风、长安、上汽等头部自主企业在提出或提升电动化转型目标的同时，发布了一系列高端智能电动汽车品牌。东风推出豪华新能源汽车品牌岚图，并已完成量产车型的发布上市，首款产品岚图 Free 在加速性能、续航里程、配置丰富程度等方面均已比肩国内外同级优势产品；长安携手华为和宁德时代推出了高端智能电动汽车品牌阿维塔，将结合三方优势技术打造全球领先的智能电动汽车平台，推动长安升级品牌架构，实现品牌向上；上汽集团在上海、拉斯维加斯、伦敦同步发布高端新能源汽车品牌智己，将以网联化与智能化技术优势向高端市场发起冲击。

新势力企业熬过资本寒冬，单品牌月销量实现从千辆向万辆跃升。自 2020 年起，以蔚来、理想、小鹏为代表的新势力新能源汽车企业普遍实现了销量跃升。蔚来入围 2020 年全球新能源汽车企业销量排行前 20 位，旗下 ES6 车型位列 2020 年中国新能源汽车市场销量排行第 9 位，销量同比增长 144.4%；理想 ONE 车型成为 2020 年度新能源 SUV 销量冠军，在起售价格 30 万元以上的高端 SUV 中销量排名第 7 位；小鹏汽车 2020 年新车交付量达到 27041 辆,创历史新高,尤其是第四季度交付量接近 13000 台，同比增幅超过 300%。进入 2021 年，新势力企业汽车销量进一步提升，小鹏 2021 年 10 月销量超过 1 万辆，而品牌定位更高的理想和蔚来月平均销量达到 7 千辆以上,相比 2019 年平均每月 1 千辆的销量已取得较大的进步。

（三）关键核心技术达到全球先进水平，面向未来的技术布局全面展开

关键技术水平持续提升。截至2020年底，我国新能源汽车关键核心技术的研发和产业化取得了一系列可喜进展。动力电池单体能量密度已接近300Wh/kg，达到国际先进水平，新结构动力电池得到产业化应用；驱动电机功率密度达到4.9kW/kg，与国外先进水平相当；IGBT、稀土永磁材料、电力电子系统集成等取得显著进展，自主SiC器件实现小批量装车应用。整车续航里程大幅提升，纯电动乘用车平均续航里程达到378km，已基本满足消费者使用需求，纯电动客车平均续航里程达到423km，对推动城市公交电动化转型发挥了重要作用。车用燃料电池电堆功率密度达到4.2kW/L，石墨双极板电堆寿命达到1.2万小时，有力支撑了燃料电池商用车千辆级的示范应用。

新一轮科技攻关全面展开。面对未来5年全球汽车产业技术竞争新形势，科技部于2021年初启动了“十四五”国家重点研发计划“新能源汽车”重点专项，在已公布的2021年指南中围绕能源动力、电驱系统、智能驾驶、车网融合、支撑技术、整车平台部署了18个攻关项目，并创新攻关机制，部署“高安全、全气候动力电池系统技术”揭榜挂帅项目，将针对新能源汽车低温环境下充电慢、续航里程降幅大，高温环境下安全问题多发等难题，研发高环境适应性和高安全性动力电池及动力电池系统，提高新能源汽车全天候条件下的性能发挥和使用能力，进一步支撑新能源汽车的市场化推广。

新一轮扩大推广和应用示范工作全面展开。在电动汽车方面，2021年3月，工业和信息化部等四部门联合组织开展了新一轮新能源汽车下乡活动，在组织形式、覆盖区域范围、参与企业、车型数量等方面均较首轮活动有明显提升，特别提出推动农村充换电基础设施建设，加强参与企业售

后运维服务保障。在燃料电池汽车方面，2020 年 9 月，财政部等五部委印发《关于开展燃料电池汽车示范应用的通知》，有望遵循新能源汽车“十城千辆”模式，在未来 5~10 年实现燃料电池汽车的产业化、市场化发展。值得注意的是，本轮示范应用工作具有以下特点和创新：一是以城市群为载体，打破城市间行政区域限制，推动组队城市发挥各自所长，形成发展合力，目前，京津冀、上海、广东三地已入选首批示范城市群；二是采取“以奖代补”方式，加强以结果为导向的财政支持，将有效避免前期补贴政策实施过程中出现的“骗补”问题；三是关注氢源保障、用氢成本等阻碍燃料电池汽车产业化推广的关键问题，将氢能供应和经济性列为重要的考核指标。

五 中国车企与科技企业协同开发智能化技术解决方案并量产装车，自动驾驶从测试迈向示范运营

（一）部分自动驾驶（PA）级技术大规模量产应用，传统汽车和新能源汽车市场渗透率均不断提升

近年来，我国智能网联汽车产业整体发展向好，遵循中国方案创新发展路径，使我国整车智能化进展基本与国际同步。我国智能网联汽车的智能化水平和发展速度均处于世界智能网联汽车第一阵营。

我国智能网联汽车技术水平和渗透率快速提升。目前，我国主要车企均已实现 PA 级智能网联汽车规模量产，智能网联汽车占整体汽车市场的渗透率保持逐年快速增长（如图 5-16 所示）。2017 年，仅有部分车企推出以全自动泊车、车道内自动驾驶功能为代表的 PA 级智能化水平的整车产品。2018—2019 年，众多自主品牌企业开始陆续量产 PA 级自动驾驶汽车，

2020 年得到大量应用。据中国智能网联汽车产业创新联盟统计，2020 年我国智能网联乘用车同比增长达到 107%。2020 年底长安与广汽新能源发布了具备有条件自动驾驶功能（CA）的车型，表明自主车企已具备 CA 级开发能力。2021 年，自主车企高端品牌、新势力造车公司重点发力智能网联汽车领域，部分车型全系标配 PA 级智能驾驶辅助功能，逼近 CA 级功能。

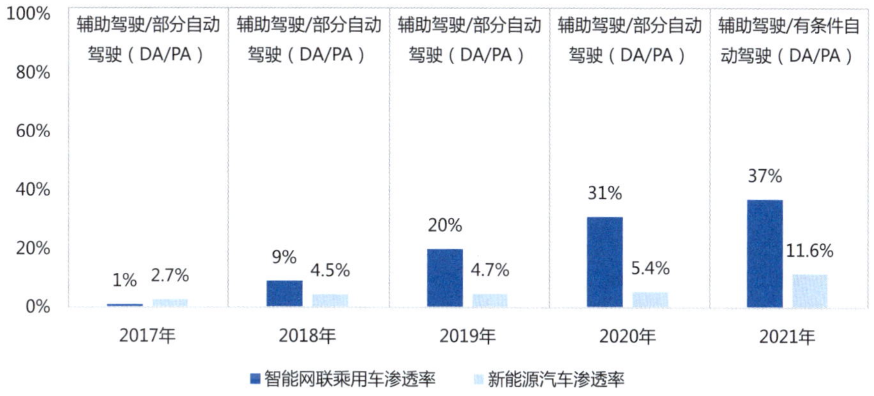

图 5-16 2017—2021 年我国新能源汽车和智能网联乘用车渗透率

数据来源：中国汽车工业协会、中国智能网联汽车产业创新联盟。

（二）我国智能网联汽车技术进入加速落地阶段

我国智能网联汽车技术总体进展有序，探索分阶段、分领域技术发展路径，呈现出智能网联汽车产业链集体发力态势。传统车和科技公司齐头并进，加剧优化产业竞争，推动前沿概念落地，细分领域的关键产品开始量产。近年来，我国在自主车载芯片、传感器、控制器、激光雷达等关键产品已经形成供应能力，部分产品前装进入量产车型。

车载计算芯片向大算力、强算法发展，国产厂商持续发力并实现性能提升，首批产品已经进入量产前装。在芯片算力、能效比等方面，逐步追赶进口芯片产品。国内企业发布的车载计算及 AI 芯片单片算力范围为

4~70 TOPS，可支持面向 L2~L4 级自动驾驶功能以及智能座舱等功能的算力要求。地平线征程系列 AI 芯片已经搭载在长安 UNI-T、奇瑞蚂蚁等多个量产车型当中，出货量已超 10 万片，黑芝麻、芯驰科技等企业的车载芯片已经经过了大量装车试验，即将进入量产前装阶段。

计算芯片的全面突破必然伴随电子电气架构演进。从分布式到域集中式再到整车集中式架构，已经成为业内一致认可的智能网联汽车电子电气架构进化路径。以华为、特斯拉为代表的基于汽车电子电气架构的调整，强化了“软件定义功能”的理念，将进一步影响产业链格局。蔚来汽车、上汽 R、上汽智己等相继宣布自研自动驾驶域控制器，其他车企也积极向域集中式架构跟进。

国产毫米波雷达不断突破，形成一定产业化能力。毫米波雷达整机已经进入量产前装，毫米波雷达芯片具备自主解决方案。自主毫米波雷达企业开发的 24GHz、77GHz 毫米波雷达已经正式搭载于一汽、东风、上汽等车企的多款量产车型上；同时，相关企业已经发布多款车规级 77GHz CMOS 毫米波雷达芯片，形成从长距、中距到短距的完整解决方案。

国内推出多款高线束、高分辨率的机械 / 半固态激光雷达产品，整机性能直逼国际同类产品，同时大幅度降低成本。总体来看，相较前几年高达数万美元的 64 线国外产品，目前国内光电技术龙头企业在激光雷达整机方面已基本实现自主可控，雷达整机中除通用处理芯片以外，光源、扫描器、接收器等部件都自主可控。华为、禾赛科技、速腾聚创、镭神智能、览沃科技等企业推出的激光雷达价格已降至 1000 美元级别。得益于激光雷达的成本大幅降低，2021 年各大车企陆续宣布半固态激光雷达上车，国产激光雷达同步进入前装市场。

国内主机厂商纷纷与供应商开始布局研发及应用自动驾驶域控制器，全面支撑 L2 级自动驾驶功能实现。上汽、奇瑞、小鹏等主机厂商与供应商合作研发，相关域控制器产品已经搭载在多款量产车型中。小鹏汽车与德赛西威合作开发的自动驾驶域控制器产品 IPU03 已经搭载于小鹏汽车 P7；奇瑞新能源与英博超算共同研发推出的智能驾驶域控制器已经搭载在奇瑞新能源蚂蚁车型上，可支持实现 L2+ 级自动驾驶；创时智驾已成功将 i-ECU1.0 平台应用于上汽荣威 Marvel X Pro 车型上。

（三）移动出行行业加速洗牌，Robotaxi 示范运营成为各方技术竞争的热点

Robotaxi 是 L4 级自动驾驶落地的关键场景。我国多地已开放载人测试，积极为 Robotaxi 的示范运行提供良好政策环境。随着自动驾驶智能网联汽车的技术应用纷纷落地，加之车路协同、实时路况、精准导航等出行相关技术的进步，使得移动出行行业的进入门槛逐步提高。以百度、阿里巴巴、腾讯为代表的科技公司和以小马智行、文远知行为代表的新晋独角兽企业，在智能汽车领域以科技创新为切入点大量布局，以一汽、上汽为代表的头部整车企业积极跟进推动了 Robotaxi 及相关技术落地，加速国内移动出行行业重新洗牌。

科技巨头加持自动驾驶技术。2020 年百度发布 Apollo6.0 版本，形成涵盖智能交通、自动驾驶、车联网的系列解决方案。其中，自动驾驶解决方案涵盖自主泊车、自动驾驶小巴、Robotaxi 三类典型场景，在 20 余个城市落地自动驾驶，获得测试牌照近 200 张。同时，2020 年百度发布全球首个车路行融合的全栈式智能交通系统（ITS）解决方案——ACE 智能交通引擎，即自动驾驶（autonomous driving）、车路协同（connected road）和高效出行（efficient mobility），在北京、长沙、重庆等 10 余座城市落地智能交通项目。阿里巴巴搭建了自动驾驶云平台，包括数据管理平台、自动驾驶仿真平台及算法模型训练平台，打通了数据收集、标注、仿真、模型

训练、评价的闭环流程。2020 年，阿里巴巴发布了车载摄像头的图像信号处理器（ISP），提升了夜间识别效果，并在自动驾驶物流场景中示范应用。腾讯在自动驾驶领域明确不做硬件、不做传感器，聚焦在软件和服务层面，拥有三个基础平台支撑，即开发和运营的云平台、模拟仿真平台、高精度地图平台，同时基于其网络生态与用户流量优势打造腾讯车联生态。

新晋独角兽企业纷纷进入自动驾驶赛道，推动智能驾驶技术发展逐步走向商业落地。2020 年，小马智行推出了第五代自动驾驶硬件方案 PonyAlpha X，一体化硬件设计达到较高标准化程度，不仅能够减少总成的重量，还能提高对振动、温度、湿度、电磁等的抗干扰能力。小马智行新一代 Robotaxi 部署参照车规级标准，基本达到了准前装状态，加速智能乘用车在低成本、可量产、车规级方向上规模化商用落地的进程。小马智行在中国和美国均有 Robotaxi 落地运营，且进入了无人化测试和运营阶段。2020 年，文远知行 Robotaxi 接入高德打车平台，在公开运营一年期间，共安全完成 147128 次出行，服务用户数超过 6 万人。文远知行的实践验证了自动驾驶技术公司 +OEM 主机厂商 + 出行平台的联合“铁三角”模式，即自动驾驶技术公司提供“大脑”、OEM 主机厂提供“身体”、出行平台提供网络运营，从出行运力到出行需求形成闭环。

整车制造商积极跟进 Robotaxi 技术布局。一汽红旗通过建设“旗智春城智能网联示范工程”，依托“旗妙出行”平台开展 Robotaxi 示范运营；上汽计划于 2021 年底在上海、苏州等地投放近百辆 L4 级 Robotaxi 产品；吉利汽车依托曹操出行计划与元戎启行合作，于 2022 年亚运会期间在杭州开展 Robotaxi 服务。

虽然各企业积极探索商业化试运营，百度、小马智行、文远知行、AutoX、滴滴、Momenta 等企业累计投入车辆 200 多台，运行范围接近 100 平方公里，快速积累了相关示范运营工作的经验，但国内 Robotaxi 示范运营与载人测试之间的界限有待进一步明晰，距离实现商业化闭环运营仍有很长的路程。

六 法规标准建设及时跟进，支撑产业发展规划目标的实现

在国家间新产业竞争激烈、贸易保护盛行、汽车产业快速向“新四化”过渡的新形势下，我国为应对国际竞争、发展我国汽车产业，推出一系列长远布局规划、产业发展支持和行业管理政策。在发展新能源汽车和智能网联汽车方面，我国政府通过推出汽车产业发展规划、新能源汽车和智能网联汽车产业推广和管理政策来推动产业发展；面对汽车市场增速下降，推出促进汽车消费、破除二手车流通壁垒等新规，给予购车优惠、促进二手车流通和明确车辆“三包”范围，提升市场活力；在达成“双碳”目标方面，发布碳达峰行动方案等指导性政策，针对电池回收、小微型客车租赁、零部件再制造等新兴行业推出管理政策，推动相关行业的规范化发展；在降低车辆污染物排放方面，推出污染防治攻坚战行动方案，进一步降低机动车污染排放水平；面对信息化在车辆上的快速应用，我国从法律、法规、政策多层次全面推出数据安全管理体系，保障国家、汽车产业和消费者的数据安全；面对国际贸易保护盛行，我国进一步扩大开放，提升国际贸易影响力，继续优化外商投资管理负面清单并建立自由贸易区，提升我国投资和贸易吸引力。我国汽车产业相关政策法规详见附录二。

（一）双积分管理适时调整，更有效引导我国汽车产业节油降碳

为适应汽车产业发展新形势，进一步优化管理机制，更好地促进节能

与新能源汽车产业高质量发展，2020 年 6 月，工业和信息化部、财政部、商务部、海关总署、市场监管总局五部门联合发布《关于修改〈乘用车企业平均燃料消耗量与新能源汽车积分并行管理办法〉的决定》。

提高 2021—2023 年积分比例要求，引导我国境内企业加快降油耗和新能源转型工作。新的积分管理办法明确了 2021—2023 年新能源汽车积分比例要求，分别为 14%、16%、18%。该积分比例为保障我国实现“到 2025 年乘用车新车平均燃料消耗量达到 4.0 升 / 百公里、新能源汽车产销占比达到汽车总量的 20%”的规划目标奠定了坚实基础。

优化纯电动车型积分评价，引导纯电动汽车更符合市场需求。政策修订后，纯电动积分弱化了单车续航里程的权重，转而综合考虑整车续航水平、整车电耗水平、电池能量密度对积分的影响，引导企业更加注重新能源汽车技术全面发展，生产更加符合市场实际需求的新能源汽车。同时，纯电动单车分值的降低，使企业不再盲目堆积电池从而延长里程，将引导行业企业更加注重规模化的生产效益，推动新能源行业加快向市场化发展。

增加传统乘用车节能水平引导措施，促使企业生产销售低油耗车型。传统燃油汽车在一定时期内仍将占据市场主要份额，为引导企业加大节能技术研发投入，对生产 / 供应低油耗车型的企业在核算新能源汽车积分达标值时给予核算优惠，考虑到随着油耗达标要求逐年加严，符合低油耗标准的车型技术难度和成本逐步增大的实际情况，2021—2023 年逐步提高低油耗车型核算优惠力度，从 0.5 倍、0.3 倍逐步过渡到 0.2 倍。

（二）规范智能网联汽车准入和实际道路测试要求，打好高级别自动驾驶技术商业化应用的安全基础

明确产业准入要求原则，提升智能网联汽车准入安全要求。2021 年，工业和信息化部发布了《智能网联汽车生产企业及产品准入管理指南（试

行）（征求意见稿）》和《关于加强智能网联汽车生产企业及产品准入管理的意见》，从国家安全、企业安全、网络安全、功能安全多方面对智能网联汽车的安全、测试、上路条件等具体要求进行了规定，为整个产业的高速发展提供了安全前提，并对智能网联汽车生产企业安全保障能力、智能网联汽车产品准入过程保障、智能网联汽车产品准入测试提出了明确的要求。

拓展道路测试和示范应用范围，加快智能网联汽车产业化进程。各大跨国车企及科技巨头纷纷加大创新投入、进行融合发展，加速高等级自动驾驶车辆的研发应用，我国汽车及相关行业企业也积极进行产品研发验证，各方面对道路测试和示范应用的需求十分迫切，在此背景下，2021 年，工业和信息化部、公安部、交通运输部联合制定并发布了《智能网联汽车道路测试与示范应用管理规范（试行）》，将道路测试和示范应用的范围扩展到包括高速公路在内的公路、城市道路和区域，并对测试主体的单位性质、业务范畴、事故赔偿能力、测试评价规程、远程监控能力、事件分析能力、网络安全保障能力及符合法律法规等八个方面提出了要求。

建立数据安全管理体系，保障产业信息安全。汽车产业涉及国家经济、装备制造、金融、交通运输、生产生活等诸多领域，汽车数据处理能力日益增强、汽车数据规模庞大，同时暴露出的汽车数据安全问题和风险隐患也日益突出。为加强汽车数据安全管理，防范化解安全问题和风险隐患，保障汽车数据依法合理有效利用，国家发布了《中华人民共和国数据安全法》《中华人民共和国个人信息保护法》等基本法律，在汽车领域发布了《汽车数据安全管理若干规定（试行）》《关于加强车联网网络安全和数据安全工作的通知》《关于开展车联网身份认证和安全信任试点工作的通知》等一系列政策，明确汽车数据处理者的责任和义务，规范汽车数据处理活动。

明确车企汽车远程升级（OTA）责任，规避升级风险。随着汽车智能化水平的不断提高，车辆 OTA 技术获得了广泛应用，但在 OTA 应用过程中也产生了一系列安全问题。对此，主管部门及时应对，工业和信息化部和市场监管总局分别发布《关于加强智能网联汽车生产企业及产品准入管理的意见》《关于进一步加强汽车远程升级（OTA）技术召回监管的通知》《关于汽车远程升级（OTA）技术召回备案的补充通知》，就车企进行 OTA 升级提出备案要求，使车企 OTA 升级处于政府的监管之下，既保障了 OTA 技术的应用，也为汽车智能化的健康发展创造了安全环境。

（三）完成阶段性汽车标准体系建设工作，支持我国汽车产业高质量发展

车辆使用和车辆制造环节进一步提高节能要求。在汽车节能低碳标准方面，我国发布了 GB19578—2021《乘用车燃料消耗量限值》、GB/T18386.1—2021《电动汽车能量消耗量和续航里程试验方法第 1 部分：轻型汽车》等 4 项标准，有助于提升乘用车燃料经济性水平；发布了 GB/11340.2—2020《车用动力电池回收利用梯次利用第 2 部分：拆卸要求》、QC/T1139—2020《汽车零部件再制造产品技术规范连杆》等 5 项标准，对降低汽车制造环节碳排放提供重要支撑。

电动汽车安全标准体系加快健全。我国已发布 GB18384—2020《电动汽车安全要求》、GB38032—2020《电动客车安全要求》和 GB38031—2020《电动汽车用动力蓄电池安全要求》等 3 项强制性国家标准及 GB/T40032—2021《电动汽车换电安全要求》等 9 项推荐性国家标准，制定完成并报批《电动汽车碰撞后安全要求》等 15 项标准。其中，3 项强制性国家标准以我国原有推荐性国家标准为基础，与我国牵头制定的联合国电动汽车安全全球技术法规全面接轨，进一步提高和优化了对电动汽车整车和动力电池产品的安全技术要求，对提升新能源汽车安全水平、保障产业健

康持续发展具有重要意义。

智能网联汽车关键基础标准体系初步建立。在智能网联汽车标准方面，我国制定发布了智能网联汽车准入管理指南、标准体系建设及相关标准路线图推进方案研究，发布了GB/T39263—2020《道路车辆先进驾驶辅助系统（ADAS）术语及定义》等4项国家标准，制定完成并报批《汽车驾驶自动化分级》《商用车辆车道保持辅助系统性能要求及试验方法》等6项标准，基本形成支撑驾驶辅助及低级别自动驾驶的智能网联汽车标准体系。

团体标准快速发布满足行业发展需求。我国新能源汽车和智能网联汽车技术飞速发展，由中国汽车工程学会联合行业内各领域龙头企业针对行业先进技术制定团体标准，2020—2021年已完成团体标准126项。目前，在研团体标准89项，内容涵盖整车、关键零部件、材料等多层次标准，主要包括电动汽车、智能网联汽车、氢燃料电池汽车整车安全和测试标准，动力电池、激光雷达、燃料电池发动机、电堆等关键零部件性能和测试标准，以及碳纤维复合材料、镁合金等先进材料在汽车上的应用标准，对于行业上相关标准的缺失起到了强有力的补充和支持作用，并促进了整个行业的行为规范，明确行业发展方向。

IV

附录

附录一
汽车产业相关统计数据

产销量及保有量

表 1　2002—2020 年中国汽车产销量及占世界产销量比重

单位：万辆、%

年份	产量			销量		
	中国汽车产量	世界汽车产量	中国占世界产量比重	中国汽车销量	世界汽车销量	中国占世界销量比重
2002	325	5878	5.5	325	5763	5.6
2003	444	6058	7.3	439	5964	7.4
2004	507	6450	7.9	507	6403	7.9
2005	571	6655	8.6	576	6592	8.7
2006	728	6922	10.5	722	6835	10.6
2007	888	7327	12.1	879	7156	12.3
2008	935	7053	13.3	934	6832	13.7
2009	1379	6170	22.4	1364	6557	20.8
2010	1826	7761	23.5	1806	7497	24.1
2011	1842	7999	23.0	1851	7817	23.7
2012	1927	8414	22.9	1931	8213	23.5
2013	2212	8751	25.3	2198	8561	25.7
2014	2372	8975	26.4	2349	8834	26.6
2015	2450	9078	27.0	2460	8968	27.4
2016	2811	9498	29.6	2803	9385	29.9
2017	2902	9730	29.8	2888	9566	30.2
2018	2781	9563	29.1	2808	9565	29.4

续表

年份	产量			销量		
	中国汽车产量	世界汽车产量	中国占世界产量比重	中国汽车销量	世界汽车销量	中国占世界销量比重
2019	2572	9179	28.0	2577	9136	28.2
2020	2523	7762	32.5	2531	7797	32.5

数据来源：中国汽车产销量数据，2002—2018 年来自《中国汽车工业年鉴》，2019 年来自中国汽车工业协会《2019 年汽车工业经济运行情况》。世界汽车产销量数据，2002—2004 年来自 Automotive News，2005—2020 年来自国际汽车制造商协会。对部分历史数据进行了修正。

表 2　2005—2020 年中国品牌轿车市场占有率

单位：万辆

年份	全国轿车销量	其中中国品牌销量	市场占有率（%）
2005	276.77	72.66	26.3
2006	386.95	98.35	25.4
2007	479.77	124.53	26.0
2008	504.69	130.82	25.9
2009	747.10	221.73	29.7
2010	949.43	293.3	30.9
2011	1012.27	294.64	29.1
2012	1074.47	304.96	28.4
2013	1200.97	330.61	27.5
2014	1237.67	277.49	22.4
2015	1172.02	243.03	20.7
2016	1214.99	234.00	19.3
2017	1184.80	235.45	19.9
2018	1152.8	239.9	20.8
2019	1030.8	204.6	19.8
2020	927.5	195.2	21.0

数据来源：相应年份《汽车工业产销快讯》，2019—2020 年数据来自中国汽车工业协会相应年份的《汽车工业经济运行情况》。

表 3　2019 年中国汽车产量（含改装车）分地区构成

单位：万辆

地区名称	汽车产量	地区名称	汽车产量
广东	288.08	安徽	81.02
湖北	220.79	天津	80.06
山东	197.89	河南	77.41
重庆	175.20	陕西	47.89
江苏	152.34	江西	38.44
河北	146.46	福建	11.83
上海	135.05	山西	7.75
吉林	130.65	黑龙江	5.16
浙江	129.51	贵州	4.27
北京	120.05	新疆	2.88
辽宁	98.49	内蒙古	2.56
湖南	98.13	云南	2.24
广西	91.97	甘肃	0.11
四川	84.60	—	—

数据来源：《中国汽车工业年鉴》2020 年版（宁夏、海南产量不足千辆，青海、西藏产量为 0）。

表 4　2020 年中国汽车分车型产销情况

单位：万辆，%

	产量	同比增长	销量	同比增长
汽车总计	2522.5	-2.0	2531.1	-1.9
乘用车	1999.4	-6.5	2017.8	-6.0
轿车	918.9	-10.0	927.5	-9.9
MPV	101.1	-26.8	105.4	-23.8
SUV	939.8	0.1	946.1	0.7
交叉型	39.5	-1.7	38.8	-2.9
商用车	523.1	20.0	513.3	18.7
客车	45，3	-4.2	44.8	-5.6
其中：客车非完整车辆	1.8	-40.1	1.8	-40.4
货车	477.8	22.9	468.5	21.7
其中：半挂牵引车	85.1	46.3	83.5	47.8
货车非完整车辆	76.3	31.0	71.0	25.6

数据来源：根据中国汽车工业协会《2020 年汽车工业经济运行情况》。

表 5 2001—2020 年中国民用汽车保有量

单位：万辆，%

年份	汽车保有量	私人汽车		
		保有量	占全国汽车保有量比重	其中：轿车保有量
2001	1802	771	42.8	—
2002	2053	969	47.2	—
2003	2383	1219	51.2	430
2004	2694	1485	55.1	600
2005	3159	1848	58.5	861
2006	3697	2333	63.1	1149
2007	4358	2876	66.0	1522
2008	5099	3501	68.7	1947
2009	6280	4575	72.85	2605
2010	7802	5939	76.12	3443
2011	9356	7327	78.31	4322
2012	10933	8839	80.85	5308
2013	12670	10502	82.89	6410
2014	14598	12339	84.53	7590
2015	16284	14099	86.58	8793
2016	18559	16559	89.22	10152
2017	20923	18695	85.98	11416
2018	24028	20730	86.27	12589
2019	26150	22635	86.56	13701
2020	28087	24393	86.85	14674

数据来源：2001—2015 年数据来自相应年份《中国汽车工业年鉴》，2016—2020 年数据来自相应年份《国民经济和社会发展统计公报》。

经济效益

表 6 2001—2020 年中国汽车工业总产值

单位：亿元，%

年份	汽车工业总产值	全国工业总产值	汽车工业总产值占全国工业总产值比重
2001	4433.2	95449.0	4.64
2002	6224.6	110776.5	5.62
2003	8357.2	142271.2	5.87

续表

年份	汽车工业总产值	全国工业总产值	汽车工业总产值占全国工业总产值比重
2004	9463.2	201722.2	4.69
2005	10223.3	251619.5	4.06
2006	13937.5	316589.0	4.40
2007	17242.0	386747.0	4.50
2008	18780.5	507448.0	3.70
2009	23437.8	548311.0	4.27
2010	30248.6	698591.0	4.33
2011	33155.2	844269.0	3.93
2012	35774.4	869597.1	3.59
2013	39225.4	1019405.3	3.85
2014	42324.2	1092198.0	3.88
2015	45014.6	1104026.7	4.08
2016	83345.25	1158998.52	7.19
2017	88207.32	1133160.76	7.78
2018	83372.6	1049490.5	7.94
2019	80846.7	1057824.9	7.64
2020	81557.7	1061433.6	7.68

注：1. 表中产值数据均为当年价；

2. 2001—2006 年全国工业总产值数据为“全部国有及规模以上非国有企业”工业总产值，2007 年以后数据为“全国规模以上企业”工业总产值，2013—2015 年全国工业总产值数据为工业销售产值；2016—2020 年汽车工业总产值数据为规模以上工业企业营业收入；2016—2020 年全国工业总产值数据为规模以上工业企业营业收入。

数据来源：相应年份《中国汽车工业年鉴》，国家统计局。

表 7　2001—2020 年中国汽车工业增加值

单位：亿元，%

年份	汽车工业增加值	全国 GDP 总量	汽车工业增加值占 GDP 比重
2001	1055.6	110863.1	0.95
2002	1518.8	121717.4	1.25
2003	2153.4	137422.0	1.57
2004	2187.8	161840.2	1.35

续表

年份	汽车工业增加值	全国 GDP 总量	汽车工业增加值占 GDP 比重
2005	2209.9	187318.9	1.18
2006	3362.7	219438.5	1.53
2007	4141.4	270092.3	1.53
2008	4104.1	319244.6	1.29
2009	5378.7	348517.7	1.54
2010	6759.7	412119.3	1.64
2011	7451.7	487940.2	1.53
2012	7940.4	538580.0	1.47
2013	8606.2	592963.2	1.45
2014	9174.3	641280.6	1.43
2015	10578.0	685992.9	1.54
2016	12164.7	740060.8	1.64
2017	同比增长 12.2%，约为 13648.8	820754.3	约 1.66
2018	同比增长 4.9%，约为 14317.6	919281.0	约 1.56
2019	同比增长 1.8%，约为 14575.3	986515.0	约 1.48
2020	同比增长 6.6%，约为 15537.3	1015986.0	约 1.53

数据来源：国家统计局，中国汽车工业协会。对部分历史数据进行了修正。

表 8　2001—2020 年中国汽车工业利润及主营业务收入情况

单位：亿元

年份	主营业务收入	利润总额	利税总额
2001	4253.7	204.7	502.1
2002	5947.7	373.8	752.0
2003	8144.1	556.8	1032.8
2004	9134.3	575.5	1063.6
2005	10108.4	430.4	981.9
2006	13818.9	738.2	1482.3
2007	17201.4	1027.0	1916.9
2008	18766.9	923.6	1821.6
2009	23817.5	1687.7	3033.9
2010	30762.9	2598.6	4205.5
2011	33617.3	2842.1	4600.2
2012	36373.1	3166.6	5063.6
2013	37155.3	2717.1	4862.2

续表

年份	主营业务收入	利润总额	利税总额
2014	39942.0	2844.8	5135.6
2015	44617.5	3117.5	5871.5
2016	86553.2	7248.5	10228.2
2017	84826.4	7274.3	10858.5
2018	87316.5	7299.3	9126.7
2019	80846.7	5345.2	7766.0
2020	81557.7	5093.6	—

数据来源：2001—2019 年数据来自相应年份《中国汽车工业年鉴》；2019 年、2020 年主营业务收入数据为当年营业收入；2020 年数据来自国家统计局。

进出口、对外投资等

表 9 2001—2020 年中国整车产品出口量

单位：万辆

年份	乘用车					商用车				
	总量	轿车	越野车	小客车≤9 座	其他	总量	载货车	客车>9 座	专用汽车	其他
2001	0.36	0.08	0.09	0.01	0.19	2.25	0.85	0.11	0.08	1.21
2002	0.23	0.10	0.04	0.03	0.06	2.64	1.05	0.21	0.12	1.26
2003	0.78	0.28	0.06	0.07	0.36	3.76	2.61	0.26	0.05	0.84
2004	7.32	0.93	0.08	0.28	6.03	6.30	5.28	0.48	0.13	0.42
2005	3.88	3.11	0.18	0.58	0.00	12.55	10.02	0.64	0.16	1.73
2006	11.55	9.33	0.80	1.42	0.00	22.79	16.31	1.29	0.45	4.75
2007	26.45	18.86	2.57	4.32	0.70	34.99	27.58	4.19	1.23	1.99
2008	31.86	24.13	2.44	4.05	1.23	36.24	28.77	3.39	1.44	2.64
2009	15.30	10.24	1.23	1.79	2.04	21.70	17.79	2.33	0.89	0.69
2010	28.24	17.99	2.25	3.99	4.00	28.43	23.21	3.65	0.87	0.70
2011	47.01	37.21	2.43	6.41	1.32	37.97	32.21	4.24	1.28	0.28
2012	58.77	49.55	0.49	7.12	1.62	42.80	35.55	5.45	1.67	0.15
2013	55.33	42.45	0.31	10.31	2.27	39.52	31.07	6.31	1.73	0.41
2014	50.77	37.09	0.52	9.93	3.22	44.02	32.95	8.81	1.76	0.50
2015	42.34	30.80	0.30	5.92	5.32	33.19	25.21	5.92	1.71	0.35
2016	42.34	33.41	0.29	8.45	0.19	28.07	20.54	5.79	1.48	0.26

续表

年份	乘用车					商用车				
	总量	轿车	越野车	小客车≤9座	其他	总量	载货车	客车>9座	专用汽车	其他
2017	75.46	50.79	0.62	9.63	14.42	30.88	23.09	5.64	1.69	0.47
2018	70.21	51.04	0.62	14.68	3.87	30.68	20.03	6.57	3.91	0.17
2019	66.01	37.73	1.42	24.38	2.48	35.55	21.36	6.41	3.96	3.54
2020	80.54	—	—	—	—	27.64	18.98	4.07	1.26	3.32

注：2005年和2006年乘用车分类与其他年份有所不同。

数据来源：2001—2019年数据根据相应年份《中国汽车工业年鉴》整理；2018年、2019年专用汽车数据为特种车数据；2020年数据根据海关统计数据整理。

表10 2001—2020年中国整车产品出口贸易额

单位：亿美元

年份	乘用车					商用车				
	总金额	轿车	越野车	小客车≤9座	其他	总金额	载货车	客车>9座	专用汽车	其他
2001	0.33	0.13	0.08	0.01	0.11	1.81	0.55	0.54	0.47	0.24
2002	0.34	0.17	0.11	0.02	0.04	2.14	0.72	0.48	0.59	0.35
2003	0.61	0.31	0.14	0.04	0.13	3.11	1.59	0.43	0.79	0.29
2004	1.72	0.84	0.15	0.16	0.58	4.83	2.75	0.81	0.85	0.42
2005	3.25	2.71	0.22	0.32	0.00	11.86	6.82	1.97	1.18	1.89
2006	8.39	6.30	1.00	1.09	0.00	22.95	11.82	4.16	3.32	3.65
2007	20.86	14.02	2.72	3.53	0.59	52.20	32.58	9.01	9.55	1.06
2008	24.59	17.95	2.57	3.20	0.87	71.71	43.16	10.82	16.02	1.71
2009	11.02	8.04	1.10	1.27	0.61	40.88	25.46	6.38	7.94	1.10
2010	18.61	12.76	1.94	2.94	0.97	51.23	31.84	10.37	8.16	0.87
2011	33.40	25.98	2.26	4.42	0.74	76.06	48.13	15.36	11.84	0.73
2012	42.90	35.89	0.54	5.22	1.25	94.37	57.32	19.35	17.28	0.42
2013	41.04	31.13	0.46	8.26	1.20	87.94	48.49	21.42	17.19	0.83
2014	39.53	29.33	0.83	8.32	1.05	98.42	53.30	28.20	16.02	0.90
2015	35.80	29.17	0.85	4.36	1.41	88.51	48.02	23.11	16.68	0.69
2016	43.37	28.44	1.13	13.46	0.34	69.69	34.50	21.70	12.83	0.66
2017	65.60	48.64	1.65	12.46	2.84	75.37	41.54	20.94	12.08	0.80
2018	77.77	46.65	1.00	18.52	11.60	73.19	27.70	22.97	21.64	9.30
2019	75.12	36.66	2.08	29.17	7.21	85.05	35.36	24.52	21.25	2.69

续表

年份	乘用车					商用车				
	总金额	轿车	越野车	小客车≤9 座	其他	总金额	载货车	客车>9 座	专用汽车	其他
2020	89.92	—	—	—	—	67.44	27.16	18.82	8.76	12.70

注：2005 年和 2006 年乘用车分类与其他年份有所不同。

数据来源：2001—2019 年根据相应年份《中国汽车工业年鉴》整理；2018 年、2019 年专用汽车数据为特种车数据；2020 年数据根据海关统计数据整理。

表 11 2001—2020 年中国整车产品进口量

单位：辆

年份	乘用车					商用车				
	合计	轿车	越野车	小客车≤9 座	其他	合计	载货车	客车>9 座	专用汽车	其他
2001	61776	46632	10336	4551	257	9613	3138	4056	1171	1248
2002	115047	70329	32179	12348	191	13148	6692	3356	1112	1988
2003	153591	103017	39669	10812	93	18119	9862	4600	1285	2372
2004	162077	116085	35308	10510	174	13577	8078	2493	962	2044
2005	154835	76542	65966	12326	0	6490	3032	1336	552	1570
2006	218312	111777	86273	20262	0	9461	5582	1840	625	1414
2007	302096	139867	142228	19144	857	12034	9147	1558	435	894
2008	395799	154521	215062	24674	1542	13970	10171	2311	498	990
2009	409225	164837	207381	35693	1314	11471	8201	1902	375	993
2010	791126	343653	351408	89919	6146	22219	14977	5092	333	1817
2011	1011871	410270	430886	162911	7804	26751	19453	5196	214	1888
2012	1108730	446992	456362	179508	25868	23301	19452	2526	235	1088
2013	1179979	423439	505343	230915	20282	15061	11197	2386	224	1254
2014	1411561	469639	588921	344179	8822	14285	11501	1031	298	1455
2015	1091386	352460	471750	264340	2836	10380	7062	899	211	2208
2016	1062509	377373	465739	206190	13207	14395	11542	737	179	1937
2017	1228346	447740	528361	224796	27449	18169	15459	1073	170	1467
2018	1134681	485724	448400	181027	19530	19530	14315	383	232	4561
2019	—	487747	337877	204957	—	—	16126	175	519	—
2020	912249	—	—	—	—	20856	14912	—	258	—

注：2005 年和 2006 年乘用车分类与其他年份有所不同。

数据来源：2001—2019 年根据相应年份《中国汽车工业年鉴》整理；2020 年数据根据海关统计数据整理。

表 12 2001—2020 年中国整车产品进口贸易额

单位：万美元

年份	乘用车					商用车				
	合计	轿车	越野车	小客车 ≤9 座	其他	合计	载货车	客车 >9 座	专用汽车	其他
2001	12.61	9.47	2.46	0.66	0.03	4.51	1.20	0.93	1.88	0.50
2002	26.06	16.14	7.67	2.21	0.04	6.04	2.60	0.86	1.86	0.71
2003	44.38	30.83	11.36	2.17	0.02	8.38	4.26	0.76	2.33	1.04
2004	45.95	32.69	10.94	2.24	0.07	8.21	4.04	0.57	2.54	1.06
2005	46.75	25.94	18.19	2.61	0.00	4.89	1.93	0.50	1.62	0.84
2006	69.28	39.94	25.38	3.95	0.00	6.34	3.31	0.69	1.64	0.70
2007	98.28	50.10	43.74	4.27	0.17	11.76	8.95	0.54	1.96	0.31
2008	140.33	63.56	71.21	5.23	0.33	12.31	8.14	0.89	2.80	0.47
2009	143.54	65.66	70.79	6.79	0.30	11.17	7.68	0.83	2.20	0.46
2010	288.99	141.48	127.11	18.57	1.83	18.86	13.16	2.32	2.58	0.81
2011	408.71	186.30	178.85	41.62	1.94	24.15	18.53	2.57	2.14	0.91
2012	454.68	195.70	204.95	47.76	6.27	22.14	18.63	1.49	1.22	0.80
2013	474.53	176.21	232.03	60.34	5.96	15.46	11.23	1.24	1.63	1.36
2014	596.87	210.36	284.24	96.85	5.42	12.39	8.66	0.63	1.59	1.51
2015	441.82	137.97	226.54	75.21	2.10	9.03	5.01	0.48	1.24	2.32
2016	439.88	135.00	226.76	68.97	9.15	9.57	6.61	0.34	0.75	1.86
2017	498.99	153.13	251.49	74.66	19.70	11.19	8.78	0.47	0.68	1.27
2018	494.07	193.72	236.25	64.11	0.00	11.06	8.13	0.17	0.87	1.73
2019	—	203.72	183.56	82.86	—	—	11.16	0.10	1.92	—
2020	449.17	—	—	—	—	17.85	12.01	—	1.72	—

注：2005 年和 2006 年乘用车分类与其他年份有所不同。

数据来源：2001—2018 年数据根据相应年份《中国汽车工业年鉴》整理；2019 年、2020 年数据根据海关统计数据整理。

表 13 2001—2020 年中国汽车配件进出口贸易额

单位：亿美元

年份	进口金额	出口金额	净出口额
2001	26.18	16.32	-9.86
2002	23.12	16.61	-6.51
2003	73.84	54.2	-19.64

续表

年份	进口金额	出口金额	净出口额
2004	86.8	79.46	-7.34
2005	76.85	98.89	22.04
2006	105.25	192.48	87.23
2007	120	286.91	166.91
2008	126.81	271.97	145.16
2009	145.73	254.74	109.01
2010	211.67	362.48	150.81
2011	250.93	459.53	208.6
2012	257.23	511.81	254.58
2013	427.3	632.92	205.62
2014	371	701.29	330.29
2015	317.22	643	325.78
2016	341.33	577.7	236.37
2017	388.21	685.95	297.74
2018	351.05	550.21	199.22
2019	324.0	602.5	278.5
2020	324.4	565.2	240.8

数据来源：2001—2017 年数据根据《中国汽车工业年鉴》2018 年版整理，2018—2020 年数据根据海关统计数据整理。对部分历史数据进行了修正。

表 14　2001—2020 年中国汽车产品（含整车和零部件）进出口贸易额

单位：亿美元，%

年份	进口额	出口额	全国货物出口总额	汽车出口贸易额占全国货物出口贸易总额比重
2001	47.0	27.1	2661.0	1.01
2002	65.9	33.6	3256.0	1.03
2003	148.4	80.3	4382.3	1.83
2004	168.6	124.2	5933.2	2.09
2005	154.3	167.7	7619.5	2.20
2006	212.7	289.1	9689.8	2.98
2007	267.7	412.6	12204.6	3.38
2008	322.3	476.3	14306.9	3.33
2009	341.9	383.5	12016.1	3.19
2010	581.9	541.4	15777.5	3.43

续表

年份	进口额	出口额	全国货物出口总额	汽车出口贸易额占全国货物出口贸易总额比重
2011	759.9	719.7	18983.8	3.79
2012	799.2	800.5	20487.1	3.91
2013	842.2	850.7	22090.0	3.85
2014	1004.1	914.9	23422.9	3.91
2015	788.4	842.1	22734.7	3.70
2016	813.02	758.79	20976.3	3.60
2017	882.71	834.11	22633.7	3.70
2018	857.76	698.76	24866.8	2.81
2019	791.3	683.8	24994.8	2.74
2020	791.5	722.5	25995.3	2.78

数据来源：进出口额根据相应年份《中国汽车工业年鉴》整理，2018—2020年数据根据海关统计数据整理；2001—2019年全国货物出口总额来自相应年份《中国统计年鉴》；2020年全国货物出口总额由当年人民币兑美元汇率中间价平均值换算。

表15 2020年与中国汽车商品进出口贸易额超过10亿美元的国家和地区

单位：万美元

国家或地区	进出口贸易总额	进口贸易额	出口贸易额
欧盟	4792553.04	3593327.08	1199225.96
德国	2569040.82	2264417.28	304623.54
美国	2490349.62	1088785.24	1401564.37
日本	2046975.62	1653842.63	393132.99
英国	545959.69	378012.55	167947.14
韩国	354474.83	131947.50	222527.33
泰国	344336.77	205148.58	139188.19
俄罗斯	213474.36	137.63	213336.73
越南	207598.21	35581.65	172016.56
瑞典	197068.49	141694.18	55374.31
荷兰	190463.20	46467.97	143995.23
沙特阿拉伯	187201.62	0.38	187201.23
中国台湾	174068.83	47432.70	126636.14
澳大利亚	171333.72	904.11	170429.61
法国	169918.84	55826.26	114092.58
菲律宾	167980.67	5916.81	162063.85

续表

国家或地区	进出口贸易总额	进口贸易额	出口贸易额
马来西亚	167138.24	15883.40	151254.84
意大利	166988.40	69074.83	97913.57
加拿大	163375.65	19115.48	144260.18
印度	140881.45	8874.23	132007.22
巴西	131361.48	1240.28	130121.20
印度尼西亚	127532.95	19688.06	107844.89
比利时	121657.77	18780.39	102877.37
奥地利	120372.88	111101.50	9271.38

数据来源：根据海关统计数据整理。

表 16　2014—2019 年中国汽车企业对外投资发展情况

单位：笔，亿美元

年份	海外并购数量	海外并购金额	海外投资数量	海外投资金额
2014	23	45.7	42	71
2015	20	106.2	36	23
2016	18	30.3	51	32
2017	16	70.3	61	66
2018	15	15.3	55	34
2019	8	6.0	38	56

数据来源：《中国汽车工业年鉴》2019 年版。

人员、研发及相关产业等

表 17　2001—2019 年中国汽车工业从业人数及劳动生产率（增加值）

单位：万人，元/（人·年）

年份	汽车工业年末从业人数	工程技术人员数	研发人员数	全员劳动生产率
2001	150.6	15.6	4.5	69269
2002	157.0	16.8	5.3	96342
2003	160.5	17.3	6.2	134301
2004	169.3	20.0	7.1	130451
2005	166.9	19.3	8.9	133549

续表

年份	汽车工业年末从业人数	工程技术人员数	研发人员数	全员劳动生产率
2006	185.5	22.0	9.1	185255
2007	204.1	24.5	10.9	210166
2008	209.4	25.4	12.4	209256
2009	216.5	26.7	16.3	255947
2010	220.3	31.1	16.9	316725
2011	241.7	35.5	18.7	319684
2012	250.8	37.3	20.2	353077
2013	339.9	42.4	26.2	224532
2014	350.5	47.6	26.6	261731
2015	360.0	49.3	33.8	293808
2016	615.1	—	44.6	—
2017	630	95.7	—	—
2016	615.1	—	44.6	—
2017	630	95.7	—	—
2018	551	—	45.3	—
2019	551	—	约 55.1	—

数据来源：根据相应年份《中国汽车工业年鉴》整理。

表 18　2001—2020 年中国石油对外依存情况

单位：亿吨，%

年份	原油产量	石油表观消费量	对外依存度
2001	1.65	2.28	27.8
2002	1.70	2.48	31.3
2003	1.70	2.71	37.2
2004	1.75	3.17	44.9
2005	1.81	3.25	44.4
2006	1.84	3.47	46.9
2007	1.86	3.64	48.8
2008	1.90	3.87	50.9
2009	1.89	3.99	52.8
2010	2.02	4.48	55
2011	2.01	4.66	56.8
2012	2.05	4.89	58.1
2013	2.08	5.00	58.3

续表

年份	原油产量	石油表观消费量	对外依存度
2014	2.09	5.18	59.6
2015	2.13	5.40	60.5
2016	1.98	5.55	64.4
2017	1.92	5.88	67.4
2018	1.89	6.25	69.8
2019	1.91	6.56	70.8
2020	1.95	约 7 亿吨	73.5

数据来源：中国石油集团经济技术研究院相应年份《国内外油气行业发展报告》。

世界汽车工业

表 19　2001—2020 年世界主要汽车生产国汽车产量

单位：万辆

年份	美国	德国	法国	意大利	英国	日本	韩国	印度
2001	1143	569	363	158	169	978	295	85
2002	1227	547	369	143	182	1026	315	89
2003	1211	551	362	132	185	1029	318	116
2004	1199	557	367	114	186	1051	347	151
2005	1198	576	355	104	180	1080	370	163
2006	1129	582	317	121	165	1148	384	202
2007	1078	621	302	128	175	1160	409	225
2008	871	604	257	102	165	1156	381	231
2009	573	521	205	84	109	793	351	264
2010	776	591	223	86	139	963	427	354
2011	865	631	224	79	146	839	466	394
2012	1033	565	197	67	158	994	456	415
2013	1108	573	174	66	159	963	452	389
2014	1166	591	182	70	160	977	452	384
2015	1208	603	197	101	168	928	456	412
2016	1220	606	208	110	182	920	423	449
2017	1119	565	223	114	175	969	411	478
2018	1131	512	227	106	160	973	403	517

续表

年份	美国	德国	法国	意大利	英国	日本	韩国	印度
2019	1088	466	220	92	138	968	395	451
2020	882	374	132	78	99	807	351	339

数据来源：2001—2016 年数据来自相应年份《中国汽车工业年鉴》，2017—2020 年数据来自国际汽车制造商协会。

表 20 2001—2020 年世界主要汽车生产国汽车销量

单位：万辆

年份	美国	德国	法国	意大利	英国	日本	韩国	印度
2001	1747	363	275	264	277	591	145	82
2002	1713	355	261	257	289	579	162	88
2003	1697	350	244	249	294	583	132	108
2004	1729	356	247	252	296	584	109	134
2005	1744	362	255	248	283	585	114	144
2006	1705	377	249	259	273	574	116	175
2007	1645	348	258	279	279	535	122	199
2008	1349	343	257	243	248	508	124	198
2009	1060	405	269	236	222	461	146	226
2010	1177	319	271	217	231	496	157	304
2011	1304	351	269	194	219	421	159	329
2012	1479	339	233	153	234	537	156	358
2013	1588	326	221	142	260	538	154	324
2014	1693	331	218	146	284	556	166	318
2015	1783	356	236	172	304	505	192	342
2016	1787	371	248	205	312	497	182	367
2017	1755	381	255	219	291	524	183	406
2018	1770	382	263	212	273	527	183	440
2019	1748	402	269	213	268	520	180	382
2020	1445	327	210	156	196	460	191	294

数据来源：2001—2015 年数据来自相应年份《中国汽车工业年鉴》。2016—2019 年数据来自国际汽车制造商协会。

表 21　2001—2020 年世界主要汽车生产国整车出口情况

单位：万辆

年份	美国	德国	法国	西班牙	英国	日本	意大利	韩国	巴西
2001	1146.2	391.6	373.5	—	98.6	41.6	—	150.1	38.6
2002	165.9	387.5	391.7	232.7	119.7	469.9	73.4	150.6	41.5
2003	161.4	393.6	404.6	249.5	123.6	475.6	70.4	181.5	53.5
2004	179.4	392.4	426.9	247.9	130.8	495.8	59.6	237.9	64.8
2005	206.4	408.1	431.9	224.7	131.6	505.3	49.8	258.6	89.7
2006	205.5	418.3	312.6	227.3	124.2	596.7	59.6	264.8	63.4
2007	239.6	466.4	469.7	238.9	131.7	654.9	65.1	284.7	64.4
2008	196.6	450.0	432.2	218.1	125.4	672.7	56.1	268.4	56.9
2009	110.7	358.4	388.3	188.3	82.9	361.6	38.3	214.9	47.5
2010	150.2	448.1	478.6	208.0	104.7	484.1	44.02	277.2	76.7
2011	172.8	482.7	489.3	212.1	119.4	446.4	42.4	315.2	57.9
2012	194.1	—	440.4	172.9	127.5	480.4	40.7	317.0	47.3
2013	209.1	440.5	437.3	187.9	124.9	467.4	39.3	308.9	59.1
2014	222.8	466.6	—	206.0	123.0	446.6	43.9	306.3	33.4
2015	211.7	465.0	—	227.4	127.5	457.8	67.6	297.4	41.7
2016	207.1	498.7	—	243.2	140.9	463.4	—	262.1	52.0
2017	211.1	—	—	231.8	—	470.6	—	253.0	78.5
2018	—	399.3	655.7	230.4	123.8	481.7	85.4	245.0	62.9
2019	—	348.7	—	231.0	105.6	481.8	73.6	241.2	42.8
2020	—	263.3	—	195.1	75.0	374.0	—	188.7	32.5

数据来源：2001—2013 年数据来自相应年份《中国汽车工业年鉴》，2014—2017 年数据来自北京富欧睿，2018—2020 年数据来自中国汽车工业协会及各国汽车协会。

表 22　2019—2020 财年全球汽车整车和零部件企业研发投入百强

单位：百万欧元，%

排名	公司名称	国家和地区	2019—2020 财年研发投入	研发投入年度增长	销售额	销售额年度增长	研发投入强度
1	VOLKSWAGEN 大众	德国	14306.0	4.9	252632.0	7.1	5.7
2	DAIMLER 戴姆勒	德国	9630.0	6.5	172745.0	3.2	5.6
3	TOYOTA MOTOR 丰田汽车	日本	9057.9	5.9	244156.3	-1.0	3.7
4	HONDA MOTOR 本田汽车	日本	6834.8	0.3	121800.9	-6.0	5.6
5	FORD MOTOR 福特汽车	美国	6587.1	-9.8	138775.2	-2.8	4.7
6	BMW 宝马	德国	6419.0	-6.8	104210.0	6.9	6.2

续表

排名	公司名称	国家和地区	2019—2020财年研发投入	研发投入年度增长	销售额	销售额年度增长	研发投入强度
7	ROBERT BOSCH 博世	德国	6229.0	0.6	77721.0	-0.9	8.0
8	GENERAL MOTORS 通用汽车	美国	6053.1	-12.8	122162.2	-6.7	5.0
9	NISSAN MOTOR 日产汽车	日本	4444.0	4.1	80587.6	-14.6	5.5
10	FIAT CHRYSLER AUTOMOBILES 菲亚特克莱斯勒	荷兰	4194.0	13.9	109844.0	-0.5	3.8
11	DENSO 电装	日本	4142.6	2.1	42039.9	-3.9	9.9
12	PEUGEOT (PSA) 标致－雪铁龙	法国	4061.0	11.3	74731.0	1.0	5.4
13	RENAULT 雷诺	法国	3697.0	5.1	55537.0	-3.3	6.7
14	CONTINENTAL 大陆	德国	3596.6	6.8	44478.4	0.2	8.1
15	HYUNDAI MOTOR 现代汽车	韩国	2323.2	10.2	81301.4	9.2	2.9
16	ZF 采埃孚	德国	2130.0	3.6	36518.0	-1.1	5.8
17	TATA MOTORS 塔塔汽车	印度	2119.0	8.5	32296.4	-13.6	6.6
18	VALEO 法雷奥	法国	1907.0	-3.0	19477.0	1.8	9.8
19	SAIC MOTOR 上海汽车集团	中国	1881.5	-7.2	101667.3	-7.2	1.9
20	AISIN SEIKI 爱信精机	日本	1679.0	1.8	30873.1	-6.4	5.4
21	KIA MOTORS 起亚汽车	韩国	1213.4	6.2	44704.5	7.3	2.7
22	SUZUKI MOTOR 铃木汽车	日本	1208.0	-6.3	28457.2	-9.9	4.2
23	TESLA 特斯拉	美国	1195.5	-8.0	21878.2	14.5	5.5
24	MAZDA MOTOR 马自达汽车	日本	1101.3	0.3	27982.8	-3.8	3.9
25	APTIV 安波福	英国	1037.0	0.9	12780.0	-0.5	8.1
26	FERRARI 法拉利	荷兰	889.5	5.2	3766.6	10.1	23.6
27	BRIDGESTONE 普利司通	日本	858.9	1.7	28760.4	-3.4	3.0
28	YAMAHA MOTOR 雅马哈	日本	832.3	-0.7	13580.4	-0.5	6.1
29	SCHAEFFLER 舍弗勒	德国	821.0	4.6	14427.0	1.3	5.7
30	SUBARU 斯巴鲁	日本	754.2	-10.0	27279.8	5.8	2.8
31	MAHLE 马勒	德国	750.8	0.0	12049.2	-4.2	6.2
32	HYUNDAI MOBIS 现代摩比斯	韩国	742.2	15.3	29253.2	8.2	2.5

续表

排名	公司名称	国家和地区	2019—2020财年研发投入	研发投入年度增长	销售额	销售额年度增长	研发投入强度
33	GEELY AUTOMOBILE 吉利汽车	中国	695.2	-2.2	12409.1	-8.6	5.6
34	MICHELIN 米其林	法国	687.0	6.0	24135.0	9.6	2.8
35	HELLA 海拉	德国	677.1	-3.7	5829.4	-16.6	11.6
36	GUANGZHOU AUTOMOBILE 广州汽车集团	中国	672.2	7.9	7606.4	-17.5	8.8
37	DONGFENG MOTOR 东风汽车	中国	648.9	7.1	12878.6	-3.3	5.0
38	WEICHAI POWER 潍柴动力	中国	643.9	20.8	21701.2	10.0	3.0
39	MITSUBISHI MOTORS 三菱汽车	日本	600.6	11.9	18520.0	-9.7	3.2
40	MAGNA 麦格纳	加拿大	569.7	8.8	35099.7	-3.4	1.6
41	NIO 蔚来	中国	540.4	8.9	996.9	58.0	54.2
42	GREAT WALL MOTOR 长城汽车	中国	539.6	7.1	11544.2	-2.7	4.7
43	NINGBO JOYSON ELECTRONIC 宁波均胜电子	中国	413.8	-11.3	7761.1	9.6	5.3
44	GOODYEAR 固特异	美国	382.8	1.4	13125.3	-4.7	2.9
45	TOYOTA BOSHOKU 丰田纺织	日本	374.4	-2.3	11197.2	-3.2	3.3
46	CHONGQING CHANGAN 重庆长安	中国	368.3	71.7	8514.0	7.5	4.3
47	BORGWARNER 博格华纳	美国	367.6	-6.2	9051.1	-3.4	4.1
48	DELPHI TECHNOLOGIES 德尔福科技	英国	363.2	-8.9	3882.0	-10.2	9.4
49	TOYOTA INDUSTRIES 丰田工业	日本	353.4	-0.7	17713.0	-2.0	2.0
50	AUTOLIV 奥托立夫	美国	344.3	-37.7	7608.7	-1.5	4.5
51	KOITO MANUFACTURING 小糸制作所	日本	294.7	6.2	6533.6	-3.1	4.5

续表

排名	公司名称	国家和地区	2019—2020财年研发投入	研发投入年度增长	销售额	销售额年度增长	研发投入强度
52	VISTEON 伟世通	美国	281.3	7.5	2621.5	-1.3	10.7
53	RHEINMETALL 莱茵金属	德国	279.0	15.8	6255.0	1.7	4.5
54	CHONGQING SOKON INDUSTRY 重庆小康工业	中国	269.3	36.1	2158.9	-10.8	12.5
55	ASTON MARTIN LAGONDA GLOBAL HOLDINGS 阿斯顿马丁拉贡达	英国	264.0	5.7	1164.9	-9.0	22.7
56	NEXTEER 耐世特	美国	255.2	5.2	3182.9	-8.6	8.0
57	PIRELLI 倍耐力	意大利	232.5	6.2	5323.1	2.5	4.4
58	TOKAI RIKA 东海理化	日本	229.4	8.8	4078.8	-1.5	5.6
59	SUMITOMO RUBBER INDUSTRIES 住友橡胶	日本	213.7	1.6	7287.2	-0.1	2.9
60	ZHENGZHOU YUTONG BUS 郑州宇通	中国	210.5	-3.0	3578.8	-4.2	5.9
61	TOYODA GOSEI 丰田合成	日本	207.6	-15.3	6631.6	-3.3	3.1
62	JIANGLING MOTORS 江铃汽车	中国	203.9	6.7	3562.6	2.6	5.7
63	MAHINDRA & MAHINDRA 马恒达	印度	199.1	10.7	10270.9	-11.6	1.9
64	HARLEY-DAVIDSON 哈雷戴维森	美国	192.7	13.0	4772.8	-6.2	4.0
65	WEBASTO 伟巴斯特	德国	192.7	18.7	3747.6	9.2	5.1
66	ANHUI JIANGHUAI AUTOMOBILE 安徽江淮	中国	183.3	-27.8	5548.2	-7.5	3.3
67	WABCO 威伯科	美国	179.8	1.9	3045.6	-10.7	5.9
68	ZHEJIANG CENTURY HUATONG 世纪华通	中国	165.2	517.6	1821.9	17.0	9.1
69	BRP 庞博	加拿大	162.5	7.5	4125.8	15.4	3.9
70	EBERSPAECHER 埃贝赫	德国	159.7	-1.7	4965.6	7.7	3.2
71	VDL GROEP VDL 集团	荷兰	157.0	28.7	5610.4	-4.2	2.8
72	STANLEY ELECTRIC 斯坦雷电气	日本	153.0	2.7	3194.7	-9.8	4.8

续表

排名	公司名称	国家和地区	2019—2020财年研发投入	研发投入年度增长	销售额	销售额年度增长	研发投入强度
73	CHENG SHIN RUBBER INDUSTRY 正新橡胶	中国台湾	151.8	-3.6	3237.9	0.3	4.7
74	NHK SPRING NHK 弹簧	日本	150.2	9.4	5420.7	-2.4	2.8
75	LI AUTO 理想汽车	中国	147.6	47.2	36.2		407.5
76	HANON SYSTEMS 翰昂系统	韩国	147.5	12.8	5500.3	20.5	2.7
77	ADIENT 安道拓	爱尔兰	145.1	-24.2	14710.7	-5.2	1.0
78	MANDO CORPORATION 万都	韩国	139.1	33.1	4599.1	5.6	3.0
79	RED BULL TECHNOLOGY 红牛技术	英国	137.9	9.5	366.8	7.8	37.6
80	LEAR 李尔	美国	134.6	-1.5	17634.2	-6.3	0.8
81	AMERICAN AXLE & MANUFACTURING 美国车桥	美国	128.8	-1.0	5813.5	-10.2	2.2
82	HANKOOK TIRE 韩泰轮胎	韩国	128.2	1.9	5292.1	1.3	2.4
83	YOKOHAMA RUBBER 横滨轮胎	日本	122.6	-0.9	5306.2	0.0	2.3
84	HUF 霍富	德国	120.7	41.6	1161.6	-1.1	10.4
85	FAW JIEFANG 一汽解放	中国	118.9	39.1	2860.3	3.4	4.2
86	PIERER MOBILITY 皮勒集团	奥地利	115.3	3.6	1520.1	-2.5	7.6
87	GARRETT MOTION 盖瑞特	美国	114.8	0.8	2891.2	-3.8	4.0
88	HYSTER-YALE MATERIALS HANDLING 海斯特耶鲁材料处理	美国	102.6	4.0	2930.2	3.7	3.5
89	COOPER-STANDARD HOLDINGS 库博标准汽车配件	美国	102.2	-6.3	2767.0	-14.2	3.7
90	GENTEX 真泰克	美国	102.1	7.0	1654.7	1.4	6.2
91	WUHU SANQI 芜湖三七	中国	101.9	53.3	1679.3	73.4	6.1
92	DANA 德纳	美国	99.7	8.7	7673.1	5.9	1.3

续表

排名	公司名称	国家和地区	2019—2020财年研发投入	研发投入年度增长	销售额	销售额年度增长	研发投入强度
93	SHOWA 昭和	日本	96.4	-2.1	2124.5	-9.2	4.5
94	BENTELER INTERNATIONAL 本特勒集团	奥地利	95.6	25.5	8071.6	2.7	1.2
95	NOK	日本	92.2	8.0	5113.3	-6.4	1.8
96	TOYO TIRE 东洋轮胎	日本	90.5	2.0	3079.1	-4.0	2.9
97	AISAN 爱三	日本	88.5	-4.0	1676.3	-3.7	5.3
98	ZOTYE AUTOMOBILE 众泰汽车	中国	88.2	17.9	1816.9	-28.7	4.9
99	HAIMA AUTOMOBILE 海马汽车	中国	86.4	-28.3	559.4	-10.5	15.4
100	XIAMEN KING LONG MOTOR 厦门金龙	中国	84.6	3.9	2169.2	-2.0	3.9

数据来源：欧盟产业研究与创新经济学项目（Economics of Industrial Research & Innovation，IRI）。

附录二

2020年1月至2021年6月发布或开始实施的部分汽车政策法规

本部分全面梳理2020年1月至2021年6月期间，中共中央、国务院、各有关部委发布的汽车产业相关政策与法规等，并从中筛选出对产业影响较大、与产业发展紧密相关的44条，录入本书，涵盖新能源汽车（7条）、智能网联汽车（8条）、节能环保（11条）、认证与准入（6条）、营商与消费（4条）、外贸发展（4条）、财税（3条）、交通运输（1条），供读者参考。

序号	政策名称	发布部门	内容要点	发布/实施时间	分类
1	关于印发《智能汽车创新发展战略》的通知（发改产业〔2020〕202号）	发展改革委、国家网信办、科技部、工业和信息化部、公安部、财政部、自然资源部、住建部、交通运输部、商务部、市场监管总局	提出到2025年，中国标准智能汽车的技术创新、产业生态、基础设施、法规标准、产品监管和网络安全体系基本形成。同时，实现有条件自动驾驶的智能汽车达到规模化生产，实现高度自动驾驶的智能汽车在特定环境下市场化应用	2020年2月10日	智能网联汽车

续表

序号	政策名称	发布部门	内容要点	发布 / 实施时间	分类
2	市场监管总局关于2019年全国汽车和消费品召回情况的通告（2020年第6号）	市场监管总局	总结了2019年汽车产业质量安全状况和产品召回情况，提出要继续健全制度，完善机制，提升评估和调查能力，加强对新技术、新业态的研究，促进产业持续稳定健康发展	2020年3月20日	营商与消费
3	财政部 税务总局关于二手车经销有关增值税政策的公告（财政部 税务总局公告2020年第17号）	财政部、税务总局	自2020年5月1日至2023年12月31日，从事二手车经销的纳税人销售其收购的二手车，由原按照简易办法依3%征收率减按2%征收增值税，改为减按0.5%征收增值税	2020年4月8日	财税
4	关于印发《国家车联网产业标准体系建设指南（车辆智能管理）》的通知（工业和信息化部联科〔2020〕61号）	工业和信息化部、公安部、国家标准化管理委员会	分阶段建立车辆智能管理标准体系。到2025年，系统形成能够支撑车联网环境下车辆智能管理的标准体系，制修订道路交通运行管理、车路协同管控与服务等业务领域重点标准60项以上	2020年4月15日	智能网联汽车
5	认监委关于发布汽车强制性产品认证实施规则的公告（公告〔2020〕8号）	市场监管总局（认监委）	便捷认证实施和结果采信，降低汽车行业制度性交易成本；厘清各方质量责任边界，保障汽车产品质量安全；对新材料新技术包容审慎，设立绿色通道鼓励技术创新；深化管理制度衔接，提升CCC认证制度友好性；推动认证制度国际接轨，支持汽车产业“走出去”	2020年4月16日	认证与准入

续表

序号	政策名称	发布部门	内容要点	发布 / 实施时间	分类
6	关于新能源汽车免征车辆购置税有关政策的公告（财政部 税务总局 工业和信息化部公告 2020 年第 21 号）	财政部、税务局、工业和信息化部	自 2021 年 1 月 1 日至 2022 年 12 月 31 日，对购置的新能源汽车免征车辆购置税，明确了车型范围、审核流程、责任划分等	2020 年 4 月 16 日	财税
7	关于征求国家环境保护标准《重型车远程排放监控技术规范（征求意见稿）》意见的函（环办标征函〔2020〕17 号）	生态环境部办公厅	为防治装用压燃式及气体燃料点燃式发动机的汽车排气对环境的污染，规范车辆远程排放监控的平台技术要求、车载终端技术要求、通信协议及数据格式等	2020 年 4 月 17 日	节能环保
8	市场监管总局关于汽车用制动器衬片产品由生产许可转为强制性产品认证管理实施要求的公告（2020 年第 19 号）	市场监管总局	对汽车用制动器衬片产品由生产许可转为强制性认证（CCC 认证）管理。对申请流程、衔接过程等作出了规定	2020 年 4 月 17 日	认证与准入
9	关于完善新能源汽车推广应用财政补贴政策的通知（财建〔2020〕86 号）	财政部、工业和信息化部、科技部、发展改革委	将原定 2020 年底到期的补贴政策合理延长到 2022 年底，平缓补贴退坡力度和节奏。适当优化技术门槛，设置清算门槛，加速落后产能退出，提高产业集中度。实施差异化补贴，提高政策精准度。完善配套政策，落实相关方责任，强化资金监管	2020 年 4 月 23 日	新能源汽车
10	关于充分发挥全国道路货运车辆公共监管与服务平台作用支撑行业高质量发展的意见（交办运〔2020〕18 号）	交通运输部办公厅	进一步发挥货运平台在促进道路货运行业转型升级高质量发展中的作用，全面提升行业数字化服务和安全监管能力，推进行业治理体系和治理能力现代化	2020 年 4 月 26 日	交通运输

续表

序号	政策名称	发布部门	内容要点	发布/实施时间	分类
11	关于稳定和扩大汽车消费若干措施的通知（发改产业〔2020〕684号）	发展改革委、科技部、工业和信息化部、公安部、财政部、生态环境部、交通运输部、商务部、人民银行、税务总局、银保监会	调整国六排放标准实施有关要求；完善新能源汽车购置相关财税支持政策；加快淘汰报废老旧柴油货车；畅通二手车流通交易；用好汽车消费金融	2020年4月28日	营商与消费
12	关于调整轻型汽车国六排放标准实施有关要求的公告（公告2020年第28号）	生态环境部、工业和信息化部、商务部、海关总署	自2020年7月1日起，全国范围实施轻型汽车国六排放标准，禁止生产国五排放标准轻型汽车，进口轻型汽车应符合国六排放标准	2020年5月13日	节能环保
13	关于征求国家环境保护标准《汽车工业污染防治可行技术指南（征求意见稿）》意见的函（环办标征函〔2020〕34号）	生态环境部办公厅	提出了汽车工业废气、废水、固体废物和噪声污染防治可行技术，可作为汽车工业企业或生产设施建设项目环境影响评价、国家污染物排放标准制修订、排污许可管理和污染防治技术选择的参考	2020年6月17日	节能环保
14	关于修改《乘用车企业平均燃料消耗量与新能源汽车积分并行管理办法》的决定(中华人民共和国工业和信息化部 财政部 商务部 海关总署 国家市场监督管理总局令第53号)	工业和信息化部、财政部、商务部、海关总署、市场监管总局	明确了2020—2023年新能源汽车积分比例要求，分别为14%、16%、18%;同续航里程，积分下降超一半；增加积分结转方式，减少正积分供给；增加引导传统能源乘用车节能措施；关联企业认定范围变大	2020年6月22日	节能环保
15	关于建立实施汽车排放检验与维护制度的通知（环大气发〔2020〕31号）	生态环境部、交通运输部、市场监管总局	充分认识建立汽车排放检验与维护制度的重要意义，落实汽车排放检验和汽车排放性能维护修理主体责任，实施汽车排放检验、维护和违法处罚联动管理，强化汽车排放检验与维护的监督管理	2020年6月22日	节能环保

续表

序号	政策名称	发布部门	内容要点	发布 / 实施时间	分类
16	2019 年度中国乘用车企业平均燃料消耗量与新能源汽车积分情况公告（工业和信息化部 商务部 海关总署 市场监管总局公告 2020 年第 31 号）	工业和信息化部、商务部、海关总署、市场监管总局	对 2019 年度中国乘用车企业平均燃料消耗量与新能源汽车积分情况进行了公告	2020 年 6 月 30 日	节能环保
17	关于开展新能源汽车下乡活动的通知（工信厅联通装函〔2020〕167 号）	工业和信息化部办公厅、农业农村部办公厅、商务部办公厅	通过开展新能源汽车下乡活动促进农村地区新能源汽车推广应用，引导农村居民出行方式升级，助力美丽乡村建设和乡村振兴战略	2020 年 7 月 14 日	新能源汽车
18	国务院办公厅关于进一步优化营商环境更好服务市场主体的实施意见（国办发〔2020〕24 号）	国务院办公厅	要求 2020 年底前优化新能源汽车免征车辆购置税的车型目录和享受车船税减免优惠的车型目录发布程序；统一智能网联汽车自动驾驶功能测试标准，推动实现封闭场地测试结果全国通用互认；在特定路段探索开展智能网联汽车示范应用	2020 年 7 月 21 日	营商与消费
19	工业和信息化部关于修改《新能源汽车生产企业及产品准入管理规定》的决定（工业和信息化部令第 54 号）	工业和信息化部	删除了包括原版文件第五条以及《新能源汽车生产企业准入审查要求》等附件中有关“设计开发能力”的相关内容；将新能源汽车生产企业停止生产的时间由 12 个月调整为 24 个月；删除了有关新能源汽车生产企业申请准入的过渡期临时条款；对其他相关内容予以修改	2020 年 7 月 24 日	认证与准入

续表

序号	政策名称	发布部门	内容要点	发布 / 实施时间	分类
20	关于《汽车零部件再制造管理暂行办法（征求意见稿）》公开征求意见的公告	发展改革委	征求意见稿中提出了汽车零部件再制造企业生产规范，对再制造旧件、生产、产品、市场的管理提出了要求，明确了监管体系	2020 年 8 月 11 日	认证与准入
21	报废机动车回收管理办法实施细则（商务部令 2020 年第 2 号）	商务部、发展改革委、工业和信息化部、公安部、生态环境部、交通运输部、市场监管总局	提出了报废机动车回收拆解企业资质认定和管理办法，明确了回收拆解、回收利用行为规范，提出了监督管理要求，以及企业应承担的法律责任	2020 年 9 月 1 日	认证与准入
22	商务部办公厅关于做好 2021 年度汽车和摩托车出口许可申报工作的通知	商务部办公厅	明确了 2021 年度汽车和摩托车出口许可申报工作的有关要求	2020 年 9 月 7 日	外贸发展
23	关于开展燃料电池汽车示范应用的通知（财建〔2020〕394 号）	财政部、工业和信息化部、科技部、发展改革委、国家能源局	开展燃料电池汽车示范应用工作，示范期定为 4 年，将燃料电池汽车的购置补贴政策，调整为燃料电池汽车示范应用支持政策，对符合条件的城市群开展燃料电池汽车关键核心技术产业化攻关和示范应用给予奖励	2020 年 9 月 21 日	新能源汽车
24	国务院办公厅关于印发新能源汽车产业发展规划（2021—2035 年）的通知（国办发〔2020〕39 号）	国务院办公厅	明确了到 2025 年纯电动乘用车新车平均电耗降至 12.0 千瓦时 / 百公里、新能源汽车新车销售量达到汽车新车销售总量的 20% 左右的发展目标；提出了面向未来 15 年的新能源汽车产业发展愿景；提出了新能源汽车核心技术攻关工程、车用操作系统生态建设行动等发展任务	2020 年 10 月 20 日	新能源汽车

续表

序号	政策名称	发布部门	内容要点	发布 / 实施时间	分类
25	公安部服务“六稳”“六保”，深化公安交管“放管服”改革，推出优化营商环境的12项措施	公安部	扩大机动车免检范围，在实行6年内6座以下非营运小微型客车免检基础上，将6年以内的7～9座非营运小微型客车（面包车除外）纳入免检范围；推行二手车出口临牌异地通办，为二手车出口创造便利环境，激发国内汽车消费市场活力，助推外贸稳增长工作	2020年10月22日	营商与消费
26	国务院办公厅关于推进对外贸易创新发展的实施意见（国办发〔2020〕40号）	国务院办公厅	提出重点推动汽车行业品牌企业建设国际营销服务网点	2020年11月9日	外贸发展
27	商务部 工业和信息化部 海关总署 国家市场监督管理总局公告2020年第65号	商务部、工业和信息化部、海关总署、国家市场监督管理总局	审核确定了2021年度符合申领汽车和摩托车产品出口许可证条件的企业名单，并予以公布	2020年12月17日	外贸发展
28	关于进一步完善新能源汽车推广应用财政补贴政策的通知（财建〔2020〕593号）	财政部、工业和信息化部、科技部、发展改革委	进一步明确新能源汽车推广应用财政补贴政策有关事项：2021年，新能源汽车补贴标准在2020年基础上退坡20%；为推动公共交通等领域车辆电动化，城市公交、道路客运、出租（含网约车）、环卫、城市物流配送、邮政快递、民航机场以及党政机关公务领域符合要求的车辆，补贴标准在2020年基础上退坡10%	2020年12月31日	新能源汽车

续表

序号	政策名称	发布部门	内容要点	发布 / 实施时间	分类
29	《油品运输大气污染物排放标准》（GB 20951—2020）	生态环境部、市场监管总局	较2007年标准扩大了运输的油品类型，包括原油、汽油（包括含醇汽油、航空汽油）、航空煤油、石脑油等；在汽车罐车油气回收系统密闭性限值基础上增设了运输工具密封点泄漏排放限值	2021年1月4日	节能环保
30	公开征求对《智能网联汽车道路测试与示范应用管理规范（试行）》（征求意见稿）的意见	工业和信息化部、公安部、交通运输部	征求意见稿明确了道路测试与示范应用主体、驾驶人及车辆，规范了道路测试、示范应用的申请与审核的流程，明确了道路测试与示范应用管理办法，提出了交通违法与事故处理办法	2021年1月11日	智能网联汽车
31	关于2020年度乘用车企业平均燃料消耗量和新能源汽车积分管理有关事项的通知（工业和信息化部通装函〔2021〕37号）	工业和信息化部	明确了针对2020年度乘用车企业平均燃料消耗量和新能源汽车积分核算、抵偿的三项政策调整措施：①给予怠速启停、换挡提醒、制动能量回收等循环外技术车型百公里油耗0.15升、0.1升、0.15升（12伏为0.05升）的减免优惠；②允许企业使用2021年度产生的新能源汽车正积分抵偿2020年度产生的新能源汽车负积分；③对于注册地在湖北省的乘用车企业2020年度产生的平均燃料消耗量负积分和新能源汽车负积分减按80%计算	2021年2月8日	节能环保

续表

序号	政策名称	发布部门	内容要点	发布 / 实施时间	分类
32	《乘用车燃料消耗量限值》（GB 19578—2021）	市场监管总局、国家标准化管理委员会	标准规定了燃用汽油或柴油燃料、最大设计总质量不超过 3500kg 的 M1 类车辆今后一个时期的燃料消耗量限值要求；根据工况切换的影响对车型油耗限值进行同等力度转换；将车型燃料消耗量的评价体系从基于整备质量分组的阶梯式变更为基于整备质量的直线式	2021 年 2 月 20 日	节能环保
33	国务院关于加快建立健全绿色低碳循环发展经济体系的指导意见（国发〔2021〕4 号）	国务院	提出推广绿色低碳运输工具，淘汰更新或改造老旧车船，港口和机场服务、城市物流配送、邮政快递等领域要优先使用新能源或清洁能源汽车	2021 年 2 月 22 日	节能环保
34	商务部 中国出口信用保险公司联合印发进一步发挥出口信用保险作用 加快商务高质量发展的通知（商财函〔2021〕89 号）	商务部、中国出口信用保险公司	提出各地商务主管部门要为中信保公司精准支持提供信息支撑、密切关注企业在外需和内需方面反映的困难问题、为企业开拓国内国际两个市场提供政策支持、协调解决具体困难、将出口信用保险作为当地支持服务贸易的重要抓手、推动财政金融资源加大支持力度等内容	2021 年 3 月 15 日	外贸发展
35	关于印发《国家车联网产业标准体系建设指南（智能交通相关）》的通知（工业和信息化部联科〔2021〕23 号）	工业和信息化部、交通运输部、国家标准化管理委员会	提出了车联网产业标准体系建设的建设目标、建设依据、技术架构，以及标准体系涵盖的基础类、道路设施、车路交互、管理与服务、网络安全等标准	2021 年 3 月 17 日	智能网联汽车

续表

序号	政策名称	发布部门	内容要点	发布/实施时间	分类
36	关于开展2021年新能源汽车下乡活动的通知（工信厅联通装函〔2021〕57号）	工业和信息化部办公厅、农业农村部办公厅、商务部办公厅、国家能源局综合司	以“绿色、低碳、智能、安全——一步跨入‘新’时代，助力全面推进乡村振兴”为主题，开展新一轮新能源汽车下乡活动，安排1场启动活动、4场专场活动，活动期间要求地方人民政府发布本地区支持新能源汽车下乡等有关政策，参与的汽车企业发布活动车型和优惠措施	2021年3月26日	新能源汽车
37	公开征求对《汽车雷达无线电管理暂行规定（征求意见稿）》的意见	工业和信息化部	征求意见稿提出了汽车雷达技术要求、使用及干扰规避指南，提出将76～79GHz频段规划用于汽车雷达，且无须取得无线电频率使用许可、无线电台执照等	2021年3月31日	智能网联汽车
38	国家发展改革委 商务部关于支持海南自由贸易港建设放宽市场准入若干特别措施的意见（发改体改〔2021〕479号）	发展改革委 商务部	支持海南统一布局新能源汽车充换电基础设施建设和运营。支持海南统一规划建设和运营新能源汽车充换电新型基础设施，放宽5G融合性产品和服务的市场准入限制，推进车路协同和无人驾驶技术应用	2021年4月7日	新能源汽车
39	公开征求对《智能网联汽车生产企业及产品准入管理指南（试行）》（征求意见稿）的意见	工业和信息化部	征求意见稿提出了智能网联汽车生产企业安全保障能力要求、产品准入过程保障要求及产品准入测试要求等，在遵守网络安全法律法规、用户个人信息保护、自动化功能及运行条件等方面作出了规定	2021年4月7日	智能网联汽车

续表

序号	政策名称	发布部门	内容要点	发布 / 实施时间	分类
40	关于印发《汽车零部件再制造规范管理暂行办法》的通知（发改环资规〔2021〕528 号）	发展改革委	对再制造企业规范条件、旧件回收管理、再制造生产管理、再制造产品管理、再制造市场管理、监督管理等作出了明确规定，要求再制造产品严格对标原型新品，规范再制造企业的生产行为，提出鼓励再制造产品应用的措施	2021 年 4 月 14 日	认证与准入
41	关于实施重型柴油车国六排放标准有关事宜的公告（生态环境部 工业和信息化部 海关总署公告 2021 年第 14 号）	生态环境部、工业和信息化部、海关总署	公告宣布自 2021 年 7 月 1 日起，全国范围全面实施重型柴油车国六排放标准；汽车生产、进口企业在需车辆出厂或入境前公开车型排放检验信息和污染控制技术信息，并上传随车清单；满足 6b 阶段排放标准要求的重型车，应按标准和规范要求进行远程排放监控数据联网	2021 年 4 月 26 日	节能环保
42	关于调整免征车辆购置税新能源汽车产品技术要求的公告（工业和信息化部 财政部 税务总局公告 2021 年第 13 号）	工业和信息化部、财务部、税务总局	调整了免征购置税插电式（含增程式）混合动力乘用车应满足的等效全电里程数及燃料消耗量、电能消耗量要求	2021 年 4 月 30 日	财税
43	工业和信息化部办公厅关于开展车联网身份认证和安全信任试点工作的通知（工信厅网安函〔2021〕148 号）	工业和信息化部办公厅	提出面向车与云服务平台通信场景，建立车云通信安全信任体系；面向车与车直连通信场景，建立车车通信安全信任体系；面向车与路侧设施直连通信场景，建立车路通信安全信任体系；面向车与设备通信场景，建立车与设备通信安全信任体系，并对各项试点的技术要求、应用场景、试点目标作出了规定	2021 年 6 月 10 日	智能网联汽车

续表

序号	政策名称	发布部门	内容要点	发布 / 实施时间	分类
44	公开征求对《车联网（智能网联汽车）网络安全标准体系建设指南》（征求意见稿）的意见	工业和信息化部	征求意见稿提出了车联网（智能网联汽车）网络安全标准体系框架、重点标准化领域及方向，包括总体与基础共性、终端与设施安全、网联通信安全、数据安全、应用服务安全、安全保障与支撑六大类标准	2021 年 6 月 21 日	智能网联汽车